高等职业院校大学生劳动教育与实践

主　编：赵栓亮　张洪芬
副主编：刘延锋　刘　羽　王津津

北京理工大学出版社
BEIJING INSTITUTE OF TECHNOLOGY PRESS

图书在版编目（CIP）数据

高等职业院校大学生劳动教育与实践／赵栓亮，张
洪芬主编 . －－北京：北京理工大学出版社，2022.8
　　ISBN 978 - 7 - 5763 - 1586 - 8

　　Ⅰ.①高… Ⅱ.①赵…②张… Ⅲ.①劳动教育－高
等职业教育－教材 Ⅳ.①G40 - 015

　　中国版本图书馆 CIP 数据核字（2022）第 139835 号

出版发行／北京理工大学出版社有限责任公司

社　　址／北京市海淀区中关村南大街 5 号

邮　　编／100081

电　　话／（010）68914775（总编室）
　　　　　　（010）82562903（教材售后服务热线）
　　　　　　（010）68944723（其他图书服务热线）

网　　址／http://www.bitpress.com.cn

经　　销／全国各地新华书店

印　　刷／三河市华骏印务包装有限公司

开　　本／787 毫米 × 1092 毫米　1/16

印　　张／13.75　　　　　　　　　　　　　　　　责任编辑／李慧智

字　　数／443 千字　　　　　　　　　　　　　　　文案编辑／李慧智

版　　次／2022 年 8 月第 1 版　2022 年 8 月第 1 次印刷　　责任校对／周瑞红

定　　价／39.80 元　　　　　　　　　　　　　　　责任印制／施胜娟

序 言

习近平总书记在全国教育大会上指出，培养什么人，是教育的首要问题，要培养德智体美劳全面发展的社会主义建设者和接班人，培养一代又一代拥护中国共产党领导和社会主义制度、立志为中国特色社会主义奋斗终身的有用人才。中共中央、国务院《关于全面加强新时代大中小学劳动教育的意见》强调，要围绕培养担当民族复兴大任的时代新人开展劳动教育。这表明劳动教育已上升至国家人才战略层面的高度，具有十分重要的现实意义和长远意义。该"意见"提出，要"紧密结合经济社会发展变化和学生生活实际，积极探索具有中国特色的劳动教育模式，创新体制机制，注重教育实效，实现知行合一，促进学生形成正确的世界观、人生观、价值观"，这是当前劳动教育必须解决的紧迫问题。

重视劳动，强调教育与劳动相结合，是马克思主义的重要主张。马克思主义哲学认为，劳动推动社会历史进步，是人作为人之最本质、最显著的特征。马克思强调："对社会主义的人来说，整个所谓世界历史不外是人通过人的劳动而诞生的过程。"因此，人民创造历史，劳动开创未来，劳动是推动人类社会进步的根本力量，是人民美好生活的源泉。构建德智体美劳全面培养的教育体系，加强劳动教育，是回归人之本质、回归学生自身的主体性教育方式，能够帮助学生在自主实践中发现自我，通过双手改变和创造自己的生活。

党的十九大报告指出："中国特色社会主义进入了新时代。"目前，我国正在构建以国内大循环为主体、国内国际双循环相互促进的新发展格局，积极推动以扩大内需为战略基点和以供给侧结构性改革为战略方向的国民经济良性循环。当今世界综合国力的竞争归根到底是人才的竞争、劳动者素质的竞争，高质量发展需要高素质劳动大军，高校劳动教育不仅关乎高等教育"培养什么人、怎样培养人、为谁培养人"这一根本问题，更与国家的富强以及民族的振兴紧密相连。加强高校劳动教育，是时代发展之需，也是国家高质量发展之需。

劳动是社会形成、存在和发展的实践基础。当前，"长江经济带""长三角一体化""京津冀协同发展""粤港澳大湾区"等国家重大战略持续推进，"中国制造2025""大众创业、万众创新""乡村振兴"等深入实施，重要区域、重点领域、重大工程、重大项目人才需求强劲，产业、行业、企事业各领域各岗位对于新时代高校培养德智体美劳全面发展的大学生有着更高的期盼。在这样的背景下，加强高校劳动教育，大力培养德智体美劳全面发展的大学生，持续汇聚推动中国经济社会发展的强大力量，成为社会经济高质量发展之需。

新时代高校开展劳动教育，让教育与生产劳动紧密结合，不仅是为经济社会发展服务，更是为学生自我发展服务。对于大学生个体而言，高校劳动教育的本质是面向未来、增强大学生社会适应能力的全人教育，使大学生个体能够得到自由、全面、充分和可持续的发展。

劳动教育可以帮助和引导大学生树立正确的劳动价值取向，掌握科学的劳动技能，培养良好的劳动习惯，在劳动中践德、增智、悟美、强体，不断提升适应社会、融入社会、服务社会的劳动能力，持续增强独立生存和可持续发展的本领。因此，新时代高校开展劳动教育，从根本上也是青年人发展之需。

新时代的劳动教育强调丰富和完善劳动内容与形式，更加注重劳动的综合育人功能。应将劳动教育融入学校教育的全过程，形成一种规范的制度和具体的可操作的模式，从而充分发挥劳动教育的综合育人功能。职业院校劳动教育的任务主要体现在三个方面：一是要提高劳动课程地位，应开足开齐劳动教育课程，将劳动教育作为一门必修课，计入学生学分管理，与学生综合素质测评、评先评优、推优入党挂钩。二是要规范劳动课程的形态，职业院校除实习、实训外，劳动精神、劳模精神、工匠精神课程不少于 16 课时。要求应结合学段特点和所在地区的实际情况，逐步摸索劳动教育与其他学科教育结合的方式，设置劳动教育课教学目标，制定劳动教育课程标准，健全劳动教育课管理制度。三是职业院校在设置劳动教育课程时，应积极与产教融合、校企合作、现代学徒制、工学结合、顶岗实习、实训教学等教学模式相结合，与互联网、云计算、大数据、人工智能等新技术相衔接，与新产业、新业态、新技术相呼应，不断创新劳动教育形式，挖掘劳动教育新内涵。要强调"创造性劳动"，培养出更多专业技能过硬、自主创新能力高、面向未来智慧社会的综合素质高的应用型人才。

在新时代，要推动教育与劳动相结合，发挥劳动教育在人才全面发展中的重大作用，为国家人才培养、科技创新、经济发展提供强有力的力量。正如马克思所言，真正的问题"在于改变世界"，而"劳动教育"就是新时代我们砥砺前行、创造美好生活最有力的实践。

本教材以马克思主义劳动观和习近平关于劳动的重要论述为主线，深度融合邮电行业企业特色，对高职劳动教育进行系统论述，学习案例、思考研讨和实践活动等紧密结合邮政快递、现代物流、信息技术、智能通信、电子商务、金融会计等类专业的实习实训，帮助学生树立正确的劳动观念，继承和弘扬劳动精神、劳模精神、工匠精神，掌握劳动安全和劳动法律知识，增强劳动保护意识，提升劳动实践技能，成为德智体美劳全面发展的新时代高素质高技能劳动者。

本教材共有十一章，主要内容包括认识劳动的本质、意义，掌握劳动教育的意义，树立新时代劳动观；感悟劳动精神的内涵、时代价值，做新时代合格的劳动者；感悟劳模精神的内涵、时代价值，争做劳动模范和时代楷模；感悟工匠精神的内涵，弘扬工匠精神的时代意义，争做劳动模范和时代楷模，做新时代的大国工匠；认知职场劳动素养，提升职场劳动技能；了解大学生日常生活劳动的内容、意义，开展日常生活劳动实践；了解大学生生产劳动的内容、意义，开展生产劳动实践；了解大学生服务性劳动的内容、意义，开展服务性劳动实践；认识劳动教育实践基地的功能、意义，依托基地开展劳动教育实践；掌握劳动安全知识、安全常识，强化生产安全意识；熟知劳动法规、劳动关系知识，遵守劳动纪律。

在体例设计上，本教材设置了"学习目标""课程导入""知识导图""励志榜样""项目任务""实践案例""实践活动""知识拓展""劳动视野""安全警示""法规案例"等栏目，帮助学生理解相关概念，强化情感认同，提升育人效果。此外，本教材还设置了二维码链接，拓展所讲内容，有助于学生深入理解学习内容。本教材适用于高等职业院校劳动教育的教学，也可以作为社会读者，特别是邮电行业人员提高劳动修养的普及读物。

本教材由赵栓亮、张洪芬负责框架的搭建、主要内容的确定和定稿。序言和第一章由张洪芬编写，第二至第五章由刘延锋编写，第六至第八章由刘羽编写，第九至第十一章由王津津负责编写。

本教材在编写过程中，得到中国邮政集团有限公司工会、石家庄分公司谷战鹰主任的大力支持，参考并借鉴了大量已有研究成果，在此一并表示感谢！限于编者水平，本教材难免存在疏漏或不妥之处，敬请广大读者予以批评指正。

目　录

第一章
劳动概述

劳动是人类的本质活动，劳动光荣、创造伟大是对人类文明进步规律的重要诠释。"民生在勤，勤则不匮。"中华民族是勤于劳动、善于创造的民族。正是因为劳动创造，我们拥有了历史的辉煌；也正是因为劳动创造，我们拥有了今天的成就。

——2015 年 4 月 28 日，习近平在庆祝"五一"国际劳动节暨表彰全国劳动模范和先进工作者大会上的讲话

学习目标

知识目标：通过学习，学生能够理解劳动的意义，正确认识劳动是创造物质财富和精神财富的全过程，是人类特有的基本社会实践活动；能够正确认识劳动教育是发挥劳动的育人功能，对学生进行热爱劳动、热爱劳动人民的教育活动。

能力目标：能够正确认识马克思主义劳动观，能够尊重一切劳动和劳动者，能够用劳动创造人、劳动创造价值、创造财富、创造美好生活的道理分析劳动现象、看待劳动本质，反对一切不劳而获、崇尚暴富、贪图享乐的错误思想。

素质目标：牢固树立劳动最光荣、劳动最崇高、劳动最伟大、劳动最美丽的思想观念，有爱劳动的意识，尊重劳动，增强获得感、成就感和荣誉感。

课 程导入

"一封信，一颗心" 永远是邮政人不变的情怀

一封信的背后是什么
有人说，那是一颗心
因为她在送信的过程中
总能看到信封的背面写着

信儿信儿快快跑，见着亲人问声好。

信在途中飞，不知何日归。
你若收到信，赶快把信回。

春不到花不开，不见本人信别拆。

人民群众对信件寄予很大的希望
虽然是白纸黑字的信
但是有很多颗心在关注着这一封信
所以她就要以"一封信，一颗心"的精神
把信件迅速、准确、安全、方便地
送到收件人的手里
她，就是罗淑珍

邮政劳动模范罗淑珍晚年照

新中国第一代女邮递员

原邮电部副部长

中国邮电工会全国委员会主席

今天就让我们再次走近她

重温"一封信,一颗心"的故事

为一颗心,送一封信

2018年10月1日,中央广播电视总台播出"相聚中国节"国庆特别节目《相约新时代》,罗淑珍作为新中国第一代女邮递员代表来到节目现场,为大家讲述了"一封信,一颗心"的故事。

年轻时的罗淑珍在投递信件

她在节目里回忆起一次投递经历,她看到一封信写的收信地址是"北京前门内15号",可前门内地方太大了,她一边送信一边打听收信人。那时正好赶上开人民代表大会,已经寻了几日的罗淑珍只好在选民榜上找收信人的名字,还真让她找到了。

她也曾接到寄给革命妈妈陶承的一封信,但只写了"北京邮局转交",并无地址。她连续给作家协会等单位打电话,将信辗转送到了陶承手中。

年轻时的罗淑珍给居民送信

传道解惑　消除差错

罗淑珍在北京市邮政局投递科工作

　　1957 年 4 月，罗淑珍被提拔担任北京市邮政局投递科副科长。1958 年年初，北京市邮政局党委为了让罗淑珍在生产中更好地发挥作用，决定让她仍回原工作岗位从事投递工作。她毫不犹豫，不考虑什么地位和名誉，心情舒畅地服从了党组织的决定。罗淑珍选择了去第二组，这个小组差错比较多，罗淑珍就把自己消灭差错的经验教给大家，并经常和大家一起研究分析发生差错的原因，她对出差错的同志还进行重点帮助。

　　有一次在排信时，她发现一封信上面写的是"二十九中"，让别人看都说是二十九中，但她觉得"二"字和"十九"两字大小不相称，在"二"字上面又盖了邮戳，她怀疑是否"三"字被邮戳盖住了一横，于是找来放大镜仔细一看，的确是"三"字上面的一横被邮戳盖住了，她就用这样的实例来教育大家说，在工作中不能有一点马虎，稍微不注意，就会发

罗淑珍在分拣信件

生差错，大小都应该看清楚。罗淑珍整理完自己的邮件后，还要去帮助常出差错的员工复查。

罗淑珍跟同事们一起投递邮件

　　每次出班时，她总是和大家一道走。过去谁先整理完谁就先走，有些青年看见别人走了，心里就发慌，排信马马虎虎，最容易出差错。现在是先整理完的帮助没有整理完的，小组兴起了互助协作的风气，质量提高了，差错减少了，落后组不再落后了。从罗淑珍到第二组时起，这个组就连续被评为北京市邮政局的先进小组。1958 年全年这个组只发生了 15 件差错，比 1957 年减少了 89%，仅 1958 年第二季度，就收到表扬信 180 多封。后来，第二组和第一组合并为第一组，罗淑珍又担任了第一组的组长，第一组也成为邮政服务的先进典型。

著名作家老舍称赞"一封信，一颗心"

老舍同志在给罗淑珍写回信

"我们北京团有个大作家舒舍予，就是老舍。因为我文化水平不高，所以开会的时候我都不好意思跟他接触交流。实际上，老舍还是很平易近人的。有一次大会休息时，老舍走过来和我聊天。他问我，怎么就能想到'一封信，一颗心'。我就把我工作中的一些体会说了出来。寄信人都在计算收信时间，收信人也正在等待亲人的来信。老人们的闺女儿子都在外面工作，不放心，就特别盼望亲人的来信。那时候没有电视，没有电脑，更没有手机，电话也不普及，不像现在能打电话、上网。当时，家里有电话的人家极少，打长途电话还必须到长途电话局打。所以，信件几乎就是传递人们感情唯一的一个通信工具。

罗淑珍在送信路上

"当时很多人收到信时就说，'哎呀，这下我可放心了，心里踏实了'。特别是 50 年代初，学校的同学们经常给志愿军写信，视志愿军为亲人。我看到学生们一收到志愿军的来信就特别高兴，好多同学高兴得都跳起来了，因为他们收到了盼望的来信。我想，我们手中一封封白纸黑字的信，实际上代表了用户一颗颗焦急盼望的心。老舍同志听了我的介绍以后说：'非常好！非常好！'他还说：'我也经常收到读者的来信，但是我不能够每封来信都给回。我回读者信的时候，读者却能给我回好几封信，这个我深有体会。你这个说法，我非常能够理解。你提的这个'一封信，一颗心'，寓意很深。'老舍的那几句话对我的鼓励还是挺大的。"

罗淑珍在投递信件

罗淑珍进入邮政系统 67 年
经过她递送的信件有 360 万件
无一差错
这一封封信里
不仅有写信人的心
还传递着罗淑珍的心
"人民邮政为人民"
是邮政人不变的使命
"一封信，一颗心"
是邮政人永远的情怀
新时代的邮政人
将这份使命与情怀传承常在

（资料来源：澎湃政务：中国邮政 2022－01－24）

思考题：结合实例谈谈自己对劳动的理解。

知识导图

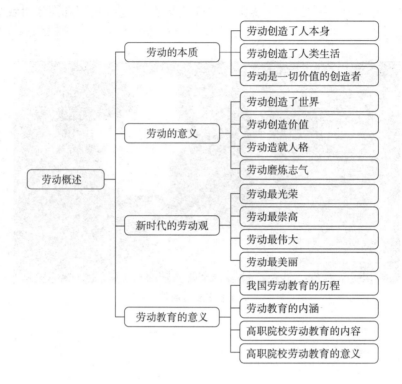

第一节　劳动的本质

马克思认为，"全部人的活动迄今都是劳动"。劳动是马克思思想体系中的核心观念，是马克思主义理论研究的基础。马克思把劳动比喻成整个社会为之旋转的太阳，劳动是人类生存的本质，人类的发展过程就是劳动的发展史。劳动的本质可以从以下方面进行理解：

一、劳动创造了人本身

马克思认为，劳动把人同动物区别开。马克思在《德意志意识形态》中说："可以根据意识、宗教或随便别的什么来区别人和动物。当人开始生产自己的生活资料的时候，这一步是由他们的肉体组织所决定的，人本身就开始把自己和动物区别开来。"直立行走、手脚分工、人脑的形成，以至制造工具、抽象思维和语言，这些人类特有的标志都是人类祖先的动物本能活动向人类劳动转化过程中逐步形成的，也是在劳动的发展中进一步完善的。因此，恩格斯指出："我们在某种意义上不得不说劳动创造了人本身。"劳动实践是人与动物相互区别的根本标志，人与动物有很多区别，如人有自我意识，动物没自我意识；人有宗教信仰，动物没宗教信仰；人用文字符号，动物不会用文字符号；等等。但这都不是人区别于动物的根本标志，人区别于动物的根本标志是能制造并使用生产工具。马克思、恩格斯说："当人们开始生产他们必需的生活资料的时候，他们就开始把自己和动物区别开来。""使自己和动物区别开来的第一个历史行动并不在于他们的思想，而是在于他们生产自己所必需的生活资料。"人与动物的区别说到底是根源于获取物质生活资料的方式不同：动物只能直接用它们的自然生理器官，如牙齿、舌头、肢体等获取自然界提供的现成的食物或其他物质资料，动物适应自然环境主要靠它们的自然器官即生理结构的变化。人则不同，人是生产劳动者，能够凭借自己制造的工具改变自然界物质的形态和生存的自然环境，以满足自己的生活需要，适合自己的生存。人为了适应自然环境，主要不是靠自身生理结构的变化，而是靠生产工具的变化。

二、劳动创造了人类生活

劳动既把人同动物区别开，又把人与人类社会同自然界紧密地联系起来。马克思、恩格斯在《德意志意识形态》中明确地指出："全部人类历史的第一个前提无疑是有生命的个人的存在。"而这"有生命的个人"之所以能够存在，最主要的是因为他们能通过自己的劳动来创造和生产物质生活资料。因此，"第一个需要确认的事实就是这些个人的肉体组织以及由此产生的个人对其他自然的关系"。劳动的过程就是人通过自身的劳动作用于自然的过程，是人的本质力量与自然之间的一种物质交换过程。人通过劳动改变自然，创造属于人自己的物质生活条件。自然界是劳动的基础，人是劳动的主体，劳动所作用的对象是客体，他（它）们都要受自然界的制约。就劳动主体而言，劳动者自身就是一种自然的存在，劳动就是人的肉体组织的运动。劳动者的劳动活动还要受到他所处的自然环境的制约。从劳动客体来看，作为天然劳动对象即未经劳动加工过的对象，如原始森林、土地等，本身就是自然界的一部分，当然要受自然规律的制约；另一种劳动对象是经过劳动加工过的东西，归根到底它也是来自自然，也必须服从自然规律。

三、劳动是一切价值的创造者

马克思认为"劳动是一切价值的创造者。只有劳动才赋予已发现的自然产物以一种经济学意义上的价值"。劳动就其最一般的性质而言是使用价值的创造者，劳动过程是形成人与人之间关系和形成人类社会的过程。劳动不仅不断生产人们所必需的生活资料，也同时不断生产人们的社会关系。马克思指出，"整个世界历史不外是人通过人的劳动而诞生的过程，是自然界对人来说的生成过程"，"黑格尔《现象学》的伟大之处在于黑格尔把人的自我产生看作一个过程，把对象化看作失去对象，看作外化和这种外化的扬弃，因而，他抓住了劳动的本质"，"他把劳动看作人的本质，看作人的自我确证的本质"。马克思充分肯定了黑格尔关于劳动创造人和人类历史以及劳动是人的本质的思想，同时又指出"黑格尔唯一知道并承认的是抽象的精神的劳动"。马克思把物质生产劳动作为人类及其历史产生、存在和发展的基础，劳动是"一切历史的第一个前提"。

励志榜样

二平的"凡"与"不凡"——全国劳模全二平

"首届感动内蒙古人物""内蒙古模范共产党员""全国道德模范""全国五一劳动奖章

获得者""全国劳动模范""全国邮政系统先进个人"全二平的个人事迹被拍成电影《全二平的马拉松》……

投递路上初心不忘

2018年11月8日，全二平回到小佘太镇（原小佘太乡），骑着被大伙儿称作"万里驹"的摩托车在草木枯黄的乡间小路上疾驰。碰到赶着羊群的村里人，他会停下车，聊会儿家长里短后又绝尘而去。

小佘太镇是全二平曾经工作的地方，保留着他十几年的青春记忆，也安放着他未被磨灭的初心。

2015年，全二平调到内蒙古自治区乌拉特前旗邮政分公司，但他的工作和生活并没有和小佘太镇割裂开。他每个月会不定时回去两天，重走奔波了十几年的乡间邮路。刚开始村里人好奇，去了旗里的全二平怎么还回来送邮件。全二平许诺道："我离不开你们，离不开这条邮路，以后还会继续为你们服务。"

当乡邮员时，全二平尽心照顾着小佘太镇的4位老人。今年6月，第三位老人韩存娣去世，全二平帮忙料理了后事。现在，第四位老人刘财成了他放不下的牵挂。

刘财双目失明，孤苦伶仃，全二平是他生活的主要依靠。逢年过节，全二平总会去看望刘财，为他购置生活用品。工作调动后，只要刘财生活中遇到困难，全二平总是及时赶回去帮他解决，即使回不去也会拜托别人帮忙照顾。2017年，刘财家的房屋漏雨，全二平听说后，和村里几个热心人一起掏腰包购买了彩钢板帮他修缮屋顶。今年得益于精准扶贫政策，刘财住进了新房，有专人为他提供一对一帮扶，但全二平说："我会一直照顾他。"

全二平有个绰号叫"烙毛小子"（方言音译），一直从当乡邮员时用到现在。很多人都好奇"烙毛小子"是什么意思。全二平解释说："全心全意为别人提供帮助，就像邮政的普遍服务。"

全二平先后担任巴彦淖尔市第三届人大常委会组成人员、第四届人大代表。其间，他结合自己的工作经历，围绕村村通邮、便民服务站建设、乡邮员条件改善等方面积极出谋划策，提出了很多建设性意见。

"在社会转型期，他能始终保持一种平常心，传递正能量，这一点很难得。他确实是心系人民，为民办事，全心全意为人民服务精神的忠实践行者。"巴彦淖尔市人大常委会党组成员、副秘书长赵文勇对全二平给予了高度评价。

营销路上好事多磨

2015年10月，为充分发挥劳模的社会效应和示范作用，巴彦淖尔市总工会在乌拉特前旗分公司成立了由全二平领衔的"全二平创新工作室"。该工作室成员包括乌拉特前旗分公司服务管理、营业投递、营销支撑等岗位的10名业务骨干。3年多来，该工作室打造了一支成熟的创新型人才队伍，对推动当地邮政各项业务发展起到了至关重要的作用。

然而，从投递的"一条路"到市场营销的"一盘棋"，全二平经历了"破茧"的艰难过程。

刚开始，全二平陷入了营销"休克期"，在开发市场、营销客户时屡屡碰壁。但他屡败屡战，分析原因，积累经验，改进措施，针对不同客户的特点和需求，和团队成员反复斟酌，优选营销方案。

邮政与腾讯合作推出朋友圈广告后，全二平带队去乌拉特前旗疾控中心洽谈，但多次洽谈未果。队员赵亮为难地说："要不别去了，可能人家确实不需要。"全二平却坚持说："咱们再试试，好事多磨。"他们拿着反复修改的合作方案第八次敲开了疾控中心的门，最终双方达成了合作意向。

正是全二平的坚持不懈和"软磨硬泡"才攻克了一个个难关。2016年，全二平带领团队历时40多天，辗转全旗13个乡镇、50多个村安装邮政政讯通宣传栏；2017年，在推动"校园安全宣传手册"项目时，耗时4个月攻下了13家赞助单位，最终由旗委政法委牵头制作了7 000份……创新工作室的相册里，记录着全二平带领团队成员深入广场、早市宣传业务，针对老年客户群开展理财沙龙拓展市场阵地等日常营销的点点滴滴。

乌拉特前旗分公司总经理乔克伟评价全二平："他不太爱说话，但行动起来一马当先，大项目营销少不了他的身影，对我们单位的业务发展帮助非常大。"

全二平创新工作室的墙上挂着一块展板，上面是全二平结合自己的乡邮工作经验总结出的"三心一实"工作法，即热心、关心、耐心、实在。他认为，"三心一实"同样适用于营销工作，该工作法现在已经成了乌拉特前旗分公司广泛推行的客户服务"黄金法则"。

巴彦淖尔市总工会办公室主任贾卫军告诉记者："工作上，全二平从来不计得失，把个人利益放在身后，带领年轻人冲锋陷阵，发挥了劳模应该发挥的作用。"

扶贫路上步履铿锵

2018年，全二平的时间被切割成两部分，其中一部分在苏独仑农场驻点扶贫。根据旗里的安排，他担任驻村工作队副队长，主要负责4个分场的扶贫推进和4户贫困户的一对一帮扶工作。今年是农场扶贫工作的巩固提升阶段，全二平每周日晚上回家换洗衣服，周一早晨返回农场，基本没有休息时间。

郝万龙是全二平的直接帮扶对象之一。2018年5月，在政府和农场补贴资金的帮助下，扶贫工作队帮助郝万龙家建造了新房，窗明几净的砖房和一旁的土坯房形成了鲜明对比。"住了20多年土坯房，从没想过还能搬进新房。"郝万龙的妻子李玉兰高兴地说，"国家政策好，全队长人也好，帮我们做了不少好事。"

在扶贫工作中，全二平通过积极联系，为当地农户争取扶贫资源，获得了乌拉特前旗民政局提供的米、面、油等生活用品；2018年7月，全二平还邀请某公司带着设备到农场为农户免费体检，当天从8点一直持续到14点多，为100多户贫困户做了健康检查。

"哪怕苦一点、累一点，但是能为农户做自己力所能及的事，这些付出都是值得的。"全二平神情笃定地说。

一分场的姜维丁今年74岁了，靠手工制作扫帚为生，但是销售渠道非常有限。得知情况后，驻村工作队出资购买了一部分扫帚，农场场部也积极帮助姜维丁销售，同时，全二平和同事还到其他分场为其宣传，帮助他打开了销路。

2018年7月，连续两场大雨给当地造成了严重的洪涝灾害。九分场杨永强家的猪圈被大雨冲毁，5头猪被困在水里。正在杨永强愁眉不展时，驻村工作队及时伸出援手，帮助杨永强把猪转移到了地势高的地方，并搭建了临时猪圈，大雨过后又帮助他重新修建了猪圈和院墙。那段时间，为了及时预警、规避风险，驻村工作队每天入户巡查，半夜轮值巡堤。雨后道路泥泞难行，抗洪任务艰巨，但驻村工作队员始终冲在前面，第一时间帮农户排忧解难。在全二平看来，农户对他们工作的认可就是他全心全意工作的最大动力。

苏独仑农场的扶贫工作常常会唤起全二平对在小佘太镇当乡邮员时的记忆：村里人忙农活的时候会告诉他钥匙放在哪里；冬天在农户家留宿，主人会把热炕头让给他……正是那段乡邮工作经历让全二平对扶贫工作得心应手。

2018年9月初，苏独仑农场组织了三场以"我脱贫、我光荣、我奋斗、我幸福"为主题的大讲堂，由全二平结合在小佘太镇的乡邮工作现身说法，传递孝道，取得了良好反响。

"他能在田间地头、老百姓炕头宣讲扶贫政策，说话方式结合他的经历，很接地气，也很有说服力。"苏独仑农场党委书记、场长李培军对全二平赞赏不已，"精准扶贫在于精，精干的队伍至关重要，全二平是高素质干部，符合六个精准中的'选人精准'，不仅踏实肯干，关键他了解这份工作，热爱这份工作，很有责任感。"

这份认可的背后是全二平在"公"与"私"之间取舍，蕴含着他不计得失的奉献。

一直忙于扶贫工作，全二平无暇顾及个人事务。国庆期间，内蒙古区总工会组织劳模体检，全二平一直抽不出时间；2018年10月8日，组织劳模到云南疗养，全二平因为工作忙放弃了；2018年11月15日，组织赴粤港澳大湾区疗休养，他依然选择了放弃。"应人事小，误人事大。"全二平说，"现在是扶贫关键期，既然答应了别人，就不能因为自己的事儿耽误，必须踏踏实实把事情干好。"

全二平每天坚持写民情日记，用密密麻麻的文字记录他的扶贫脚步和扶贫决心，其中一篇写道："一定要落实好这项工作，争取完成好'摘掉前旗贫困帽'这项政治任务，给政府、给人民群众交一份满意的答卷。"

不惑之年的全二平，两鬓已有了白发，但不变的是他身上那股子遇事儿迈一步的冲劲儿和助人为乐的热心劲儿。他觉得荣誉和劳模的光环都不应该成为他继续前进的包袱，恰如他微信名"平二平凡"的寓意：一生中，竭尽全力做好平凡事，又何尝不是一种不平凡。

全二平正在去乡下的路上

全二平与同事去宣讲扶贫政策

全二平去扶贫村的路上

全二平在农民家宣讲扶贫政策

全二平正要去扶贫村

（资料来源：中国邮政网　2018年12月4日）

思考题：结合该案例，谈谈对"劳动是一切价值的创造者"的理解。

知识拓展

马克思劳动价值理论

卡尔·马克思（1818年5月5日—1883年3月14日），马克思主义的创始人之一，第一国际的组织者和领导者，马克思主义政党的缔造者之一，全世界无产阶级和劳动人民的革命导师，无产阶级的精神领袖，国际共产主义运动的开创者。马克思是德国的思想家、政治学家、哲学家、经济学家、革命理论家、历史学家和社会学家。主要著作有《资本论》《共产党宣言》等。

马克思主义劳动价值论产生于马克思、恩格斯在哲学上的变革和对现实社会的政治批判，同马克思主义的政治经济学有密切的联系。他首先严格区分物品的使用价值和商品价值、交换价值，立足于对交换价值及其内在尺度的考察，揭示了商品生产的秘密，从而在劳动价值论的基础上创立了剩余价值学说。

劳动价值理论广泛体现在马克思主义理论的各个方面。恩格斯在其著作中，就科学的价值、道德、艺术、宗教、政治、军事、国家与法、自由与必然等问题进行了大量考察和论述，同时批判了唯心主义和形而上学价值观的各种错误表现。列宁和毛泽东一生都致力于实现马克思所建立的共产主义价值观念，他们同时也发表了许多重要的价值论见解。例如，列宁曾指出评价与决定论的一致性，真理与"对人类有用"的相互一致性。他还明确地提出了实践事物的价值，即"事物同人所需要它的那一点的联系"的"实际确定者"，必须把实践"包括到事物的完满'定义'中去"这一极其重要的原则性结论。毛泽东则始终一贯、十分明确地坚持人民主体论的共产主义价值观念，并得出了"真理与人民的利益一致""从实际出发与向人民负责的一致性"这样的真理与价值辩证统一的结论。

马克思主义劳动价值理论的根本特征，是以科学的、彻底唯物主义的实践观点及其思维方式来考察价值问题，从而形成了实践唯物主义的价值理论。

（1）马克思主义劳动价值理论首先是把价值现象置于人类社会的历史实践中考察，指出价值是人类特有的对象性活动中的普遍内容，而不是外在于人类生存发展活动的某种先验的、神秘的现象。对价值现象产生和存在的基础的理解，坚持了历史唯物主义的立场和方法，不同于从某种客观理念或人的抽象本性中得出价值的唯心主义学说。

（2）马克思主义劳动价值理论立足于对人类对象性活动、主客体关系中的"两个尺度"的理解，用主客体相互关系的客观过程和结果，来说明价值产生的秘密和价值的本质。指出价值的本质是客体属性同主体需要和能力之间的一种统一，是世界的存在对人的意义，价值产生于人按照自己的尺度去认识世界和改造世界的活动之中。这样，对价值的本质和来源的理解，就同人类生存和发展的客观实际过程相联系，同确认人在改造世界方面的权利和责任相联系。而不是像主观主义和唯意志主义那样，把价值看作人的主观精神绝对自由的表现，也不是像庸俗唯物主义和自然主义那样，把价值看作是与主体的创造活动无关的自然本性。

（3）马克思主义劳动价值理论坚持人们的存在决定人们的意识的观点，并用它去分析价值的客观形态和主观形态，指出人们的社会存在，包括人们的社会关系、客观利益和需要、现实能力等及其历史条件在内是客观的，这种客观性决定了价值的客观性；而人们的社会意识，包括愿望、兴趣、态度等在内是主观的，这种主观性表现为对价值认识和评价的主观性。对价值的客观形态和主观形态，必须按照唯物主义的方式加以考察，才能够奠定价值论研究的科学性基础，而避免主观主义、相对主义和非理性主义等否定性倾向。

（4）马克思主义劳动价值理论依据生活实践本身的丰富和历史进步性，来说明价值的无限多样性及其发展趋势。认为由于人的本质的丰富性、现实社会关系的复杂性、实践内容和条件具体性等原因，决定了现实人类社会中的价值必然是一个在结构、层次和方向上都极其多样化的、充满了矛盾甚至对抗的多元体系；随着人类社会的不断发展，这种现实的多元化同时又表现了历史一元化的必然性。通过人的彻底解放和全面发展，真、善、美等基本价值将不断地得到丰富和充实，并战胜假、恶、丑，达到高度的统一，从而不断走向人类的最高价值的自由。这样，马克思主义劳动价值理论就把对价值的科学研究同人类的历史命运联系起来，同无产阶级革命的历史任务联系在一起，从而形成了共产主义价值观念的体系，并同一切将价值论的研究引向反人民、反社会、反文化方面的企图划清了界限。

马克思的劳动价值论既说明了在资本主义生产初期价值怎样表现为价格，同时也说明了在资本主义部门之间竞争充分展开后价值怎样转化为生产价格，进而生产价格怎样再表现为价格。因此，马克思主义劳动价值论不仅是关于商品价值的理论，而且是说明商品价格的科学理论。

第二节　劳动的意义

劳动是一个基本的经济范畴，在现实生活中表现为各种不同形式，如脑力劳动和体力劳动、简单劳动和复杂劳动、个体劳动和协作劳动、私人劳动和社会劳动等。不同的劳动形式在社会生产发展的不同阶段，具有不同的地位和作用，但不论哪种形式的劳动，都是人类历史发展不可缺少的内容和推动力量。

一、劳动创造了世界

劳动是人类社会生存和发展的基础，主要是指生产物质资料的过程，通常是指能够对外输出劳动量或劳动价值的人类运动，劳动是人维持自我生存和自我发展的唯一手段。劳动是人类生存与发展的前提，劳动是推动历史发展的主体与动力，人人参与劳动，劳动促进人的成长与发展，劳动创造社会共同财富。按照传统的劳动分类理论，劳动可分为脑力劳动和体力劳动两大类。

劳动创造世界，奋斗成就伟业，光荣永远属于伟大的劳动者。传说中大禹治水的不辞劳苦、愚公移山的坚毅不屈，以及古人所倡导的"日出而作，日落而息"的勤奋，都凝聚着劳动人民艰苦奋斗、百折不挠的精神。也正因如此，古往今来，人类对劳动始终保持着一种崇敬、一种感恩，对劳动的礼赞不胜枚举。高尔基说过："劳动和科学是世界上最伟大的两种力量"，"我们世界上最美好的东西，都是由劳动、由人们勤劳的手创造出来的。只有人的劳动才是神圣的"。用现在流行语来说，人世间什么最美？劳动最美。

一餐一饭，靠劳动获得，一砖一瓦，需劳动铺就。劳动是人类生存与发展的第一需要。如果没有了劳动，大到一个国家、一个民族乃至于整个人类社会，小到一个单位、一个家庭、一个人，其结果是不可想象的。荷兰著名画家凡·高有一幅油画《吃马铃薯的人》，描绘了一个农家晚上在昏暗的灯光下吃马铃薯的景象。画家自己说："我想传达的观点是，借着一个油灯的光线，吃马铃薯的人用他们同一双在土地上工作的手从盘子里抓起马铃薯，他们诚实地自食其力。"这是对劳动最淳朴最直观的赞美。

二、劳动创造价值

劳动价值论是马克思主义政治经济学的基础理论，是马克思主义经济学的核心思想，阐述了商品经济的本质和运行规律。马克思从商品入手，引出商品的二重性，即价值和使用价值，商品的使用价值就是"物的有用性"，而商品的价值是指凝结在商品中的无差别的人类劳动。劳动的二重性决定了商品的二重性，具体劳动创造使用价值，抽象劳动创造价值。在商品生产体系中，劳动是劳动力的支出和使用，马克思给出定义："劳动力的使用就是劳动本身。劳动力的买者消费劳动力，就是让劳动力的卖者为其提供劳动。"理解劳动创造价值，需要厘清其具体含义："劳动"指的是人类创造物质或精神财富的活动；"创造"指的是制造前所未有的事物；"价值"指的是商品的一种属性，其大小取决于生产这件商品所需的社会必要劳动时间的多少。社会必要劳动时间指的是，在现有社会正常的生产条件下，在社会平均的劳动熟练程度和劳动强度下，制造某种使用价值所需要的劳动时间。马克思曾说："历史承认那些为共同目标劳动因而自己变得高尚的人是伟大人物，经验赞美那些为大多数人带来幸福的人是最幸福的人。"

有一首歌这样唱道："幸福在哪里，朋友啊告诉你，她不在柳荫下，也不在温室里，她在辛勤的工作中，她在艰苦的劳动里……"社会的进步，凝结着劳动的艰辛；幸福的生活，散发着劳动的芬芳；美好的未来，期待着劳动的创造。劳动是财富的源泉，也是幸福的源泉。只有让劳动最光荣、最伟大成为时代的最强音，才能体现劳动的价值，才能在全社会培育和弘扬尊重劳动、尊重知识、尊重人才、尊重创造的时代风尚。

三、劳动造就人格

劳动的意义不仅在于追求业绩和经济价值，更在于完善人的内心。人们要求自己快乐地工作、劳动，全身心投入，聚精会神，精益求精，在细致的工作中耕耘心田，造就深沉厚重、独立优秀的人格。劳动是快乐的，虽然有时很艰辛、很劳累，但当完成某项工作欣赏劳动成果时，就会有一种成就感，心里会感到一种说不出的自豪和充实，尤其是和别人分享这些劳动成果时，心里是快乐、幸福的。认真而快乐地工作、劳动，不仅使人保持乐观的心态，这些快乐也可以传染给别人，这是一种积极向上的情感导向。面带微笑、快乐工作的时候，人是最美的，这就是人格魅力。

生活需要劳动，发展需要劳动。劳动是美丽的，劳动者是可爱的。社会发展和科技进步，让劳动方式不断改变、劳动内容不断丰富、劳动价值不断升华，但无论劳动形态怎样变化，用诚实劳动创造我们的美好生活，都是时代的最美音符，都是时代的最美风景。劳动造就人格。要让劳动光荣、创造伟大，真正成为人们的"最能"，要让劳动最光荣、劳动最崇高、劳动最伟大、劳动最美丽，真正成为人们的"最爱"。

四、劳动磨炼志气

劳动是对人灵魂的一种磨炼，因为在工作、劳动中会有很多困难需要克服、有许多弯路需要探索，还会有挫折和失败等，大部分工作会很苦很累，需要有坚韧不拔、吃苦耐劳的精神。人的畏难和惰性，有时会让人感到工作力不从心，怕难；有时会让人觉得工作日复一日，没有尽头，厌烦；有时会让人觉得承受不了种种劳苦，而不停地变换工作。这些行为其实是对人志气的摧残和毁灭，人的灵魂也就缥缈不定。经不起苦难磨砺的人是难有作为的。在工作中孜孜不倦、辛勤地劳动，就能不断磨炼和提升人的灵魂，铸就人美好的心灵。

在现实生活中，劳动的意义体现在它给人们带来的物质与精神的双重财富上，在这些财富中最宝贵的，是劳动能帮助我们实现自我价值。教师把知识传授给莘莘学子，从而使自己成为传承人类知识文化的搬运者；医生为病人解除病痛，从而使自己成为为善人间的白衣天使；作家把智慧诉诸文字，从而使自己成为人类精神食粮的创造者。只有通过劳动，才能体现出个人价值，而这些价值才是我们生存在这个世界上的意义。

励志榜样

全国劳模郭兰珂：坚守通信保障一线　扎根科技创新前沿

郭兰珂在工作中

在通信保障的第一线，在科技创新的最前沿，中国移动重庆公司网络专家郭兰珂20年如一日，默默地发挥着党员的先锋模范作用，以实际行动践行党的宗旨。他先后荣获重庆市劳动模范、中央企业优秀共产党员、全国劳动模范等称号。2017年10月，他光荣地当选为党的十九大代表。

无私奉献，保障通信畅通

通信畅通是用户的基本诉求，也是网络人员的重要职责。重庆移动现有2 000多万用户。节假日，用户通信密集，全网话务量陡增，是保障工作的关键时期。郭兰珂多年来负责节假日通信保障工作，先后圆满完成了60余次重大通信保障任务。

从评估设备容量负荷到针对性扩容，从设备巡检到隐患排查梳理……多年来，为了确保网络平稳运行，他没有休过一个完整的节假日。面对琐碎细致的维护工作，郭兰珂甘之如饴，可面对家人，他却只能报以歉意的微笑。对他来说，网络维护不仅是工作，更是习惯和责任。万家团圆时，网络监控屏幕中稳定运行的图像让他心里踏实。

攻坚克难，护航网络质量

进入重庆移动以来，郭兰珂出色地完成了各项维护优化和综合分析工作，并牵头进行了多项前瞻性研究。

2007年，他设计研发了网络预警分析系统，改变了以往评估负荷、定位问题依靠厂商、耗时长、效率低的状况。该项创新帮助运营企业掌握了网络维护的主动权，最大限度地保障了现网质量，在中国移动多个省级公司推广应用。为提高网络服务水平，郭兰珂率先完成了四网协同分析平台的开发建设，开创了多网络协同规划运营的先河。他坦言："这个项目从筹划到启动，一切都需要摸着石头过河，难度可想而知。"在数百个日夜里，他与团队成员全力以赴、驰而不息。为了验证数据的准确性，郭兰珂一头扎进试点小区，大到区域规划分析，小到调整基站天线方向，他都一一验证调试，将分析模型的准确率提升了两倍多。同时通过建立规划、建设、网络、市场横向一体化工作机制，有效实现了四网负荷的均衡。重庆移动在四网联合运营方面的经验，成为中国移动集团公司《四网协同分析规范》的基础和主要内容。

锐意创新，助推转型发展

为顺应移动互联网发展趋势，解决在流量规模增长和流量价值提升中遇到的问题，郭兰珂在中国移动系统率先提出了"移动互联网业务端到端分析方法体系"。基于该方法体系，他深入开展用户上网感知评价的准确性和实用性研究，实现了用户感知评价以及用户投诉预警和定界的基本能力。针对流量经营智能管道的构建，郭兰珂持续钻研，成功取得了DPI技术突破，初步建立了具有完全自主知识产权的特征库，为构建智能管道奠定了技术基础，并制定多项技术规范。针对家庭宽带业务发展，他又创新性地提出基于"无线+有线"融合信息的家庭宽带营销支撑方法，有力支撑了家庭宽带建设营销工作的落地开展……

"网络飞速发展，技术迭代加快，只有不断学习、持续积累，才能保持前进的姿态。在网络技术领域，利用自己的所知所学，和团队伙伴合力攻克一个又一个'卡脖子'难题，身体力行地为公司转型高质量发展贡献力量，是一件很有获得感的事！"郭兰珂笑着说。面对5G网络切片部署方案难以在普通用户中推广这一全新课题，郭兰珂和团队提出了按需调度的网络切片部署方式，开启了新一轮的技术创新探索。在方案设计、实施、验证都无任何经验可循的情况下，郭兰珂带领团队一步步摸索、一点点突破，始终坚定地朝着目标前进，最终成功地在实验环境下实现了整个业务流程，为5G网络切片的灵活应用丰富了技术储备、拓宽了应用场景。

（资料来源：中国工信产业网：传红色精神 展时代风采 信息通信业百名党员的初心故事 | 全国劳模郭兰珂：坚守通信保障一线 扎根科技创新前沿（cnii. com. cn）2021 年 10 月 27 日，有改动）

思考题：

（1）结合案例，谈谈你对于劳动与个人价值实现关系的理解。

（2）青年大学生对未来的生活有着美好的憧憬，对未来的职业都寄予厚望，都期望自己将来在职业岗位上有所建树。但是，即使在相同的背景下，有的人能在自己的岗位上建功立业，有的人却碌碌无为；有的人从事的职业虽然平凡，却能受到社会的尊重和人们的赞扬；有的人虽名噪一时，却最终遭到人们的唾弃。造成这种截然不同的结局的原因固然是多方面的，但是最根本的一条则在于有无正确的世界观、人生观、价值观和脚踏实地的苦干精神。你认为新一代大学生应树立怎样的择业观？社会和学校应如何引导大学生树立正确的择业观？

知识拓展

"五一"国际劳动节的历史缘起及其意义

19 世纪 80 年代，随着资本主义进入垄断阶段，美国无产阶级的队伍迅速壮大，出现了波澜壮阔的工人运动。当时美国资产阶级为了进行资本积累，对工人阶级进行残酷的剥削压榨，用各种手段迫使工人每天从事 12 ~ 16 小时的劳动，有的甚至长达 18 个小时。美国广大工人逐渐认识到，为了保障自己的权利，必须起来进行斗争。

【争取八小时工作制】

1877 年，美国爆发历史上第一次全国罢工。工人阶级走上街头游行示威，向政府提出改善劳动与生活条件，要求缩短工时，实行八小时工作制。在工人运动的强大压力下，美国国会虽然被迫制定了八小时工作制的法律，但这项法律最终成为一纸空文。

从 1884 年开始，美国先进的工人组织通过决议，要为实现"每天工作八小时"而战斗，并且决定开展广泛的斗争，争取在 1886 年 5 月 1 日实行八小时工作制。八小时工作制的口号提出后，立即得到美国全国工人阶级的热烈支持和响应，许多城市数以千计的工人投入这场斗争。罢工工人遭到美国当局的血腥镇压，很多工人被杀害和逮捕。

【"国际劳动节"的确立】

1886 年 5 月 1 日，美国芝加哥等城市的 35 万名工人总罢工并举行了声势浩大的游行示威，要求改善劳动条件。这次罢工遭到美国当局的镇压，但这场流血斗争震撼了整个美国，工人阶级团结战斗的强大力量迫使资本家接受了工人的要求。

1889 年 7 月，由恩格斯领导的第二国际在巴黎举行代表大会。为了纪念美国工人的"五一"大罢工，显示"全世界无产者联合起来"的伟大力量，推进各国工人争取八小时工作制的斗争，会议通过决议，在 1890 年 5 月 1 日国际劳动者举行示威游行，并决定把 5 月 1 日这一天定为国际劳动节。

【各国积极响应】

这一决定得到世界各国工人的积极响应。1890 年 5 月 1 日，欧美各国的工人率先走上街头，举行浩大的示威游行与集会，争取合法权益。从此，每年的这一天，世界各国的劳动人民都会举行活动以示庆祝。

中国工人第一次走上街头，大规模纪念"五一"国际劳动节是在 1920 年。中华人民共和国成立后，中央人民政府政务院于 1949 年 12 月将 5 月 1 日定为劳动节。

【历史意义】

国际劳动节的意义在于劳动者通过斗争，用顽强、英勇不屈的奋斗精神，争取到了自己的合法权益。这是人类文明民主的历史性进步，也是"五一"国际劳动节的精髓所在。

（资料来源：新华网　2015 年 5 月 1 日）

第三节　新时代的劳动观

劳动创造价值，劳动创造世界，作为创造主体的劳动者，是价值和世界的创造者。崇尚劳动、尊重劳动者的社会，必定是一个富有生机、蓬勃发展的社会。新时代是奋斗出来的，全面建设小康社会，全面建设社会主义现代化国家，从根本上说要靠劳动、靠劳动者的创造。作为高职院校的大学生，应正确理解劳动是人类发展和社会进步的根本力量，认识劳动创造人，劳动创造价值、创造财富、创造美好生活的道理，尊重劳动，尊重劳动者，牢固树立劳动最光荣、劳动最崇高、劳动最伟大、劳动最美丽的思想观念。

一、劳动最光荣

劳动没有高低贵贱之分，任何一种职业都很光荣。社会的发展离不开每一位劳动者的创造，不论工人、农民、知识分子或者领导干部，他们都在自己的岗位上从事着不同的劳动，为社会的发展添砖加瓦。他们勤劳实干、自强不息的民族精神，爱岗敬业、吃苦耐劳的奉献精神，体现了中华民族传统美德。

劳动没有高低贵贱之分，这看起来似乎是一个常识，但在一些人的思想观念上，却往往发生偏差。例如，有些人认为脑力劳动不是劳动，说什么脑力劳动是对体力劳动的剥削，认为只有体力劳动才创造商品价值，脑力劳动不创造商品价值。实际上，马克思早就指出，创造商品价值的"都是人的脑、肌肉、神经、手等等的生产耗费……都是人类劳动"；与之相反，有些人又轻视体力劳动。其实，对脑力劳动和体力劳动都不能孤立地、片面地去理解，人类最初的劳动都是脑力和体力的结合，只是发展到一定的历史阶段，二者才相对分开，有的人专门从事脑力劳动，有的人专门从事体力劳动。从某一项目的整个生产过程来看，二者又必须紧密结合，既要有脑力劳动的付出又要有体力劳动的耗费。

社会分工和社会化大生产决定了劳动的多样性，社会发展需要各方面的劳动，只要是合法的和为社会增加财富、为自己增加收入的劳动，不管在何种所有制经济中从事劳动，不管在什么岗位上进行劳动，不管是简单劳动还是复杂劳动，是体力劳动还是脑力劳动，是服务劳动还是生产劳动，都是平等的、光荣的，都对社会做出了贡献。在工厂车间，就要弘扬"工匠精神"，精心打磨每一个零部件，生产优质的产品；在田间地头，就要精心耕作，努力获得丰收；在商场店铺，就要笑迎天下客，童叟无欺，提供优质的服务。只要踏实劳动、勤勉劳动，在平凡岗位上也能干出不平凡的业绩。

2015 年，习近平总书记在庆祝"五一"国际劳动节暨表彰全国劳动模范和先进工作者大会上强调，全社会都要以辛勤劳动为荣、以好逸恶劳为耻，任何时候任何人都不能看不起普通劳动者，都不能贪图不劳而获的生活。讲话强调要树立劳动平等的观念，形成劳动光荣的社会风气，消除劳动有贵有贱的思想观念，让全体社会成员积极参与社会劳动，积极投身于劳动，消除在劳动问题上的偏见和歧视。

对于青年学生中出现的不爱劳动、不会劳动、不珍惜劳动成果的现象，习近平总书记2014年在全国职业教育工作会议上指出，要教育学生树立正确人才观，培育和践行社会主义核心价值观，着力提高人才培养质量，弘扬劳动光荣、技能宝贵、创造伟大的时代风尚，营造人人皆可成才、人人尽展其才的良好环境，努力培养数以亿计的高素质劳动者和技术技能人才。这是对"劳动最光荣"理念的进一步倡导，是对马克思主义劳动价值观的弘扬。劳动最光荣，作为一种引导青年学生积极进取的价值取向，展现着无穷的魅力。

二、劳动最崇高

劳动是创造财富的源泉，劳动创造美好幸福生活。劳动是提高人们生活水平的基础，也是个人致富的重要手段，是缩小地区差别、贫富差别，走向共同富裕的先决条件，勤劳方可致富，要培养人们养成热爱劳动的习惯。劳动创造幸福，实干成就伟业。在神州大地上，千千万万的劳动者勤勤恳恳付出、胼手胝足创造、斗志昂扬奋进，他们在各自的岗位上挥洒汗水、努力工作，每个劳动者的力量汇聚成磅礴伟力，推动历史的车轮滚滚向前。

习近平总书记在陕西延川梁家河7年的知青岁月中，不仅踏实劳动，而且带头积极劳动，什么苦活累活脏活险活都干过，而且从来"不撒尖"（陕北方言：不偷懒）。他带村民打井，两腿踩在泥水里，一干就是好长时间；打淤地坝，他用手抓住夯石的绳子，用尽全力砸黄土，手掌磨得全是水泡；冬天需要下到粪池里起粪，每次都是他第一个跳下去。离开梁家河后，习近平一直保持着劳动本色。在正定考察时赶上乡亲们锄地、间苗，他拿起锄头就跟大家一起干；在宁德，他的住处放着四副挑土的簸箕，两三把锄头，这是他劳动用的工具；在浙江矿区，他换上工作服，乘罐笼下到近千米的井底，弯腰弓身沿着低矮狭窄的斜井看望慰问矿工。在劳动生产实践中，他深深认识到，只有依靠劳动才能创造更多的物质财富，才能解决老百姓的温饱问题。在福建工作期间，习近平指出，贫困地区的人民要想摆脱贫困，过上好日子，就必须付出艰辛的劳动。"人世间的一切幸福都需要靠勤奋劳动来创造"，这句简单的话不仅阐释了幸福与劳动的关系，也是对广大人民群众通过劳动创造幸福生活的伟大号召。幸福不是毛毛雨，幸福不是免费午餐，幸福不会从天而降。人世间的一切成就、一切幸福都源于劳动和创造。

幸福都是奋斗出来的，奋斗本身就是一种幸福。劳动不仅满足了人们物质生活的需要，同时使人们在劳动创造中体验和感受劳动的幸福与精神愉悦。随着生活水平的提高、物质生活条件的改善，人们不仅把劳动作为谋生手段，还把劳动作为实现自我价值的重要方式，人们更加注重劳动过程中的体验与感受，通过劳动满足自身的发展需要和自我实现需要。党的十八大以来，习近平总书记多次强调，要让人民群众有幸福感。党的十九大报告进一步强调，使人民有获得感、幸福感、安全感，更加充实，更有保障，更可持续。2020年，习近平总书记在全国劳动模范和先进工作者表彰大会上指出，在长期实践中，我们培育形成了爱岗敬业、争创一流、艰苦奋斗、勇于创新、淡泊名利、甘于奉献的劳模精神，崇尚劳动、热爱劳动、辛勤劳动、诚实劳动的劳动精神，执着专注、精益求精、一丝不苟、追求卓越的工匠精神。全社会要崇尚劳动、见贤思齐，弘扬劳动最光荣、劳动最崇高、劳动最伟大、劳动最美丽的社会风尚。

劳动是人的一种物质活动，也是人的一种精神活动，劳动能给人带来快乐和幸福。这种幸福不只是物质上、感官上的满足，而且是更高层次、更大价值的人生取向，是人民幸福生活的重要组成部分。"任何一个民族，如果停止劳动，不用说一年，就是几个星期，也要灭亡，这是每一个小孩都知道的。"劳动对于国家、民族、社会和个体的重要性与必要性，马克思早有定论，因此每一个坚定的马克思主义者都要深刻把握唯有生产劳动才能"给每一个人提供全面发展和表现自己全部的即体力的和脑力的能力的机会"，生产劳动不是"奴役人"的手段，而是"解放人"的手段。当前，人民日益增长的美好生活需要和不平衡不充分发展之间的矛盾是我国社会的主要矛盾，而要解决这一矛盾，唯有诚实劳动、努力奋斗，满足人民对美好生活的需要，为幸福生活奠定物质基础。

"劳动最崇高"主要表现为劳动者的崇高精神品质。习近平总书记呼吁广大劳动群众，要用劳动模范和先进工作者的崇高精神和高尚品格鞭策自己，焕发劳动热情、厚植工匠文化、恪守职业道德，将辛勤劳动、诚实劳动、创造性劳动作为自觉行为。新时代大学生是党的事业接力者、民族复兴生力军，其理想信念、价值观念、意志品质事关伟大斗争中青年一代能否担当大任，事关"两个一百年"圆梦征程上民族精神能否赓续不断、代代传承。要引导大学生树立正确的劳动价值观，让大学生深刻理解"劳动最崇高"：人世间的美好梦想，只有通过诚实劳动才能实现；发展中的各种难题，只有通过诚实劳动才能破解；生命里的一切辉煌，只有通过诚实劳动才能铸就。

励志榜样

"邮政人"王忠：敢攻坚 善创新 用科技服务一线

1999 年毕业于四川大学计算机软件专业的王忠，被分配到海南邮政信息技术局工作，具有强烈的事业心和责任感的他，在工作中勇挑重担、敢于创新，利用扎实的计算机专业知识，创造性地解决了邮政业务发展中的许多难题。

智邮云是王忠率领团队研发的收寄系统项目，通过整个系统快递的电子面单使用率由 64% 提升到 99.64%，订单的录入由 15 分钟缩减至 2 分钟，年减人工录单 22 万，为基层减负担，提高了生产力。

王忠在分拣车间了解系统使用情况

除了智慧系统外,王忠还主持了便民服务站二期项目,全省的便民服务站有 2 800 家,交易金额 17.8 亿元。

2017 年下半年,王忠被任命为技术开发部副经理。技术开发部是一个年轻的团队,他上任后,充分了解每一名员工的特质和潜力,并给每个人配备了各有专长的师傅,从需求调研、功能设计到参与开发,让整个部门的年轻人接受全方位的学习和锻炼。2020,王忠被评为全国劳模,王忠创新劳模工作室也随之成立,技术开发部的很多年轻人成为工作室的骨干。

2020 年,王忠带领团队主动研究信息网省中心机房基础设施严重老化问题,提出了租赁 IDC 机房模式,引入多项关键技术,保障新旧机房切换期间生产"零中断",提升了设备的稳定性、安全性、可靠性和智能化管理,较自建机房每年节省 478 万元。

王忠团队开发的分拣处理系统上线运行

工作 20 多年来,王忠在邮政科技领域做出了突出贡献,先后被评为"全国邮政系统知识型职工标兵""全国邮政系统先进个人""海南省劳动模范"。他以"王忠劳模创新工作室"等创新平台为基础,加强团队建设,引导组员共同进步,形成了一支技术过硬、敢干、敢拼的队伍。

王忠正在走访某便民服务站

因为工作出色，2021年11月，王忠调任屯昌分公司总经理，在新的岗位上，他继续发扬劳模精神，以勤勉力行的工作态度和严谨踏实的工作作风，不断践行"人民邮政为人民"的服务宗旨。

（资料来源：学习强国，海南学习平台，2022年1月7日）

思考题：结合案例，谈谈对劳动最崇高的认识。

三、劳动最伟大

劳动是推动社会进步的根本力量，是人类发展的必由之路。习近平总书记指出："人类是劳动创造的，社会是劳动创造的。"他认为劳动在社会发展中起着至关重要的作用，即"劳动是推动人类社会进步的根本力量"，他不仅深刻阐释了劳动对人类的重要性，而且进一步揭示了劳动与社会的本质联系。劳动是人类生存、发展和创造财富的基本路径。

人民创造历史，劳动成就梦想。劳动是人类的本质活动，是推动人类社会进步的根本力量。中华民族的辉煌历史，当代中国震惊世界的发展奇迹，都是勤劳智慧的中国人民用伟大的劳动和创造托起的。正是亿万劳动群众胼手胝足、拼搏奉献，以发展进步为己任，与时代发展同步伐，才推动中国这艘航船不断靠近梦想的彼岸。中华民族阔步前进的每一个坚实脚步，都凝结着工人阶级和亿万劳动群众的心血和汗水。2012年11月29日，习近平总书记在国家博物馆参观《复兴之路》展览时第一次提出了"中国梦"，他说："实现中华民族伟大复兴，就是中华民族近代以来最伟大的梦想。这个梦想凝聚了几代中国人的夙愿，体现了中华民族和中国人民的整体利益，是每一个中华儿女的共同期盼。"然而，梦想不会自动成真，实现梦想也不可能一蹴而就，中华民族的伟大复兴，绝不是轻轻松松、敲锣打鼓就能实现的。他指出，我们所处的时代是催人奋进的伟大时代，我们进行的事业是前无古人的伟大事业，我们正在从事的中国特色社会主义事业是全体人民共同的事业。全面建成小康社会，进而建成富强民主文明和谐的社会主义现代化国家，根本上要靠劳动，靠劳动者创造。实现我们的奋斗目标，开创我们的美好未来，必须紧紧依靠人民、始终为了人民，必须依靠辛勤劳动、诚实劳动、创造性劳动。"空谈误国、实干兴邦"，实干首先就要脚踏实地地劳动。离开了劳动，梦想不可能成真，所设立的目标就会成为空中楼阁。

人民富裕、国家富强离不开全体人民的劳动和创造，但先进生产力的发展、先进文化的前进、最广大人民根本利益的实现，需要开发和保护创造性劳动。在解决温饱问题的过程中，只要把劳动者组织起来，投入生产，就会创造社会财富，但是，也应该认识到，部分落后的低水平重复建设中的劳动，不仅不能增加社会财富，反而会浪费社会资源，破坏可持续发展，因此，要强调创造性劳动，关乎未来国家技术创新能力、经济发展、人民生活等多方面的质量与水平，在价值创造与财富生产过程中，注重发挥先进技术、科学知识、经营管理以及信息等生产要素的作用。提到创造性劳动，就要贯彻实施科教兴国战略，发展科技教育事业，提高广大劳动者的素质和创新能力；要大力实施创新驱动发展战略，将经济发展与科技创新紧密结合起来，培养专业技能过硬、自主创新能力强的新型劳动者队伍，以适应时代发展需要，实现教育、科技与经济三者协调统一发展；要"营造鼓励人们干事业、支持人们干成事业的社会氛围，放手让一切劳动、知识、技术、管理和资本的活力竞相迸发，让一切创造社会财富的源泉充分涌流，以造福于人民"。

当代中国不断涌现的劳动模范和先进工作者，正是这个群体的杰出代表。虽然职业不同、岗位各异，但他们都以高度的主人翁精神、卓越的劳动创造、忘我的拼搏奉献，创造出不平凡的业绩。他们是坚持中国道路、弘扬中国精神、凝聚中国力量的国家栋梁、社会中坚、人民楷模。他们身上始终洋溢着"爱岗敬业、争创一流、艰苦奋斗、勇于创新、淡泊名利、甘于奉献"的劳模精神，始终闪耀着中国工人阶级和广大劳动群众伟大品格的光辉。"伟大出自平凡，平凡造就伟大。只要有坚定的理想信念、不懈的奋斗精神，脚踏实地地把每件平凡的事做好，一切平凡的人都可以获得不平凡的人生，一切平凡的工作都可以创造不平凡的成就。"这是总书记对马克思主义劳动观的经典概括，也是新时代大学生培育树立正确劳动观的理论指南和实践遵循。

励志榜样

全国劳模：郭宝

郭宝，中国移动通信集团山西有限公司网络部网优中心网优工程师，1999 年参加工作，曾在太原移动、山西移动从事网络维护和优化工作。作为 1999 年电信分营后首批进入山西移动的员工，他从事过第二、三、四代移动通信的网络优化与分析工作，历经移动通信发展的每一个成长脚步，成为一名优秀的移动通信技术专家。

参加工作以来，郭宝刻苦钻研飞速发展的移动通信新技术，他学以致用，将学到的技术在现网实施验证，提升了通话质量，并及时把自己的优化经验归纳总结。他申请 29 项国家发明专利，其中 6 项已获专利授权。

郭宝牵头组织实施的多个科技创新项目荣获山西省、中国移动和山西移动的表彰奖励。在 3G 时代，他提出的"TD – SCDMA 与 GSM 协同优化"荣获 2010 年山西移动技术类创新成果一等奖；在 4G 时代，他提出的"移动互联网业务质量提升"获得 2013 年山西移动技术创新成果一等奖；在当前的 5G 时代，他提出的"NB – IoT 与 LTE 协同优化"获得 2017 年山西移动技术创新成果一等奖。

在工作中，他深入研究快速准确定位网络中存在的问题以及快速解决问题的方法，将实际优化与创新工作紧密结合，积极使用新方法、新思路解决难题。实践证明，这种"知识普及＋经验分享＋重点突破"的工作法效果良好。2017 年，郭宝参加西藏"LTE 开网技术支援"专项活动；2018 年参加新疆 LTE 专题技术支援活动，共输出专题分析报告 7 份，得到集团公司与兄弟省份同事的高度认可。

近年来，伴随 4.5G、5G 网络的演进，郭宝在大气波导干扰分析、密集网络、CRAN、3D – MIMO、天馈与容量的网络自动优化、基于人工智能的网优场景识别、窄带物联网 NB – IOT 规划及优化等方面有深入研究，并发表了相关论文、申请了相关专利。

（资料来源：永远的风采——信息通信行业全国劳动模范，中国通信企业协会，有改动）

思考题：结合案例，谈谈对创造性劳动的认识。

四、劳动最美丽

奋斗是劳动人民最美丽的姿态。"劳动最美丽"不仅是指劳动彰显劳动者的美德，更是指劳动创造美好生活、开创美好未来、实现美丽的中国梦。随着经济社会不断发展，广大劳动者的工作机制和行为模式发生了巨大变化，但是对"功崇惟志，业广惟勤"的正确追求始终未变。回首 2020 年，面对严峻复杂的国际形势、艰巨繁重的国内改革发展任务，特别是新冠肺炎疫情的严重冲击，"最美快递小哥"和无数邮政快递人一道，把奋斗精神融于岗位、融入日常，用对党的绝对忠诚、对事业的无比热爱凝聚起磅礴力量。如果说平凡是他们的精神底色，那么奋斗则是促使他们在新时代绽放出劳动者最美姿态的隐形翅膀。

曾几何时，网上开始流传这样一句话："人在认真的时候、奋斗的时候会发光。"很显然，这不仅仅是一句浪漫的修辞，更是对奋斗者新时代价值追求的生动表达。从坚守"川藏第一险"雪线邮路 30 年，获评"2018 年感动中国人物"，2019 年被授予"时代楷模"，疫情来袭时驾车千里驰援武汉的"最美奋斗者"，"全国民族团结进步模范个人"其美多吉，到"一个人，一个邮局，一条邮路，每趟出班 140 多公里，30 年雨雪无阻"的"北疆寒区鸿雁"韩帮绪，他们都在用自身的经历告诉大家，"垂大名于万世者，必先行之于纤微之事"。只要把每一项普通的工作做好，把每一件日常的小事做好，平凡的人生亦能焕发出夺目光彩。当然，人生高度各有不同，做一颗不生锈的"螺丝钉"，同样值得尊敬。也正因为有无数恪尽职守的"螺丝钉"，社会这架庞大机器才能得以正常运转。

一个国家、一个民族，在精神上有怎样的海拔，就能攀登怎样的高峰。奋进新时代，是意志力的比拼，也是内心世界的较量。在过去的一年时间里，不论是在运输防疫物资的逆行路上，还是在实现全面小康的主战场上，抑或是在追逐邮政强国的新征程上，总少不了邮政人"披荆斩棘"的身影。其中，有在急重险难任务面前，不畏困难，充当先锋，积极投身生产，舍小家为大家的柴闪闪；也有 20 年来每天出班归班，翻山越岭，蹚溪过河，风里来雨里去，日复一日、年复一年，情系山区百姓，坚持优质服务，被乡亲们亲切地称为"桐山鸿雁"的吴义阳；还有工作 30 年来，恪尽职守，每天在偏远的乡村邮路上为民服务，累计行程 58.5 万公里，投递邮件总重 350 余吨无一差错，常年义务帮扶 300 多位空巢老人和留守儿童，在默默的奉献中打造了一条乡村"爱心邮路"，成为乡亲们身边的"邮差儿子"的熊桂林。他们用世所罕见的毅力和执着，展现了劳动人民的最美姿态。也正是因为全社会有千千万万个奋斗者，才有了今天从站起来、富起来到强起来的社会主义现代化中国。

把平凡的事做好最美丽，做小事、做好小事、持之以恒地做好小事，最能磨炼也最能展现一个人的恒心、耐心、忠心与诚心，恒于理想、耐于打磨、忠于职守、诚于事业毫无疑问是"最美"的德行。在平凡中造就不平凡最美丽，人在平凡的岗位上激发智慧、潜力和创造性，不断突破"脑""身""心"的阈限，以有限的生命发出无限的光热、创造出无限的价值，确证了"人"的巨大潜能、巨大力量和自为存在、自由存在，这是人之为人的崇高性与壮美性，也是最高级的"美"。从不平凡回归平凡最美丽，因为怀"功成不必在我"的无私心态做"功成必定有我"的积极贡献，或者说以"出世"的精神做"入世"的事业，我们才能在物质世界保持精神的纯净、在消费时代坚守生命的本真，最终艺术地生活、诗意地栖居，真正实现自己对美好生活、美丽人生的向往！

在全社会切实激发劳动者在劳动中的积极性、主动性、创造性，大力弘扬劳模精神、劳动精神、工匠精神，营造平等和谐的社会环境，实现体面劳动，要积极主动提高劳动者技能水平，树立正确的职业道德观念，不断提升专业素养，培养更多高学历、高技能人才。要加强劳动教育，在全社会树立尊重劳动、尊重劳动者的社会风尚，开展以劳动创造幸福为主题的宣传教育，树立以辛勤劳动为荣，以好逸恶劳为耻的劳动价值观，培养热爱劳动、勤于劳动、善于劳动的高素质劳动者，将辛勤劳动、诚实劳动、创造性劳动作为自觉行动，不断培养德智体美劳全面发展的社会主义建设者和接班人，争做新时代奋斗者，为全面建设社会主义现代化国家提供有力的人才支撑。

作为新时代的年轻人，要牢固树立劳动最光荣、劳动最崇高、劳动最伟大、劳动最美丽的价值观，要以辛勤劳动为荣，以好逸恶劳为耻；继承中华民族热爱劳动、勤于劳动、善于创造的优良传统，在树立辛勤劳动、诚实劳动观念的基础上，倡导创造性劳动；弘扬劳动精神，让青春在为实现中华民族伟大复兴中国梦的生动实践中绽放光彩；要培养良好的劳动习惯，养成良好的劳动素养，掌握一定的劳动知识和技能，有能力开展创造性劳动，形成自主择业、自谋职业、自我创业的良好社会风气。

励志榜样

黄登宇：志愿服务，改变了我的生活

"上大学之前，我受到过别人的帮助，现在也想做一些力所能及的事，去帮助别人……"2013年的那次志愿服务，让我认识了她——来自隔壁院校的志愿者。后来，虽然不曾再相遇，但她的那段话却让我记忆犹新。

志愿服务活动中，我接触了越来越多的爱心人士，有学生、全职太太、企业员工等，每一个人都在为他人送去温暖，奉献自己的爱心。正是他们的故事，让我在志愿服务的道路上越走越远。

精彩的志愿服务体验

第一次志愿服务，是在大一下学期，我报名参加了湖北十堰小草义工协会的活动。

初春的3月还有些冷，早晨5点多，我便敲开了宿管大叔的房门，去校门口的公交站等待第一班公交车。在小草义工高队长的安排下，我开始了第一次志愿服务。

后来的几年时间里，陆续跟着小草义工的志愿者们参加了"情暖车城""爱心捐赠""中青年足球杯"系列志愿服务活动，虽然很累，感觉却很充实、有价值。每一次的志愿服务活动，总会有新的"家人"加入。印象比较深刻的是一位中年大叔，他来自安徽亳州，在十堰学中医，陆续参加了几次志愿服务，希望能够把志愿服务精神带回老家，在家乡组建一支小草义工队。

勇往直前的小草义工队长

认识高队长，是在志愿服务活动中。一位略显纤瘦的青年小伙，很难相信他已经是位"老义工"了，正是他带领着十堰小草义工协会的志愿者不断成长。

通过多次的志愿服务活动，我对高队长有了更多了解。他踏实肯干，活动结束后，会跟我们分享自己的志愿服务经历：他毕业后去了广东沿海，在工作和生活中也曾遇到各种问题，但他很庆幸遇到了广东深圳小草义工协会。在小草义工"家人"们的帮助下，工作和生活越来越顺利了。每一次的志愿服务活动，高队长都积极报名参加。几年的志愿服务，已让他成长为一名"志愿服务老兵"。

做一名爱心的传递者

2015年1月，一场大雪向十堰袭来。为了帮助十堰郧西县某小学的孩子过冬，小草义工的"暖冬计划"不得不提前了。

小草义工与该校取得联系，组织志愿者前往仓库整理棉衣等物资。意识到事情紧急，我便及时和团队的几位同学联系，一起报名参加下午的志愿服务活动，协助整理衣物。经过了两个多小时分类、整理、装袋，成功挑选出毛衣、棉袄运往受助学校。

在回学校的途中，几位同学表示，参加志愿服务活动很有意义，自己的行动能为他人送去温暖，如果以后有类似的志愿服务活动，还要报名参加。在我的影响下，他们也陆续参加了"情暖车城"系列志愿服务活动，对志愿组织有了更多了解。

回想起几年的志愿服务经历，我收获了精神财富，更加乐观地工作和生活，学会感恩身边的每一个人，学会帮助他人，承担起应有的责任，将爱心传递下去。

（资料来源：学习强国——湖北学习 2021 年 4 月 3 日）

思考题：结合该案例，谈谈对劳动最光荣、劳动最崇高、劳动最伟大、劳动最美丽的认识。

知识拓展

习近平总书记关于劳动的重要论述

习近平总书记关于劳动的重要论述

第四节　劳动教育的意义

习近平总书记在全国教育大会上指出，"培养德智体美劳全面发展的社会主义建设者和接班人"，"要在学生中弘扬劳动精神，教育引导学生崇尚劳动、尊重劳动，懂得劳动最光荣、劳动最崇高、劳动最伟大、劳动最美丽的道理，长大后能够辛勤劳动、诚实劳动、创造性劳动"。这些重要论述，高扬劳动教育的旗帜，具有重大的时代价值和鲜明的现实针对性。

一、我国劳动教育的历程

我国历来重视劳动教育。20 世纪 50 年代，根据毛泽东同志的讲话精神，"教育与生产劳动相结合"写进了党的教育方针；80 年代，根据邓小平同志的讲话精神，学界开展了关于教育方针的大讨论与新时期教劳结合的研究，在实践中加强了中小学劳动技术教育的课程化和规范化建设；90 年代，根据江泽民同志讲话中对创新能力和实践能力的强调，"与生产劳动和社会实践相结合"成为新时期的教育方针；2010 年，根据胡锦涛同志在全国劳动模范和先进工作者表彰大会上的讲话精神，教育部颁发了《关于组织开展劳模进校园活动的通知》；2015 年，根据习近平总书记系列讲话精神，出台了《关于加强中小学劳动教育的意见》。

通过科学的劳动教育教学体系，实现"以劳树德、以劳增智、以劳强体、以劳育美、以劳创新"，促进学生身心全面发展才是劳动教育自身应有的内在目的。但从我国劳动教育推进的过程看，20世纪50、60年代，推进劳动教育是为了解决中小学生就业问题、缓解国家经济压力；80、90年代，推行劳动教育是为了服务经济建设，加强现代化建设所需的劳动技术教育；进入21世纪以来，劳动教育受到重视，是为了推动国家创新、实现民族复兴。应该说，我国劳动教育的政策每一次都来自教育系统之外，比如满足社会政治经济发展需要。新时代的劳动教育，更加尊重教育规律，着力于促进人的发展，强化培养、训练学生的劳动技能，体现劳动的本真教育意蕴。

二、劳动教育的内涵

劳动教育是以提升学生劳动素养的方式促进学生全面发展的教育活动。劳动价值观是劳动素养的核心内涵，劳动教育可以定义为以促进学生形成劳动价值观和养成良好劳动素养为目的的教育活动。

在观念层面，劳动教育不仅能够培养爱劳动、依靠自我劳动生存与创造的道德品质和人格品质，能够增强体质、磨炼意志、促进身心健康，还能够丰富对人生的理解，增强对自我发展以及成功体验的审美意义，能够实现把知识转化为能力，增进智慧等功能，即"以劳树德、以劳增智、以劳强体、以劳育美"。

在技能层面，劳动教育是基于日常生活劳动、生产劳动和服务性劳动的实践活动。在家庭生活之中体现为自理自立的独立生活活动，在职业生活中体现为通过自己力所能及的各种劳动获取物质生活资料的活动，在社会生活中体现为丰富多样的为社会做出应有贡献的公益性活动，在学习之中体现为与具体的学科知识相联系的实践和动手操作的、能够化知识为能力与智慧的活动。劳动教育是社会、学校或家庭三个教育渠道相互配合、密切联系、各司其职的整体性教育。

三、高职院校劳动教育的内容

《大中小学劳动教育指导纲要（试行）》规定，劳动教育主要包括日常生活劳动、生产劳动和服务性劳动中的知识、技能与价值观。日常生活劳动教育立足个人生活事务处理，结合开展新时代校园爱国卫生运动，注重生活能力和良好卫生习惯培养，树立自立自强意识。生产劳动教育要让学生在工农业生产过程中直接经历物质财富的创造过程，体验从简单劳动、原始劳动向复杂劳动、创造性劳动的发展过程，学会使用工具，掌握相关技术，感受劳动创造价值，增强产品质量意识，体会平凡劳动中的伟大。服务性劳动教育让学生利用知识、技能等为他人和社会提供服务，在服务性岗位上见习实习，树立服务意识，实践服务技能；在公益劳动、志愿服务中强化社会责任感。

对于高职院校，要求重点结合专业特点，增强职业荣誉感和责任感，提高职业劳动技能水平，培育积极向上的劳动精神和认真负责的劳动态度。高职院校需组织学生开展以下方面的劳动：第一，持续开展日常生活劳动，自我管理生活，提高劳动自立自强的意识和能力；第二，定期开展校内外公益服务性劳动，做好校园环境秩序维护，运用专业技能为社会、为他人提供相关公益服务，培育社会公德，厚植爱国爱民的情怀；第三，依托实习实训，参与真实的生产劳动和服务性劳动，增强职业认同感和劳动自豪感，提升创意物化能力，培育不断探索、精益求精、追求卓越的工匠精神和爱岗敬业的劳动态度，坚信"三百六十行，行行出状元"，体认劳动不分贵贱，任何职业都很光荣，都能出彩。

高职院校劳动教育，就是要"坚持立德树人，坚持培育和践行社会主义核心价值观，把劳动教育纳入人才培养全过程，实现知行合一，促进学生形成正确的世界观、人生观、价值观"。在教育理念上，坚持弘扬劳模精神、劳动精神、工匠精神，在劳动实践中，培养年轻人形成爱岗敬业、争创一流、艰苦奋斗、勇于创新、淡泊名利、甘于奉献的劳模精神，崇尚劳动、热爱劳动、辛勤劳动、诚实劳动的劳动精神，执着专注、精益求精、一丝不苟、追求卓越的工匠精神；在教育内容上，坚持生活劳动、生产劳动与服务性劳动的统一，有目的、有计划地组织学生参加日常生活劳动、生产劳动和服务性劳动，让学生动手实践、出力流汗，接受锻炼、磨炼意志，培养学生正确的劳动价值观和良好的劳动品质，同时要引导学生注重在劳动现场的劳动安全，强化劳动纪律和劳动权益意识等；在教育形式上，力求体力劳动和脑力劳动的统一，以体力劳动为主，注意手脑并用、安全适度，强化实践体验，让学生亲历劳动过程，引导学生在体力劳动与脑力劳动的整合中培养创新思维能力以及解决问题的能力，促进身心健康发展。

四、高职院校劳动教育的意义

高职学校肩负着培养社会主义事业建设者和接班人的重大任务，肩负着为人民服务、为中国共产党治国理政服务、为巩固和发展中国特色社会主义制度服务、为改革开放和社会主义现代化建设服务的神圣使命，主要培养生产、建设、管理、服务一线的高素质技术技能人才，是培养社会主义劳动者的主阵地，加强劳动教育尤为重要。

有助于培养社会主义劳动者。劳动不仅创造了人类，也是人类的本质特征和存在方式，并推动着社会历史滚滚向前发展。中华人民共和国成立后，在中国共产党的领导下，正是依靠广大人民群众的辛勤劳动，中国从一个贫穷落后的国家转变为世界上数一数二的经济大国。习近平总书记高度重视劳动教育，指出："人世间的美好梦想，只有通过诚实劳动才能实现；发展中的各种难题，只有通过诚实劳动才能破解；生命里的一切辉煌，只有通过诚实劳动才能铸就。"尊重劳动、倡导劳动、保护劳动，是社会主义社会先进性的显著标志；勤奋劳动、诚实劳动、创造性劳动，是社会主义国家劳动者的鲜明特征。在实现中华民族伟大复兴的中国梦、满足新时代人民对美好生活的向往、做强实体经济的今天，开展劳动教育具有更加迫切的现实意义和历史意义。

有助于高职学校培养优秀人才。高职学校开展劳动教育，引导大学生培育和践行社会主义核心价值观，既努力学习科学文化知识、练就过硬本领，还要坚定理想信念、锤炼高尚品格、培育劳动情怀，端正学习态度，激发学习热情和创新精神，继承艰苦奋斗、勤俭节约的优良传统，为将来走上工作岗位、实现个人全面发展奠定坚实的思想基础和技能基础。要使学生心怀"国之大者"，树立舍我其谁的社会责任感和担当精神；引导学生以动手实践为主要方式，学会分工合作，体会社会主义社会平等和谐的新型劳动关系。让学生在认识世界的基础上，获得有积极意义的价值体验，学会建设世界，塑造自己，实现树德、增智、强体、育美的目的。

有助于大学生成长成才。高职院校加强劳动教育，有利于大学生通过在课堂教学、自身学习、实验实践等教育环节上付出大量劳动，将自己打造成为高等教育优质产品；有利于大学生在体味艰辛、挥洒汗水中塑造坚强的心理素质，在艰苦奋斗、顽强拼搏中磨炼自己的意志，从而获得受益终生的宝贵精神财富；有利于大学生形成积极向上的就业创业观，在国家需要与个人价值实现、专业学习与岗位匹配等方面找到平衡，形成自主多元的积极就业观，提升创业创新意识和能力。劳动精神的培育是高职院校德育的重要内容，劳动技能的教育是智育的重要内容，将劳动教育与德智体美并列，既是对劳动教育本身的有效加强，也是对德智体美教育的有力支撑。

路遥在《平凡的世界》中说，劳动，是人生的第一堂课。只有劳动才可能使人在生活中强大。今天，我们大力提倡劳动教育，就是要让青少年在动手实践、出力流汗中播撒崇尚劳动的种子，在接受锻炼、磨炼意志中涵养艰苦奋斗的精神，真正理解人间万事出艰辛。加强劳动教育，在全社会树立尊重劳动、尊重劳动者的社会风尚，开展以劳动创造幸福为主题的宣传教育，树立以辛勤劳动为荣、以好逸恶劳为耻的劳动价值观，培养热爱劳动、勤于劳动、善于劳动的高素质劳动者，将辛勤劳动、诚实劳动、创造性劳动作为自觉行动。

励志榜样

毛泽东送子上"劳动大学"

大革命失败后的 1930 年 10 月，受中共指派在长沙板仓一带坚持斗争的杨开慧被国民党反动派逮捕。在狱中，她受尽酷刑，仍坚贞不屈。同年 11 月，杨开慧在长沙壮烈牺牲。杨开慧牺牲后，为了躲避国民党特务的迫害，毛泽东的三个儿子：毛岸英、毛岸青和毛岸龙辗转来到上海避难。在上海毛氏三兄弟可谓命运多舛。后来，毛岸龙不慎走失。毛岸英和毛岸青兄弟被牧师董健吾收养，兄弟俩这才过上了相对安定的生活。为更好地培养和保护中共领导人毛泽东和烈士杨开慧的后代，董健吾和张学良共同筹划，计划将兄弟俩送到苏联去留学。后来，在张学良的资助下，毛氏兄弟前往苏联学习。1937 年年初，毛岸英、毛岸青开始了在莫斯科西郊莫尼诺尔第二国际儿童院的学习和生活。

1946 年春天，毛岸英大学毕业后从莫斯科回到延安，一天下午他来到王家坪，向父亲汇报在国外学习的情况。

毛泽东坐在对面仔细地听着，不时点点头。然后，望着儿子白里透红的脸庞，语重心长地说：你在苏联的大学毕业了，这很好，但学的是书本上的知识，可以说这只是知识的一半。你还需要上一个大学，就是劳动大学。这个大学国外没有，中国过去也没有。在这个大学里你可以学到书本上学不到的知识。现在惊蛰刚过，农民又要开始辛勤耕耘了，正是你学习的好机会。我已请好了一位老师，他是陕甘宁边区的特等劳动英雄吴满有，种庄稼的学问很深，你就上他那里学习吧。

毛岸英愉快地接受了父亲的建议和安排，迅速整理好行李准备出发。

临行前，毛泽东把自己穿了几年的一套粗布衣服送给他，叮嘱说：什么时候有了你自己劳动的果实，老师和乡亲们满意了，你就可以毕业回来了。

毛岸英背上行李，步行去了 30 里外的"劳动大学"——吴家枣园。

到了农村这所大学，毛岸英虚心请教老农，坚持与群众同吃同住同劳动。吴满有对这位谦虚的学生也特别喜爱，教得十分认真，手把手地传授各种农活。

开头几天，毛岸英真有些不习惯，手上磨起了血泡，疼得火辣辣的，晚上躺在炕上，全身如同散了架一般。但一想到父亲的谆谆教导，仿佛浑身又来了劲，他咬牙坚持着，很快就适应了农村生活。

金秋时节，毛岸英背上自己生产的小米，也是一张实实在在的毕业证书，告别了尊敬的老师和建立起深厚情谊的众乡亲，回到了延安。毛泽东看到儿子后，真有点不认识了。

曾经的洋学生变成了一个地地道道的陕北后生，在风吹日晒中，脸变成了黑红色，头上扎着羊肚子毛巾，手上布满了老茧。毛岸英不仅学到了农活技术，更重要的是他了解了农村，熟悉了农民，培养了同劳动人民的感情。

经过一系列艰苦的实践锻炼后，毛岸英被分配到中央宣传部做秘书和翻译工作，他没有辜负父亲的教导和期望，成了一名合格的共产主义战士。

在延安在职干部教育动员大会上，毛泽东指出：实践是一所"无期大学"，一本"无字之书"。

实践永无止境，这种学习伴随每个人的一生。

（资料来源：共产党员网，2020年4月6日，有改动）

思考题：

1. 谈谈对毛泽东送子上"劳动大学"的认识。

2. 在当今时代，要造就能够适应新时期的高素质人才，怎样才能上好这所"无期大学"，读好这本"无字之书"？

励志榜样

习近平总书记7年青春岁月

"青春由磨砺而出彩，人生因奋斗而升华。面对突如其来的新冠肺炎疫情，全国各族青年积极响应党的号召，踊跃投身疫情防控人民战争、总体战、阻击战，不畏艰险、冲锋在前、真情奉献，展现了当代中国青年的担当精神，赢得了党和人民高度赞誉。我为你们感到骄傲！"在2020年五四青年节到来之际，中共中央总书记、国家主席、中央军委主席习近平这样赞扬新时代的中国青年。十八大以来，习近平多次通过考察、座谈、回信等各种方式同广大青年交朋友，说知心话，关注青年成长成才，对青年给予勉励与寄望。

立鸿鹄志，砥砺追求理想信念

2019年4月30日，习近平在纪念五四运动100周年大会上讲道："青年理想远大、信念坚定，是一个国家、一个民族无坚不摧的前进动力。青年志存高远，就能激发奋进潜力，青春岁月就不会像无舵之舟漂泊不定。"每每与青年对话，习近平无不嘱托青年"立大志""坚定理想信念""担当复兴大任"，言之谆谆，意之殷殷。回望习近平的青年时期，正是在梁家河树立的远大理想指引了他日后的人生方向，"为民做实事"的信念萌生、扎根生长并且在创业奋斗中不断升华，他向着目标一步步砥砺走来。

1969年年初，15岁的习近平来到陕西省延川县文安驿公社梁家河村插队落户，直至1975年10月离开。"15岁来到黄土地时，我迷惘、彷徨；22岁离开黄土地时，我已经有着坚定的人生目标，充满自信。作为一个人民公仆，陕北高原是我的根，因为这里培养出了我不变的信念：要为人民做实事！"习近平在2002年发表的《我是黄土地的儿子》一文中深情回忆。2015年春节前夕，习近平再次回到梁家河看望父老乡亲时，动情地说："人生，我的第一步迈出来，就是到咱们梁家河，在这里选择了我的道路。我从那个时候就说，今后如果有条件有机会，我要从政，要做一些为老百姓办好事的工作。"2015 年在英国伦敦金融城市长晚宴上讲话时，习近平再次提到了自己年轻时立下的信念，"年轻的我，在当年陕北贫瘠的黄土地上，不断思考着'生存还是毁灭'的问题，最后我立下为祖国、为人民奉献自己的信念"。

"为民做实事"，质朴而又铿锵有力。从梁家河到正定，从福建到浙江，从上海到中央，习近平挑起了越来越重的担子，但更多百姓过上了好日子，他心中的这份"从心底里热爱人民，把老百姓搁在心里"的理想初心从未改变。

扣好扣子，树立正确价值观

"这就像穿衣服扣扣子一样，如果第一粒扣子扣错了，剩余的扣子都会扣错。人生的扣子从一开始就要扣好。"2014 年 5 月 4 日，习近平在与北京大学师生的座谈会上用第一粒扣子比喻青年时期的价值观养成，引导青年树立正确价值标准，自觉践行社会主义核心价值观，"要树立正确的世界观、人生观、价值观，掌握了这把总钥匙，再来看看社会万象、人生历程，一切是非、正误、主次，一切真假、善恶、美丑，自然就洞若观火、清澈明了，自然就能做出正确判断、做出正确选择"。

《习近平总书记的文学情缘》中提到，在习近平五六岁的时候，母亲就给他讲精忠报国、岳母刺字的故事。"我说，把字刺上去，多疼啊！我母亲说，是疼，但心里铭记住了。'精忠报国'四个字，我从那个时候一直记到现在，它也是我一生追求的目标。"可以说，从孩童到青年，父母的言传身教对习近平的价值观养成有着深刻的影响。而习近平在回忆如何过插队"劳动关"时，谈到了干过革命的姨姨、姨父对他说过的话，"那时我们都是往老乡那里跑，现在你们年轻人，还怕去，这不对""我们那个时候都找机会往群众里钻，你现在不靠群众靠谁？当然要靠群众"。习近平听了他们的话，回去以后努力跟群众打成一片。"一年以后，我跟群众一起干活，生活习惯，劳动关也过了。"

1966 年 2 月 7 日，人民日报头版头条位置刊登了新华社记者穆青、冯健、周原的长篇通讯《县委书记的榜样——焦裕禄》。那年，习近平 13 岁。谈起这段往事，习近平曾说："我当时正上初一，政治课张老师念了这篇通讯，我们当时几次都泣不成声……"从一名初中生，到县委书记，再到中国最高领导人，前后 50 余年，习近平心中始终铭记着这个名字：焦裕禄。

2009 年 4 月 1 日，习近平在河南省兰考县调研期间与干部群众座谈时曾表示："我们学习和弘扬焦裕禄精神，就要像焦裕禄同志那样牢固树立正确的世界观、人生观、价值观，为党和人民的事业任劳任怨、无私奉献，以实际行动推进科学发展、促进社会和谐、造福人民群众。"焦裕禄精神犹如一盏明灯，从少年到青年成长、确立世界观人生观价值观的关键时期，让习近平从不谙世事的少年成长为成熟稳重、富有韬略、勇于担当的百姓领头人。

知物由学，求真学问练硬本领

青年时期，又是学习的黄金时期。"广大青年要保持初生牛犊不怕虎的劲头，不懂就学，不会就练，没有条件就努力创造条件""希望广大青年珍惜大好学习时光，求真学问，练真本领，更好为国争光、为民造福""青年朋友们，人的一生只有一次青春。现在，青春是用来奋斗的；将来，青春是用来回忆的"……习近平从不忘叮嘱广大青年上下求索，去求真学问、练就硬本领，珍惜韶华、不负青春。

习近平常常提到"读书已成为我的一种生活方式"，青年时期，他在艰苦条件下读书学习的诸多故事为人传颂。2013年，在五四青年节主题团日活动中，习近平现身说法："上山放羊，我揣着书，把羊圈在山坡上，就开始看书。锄地到田头，开始休息一会儿时，我就拿出新华字典记一个字的多种含义，一点一滴积累。"2014年，习近平在文艺工作座谈会上回忆起自己30里借书的故事："那时候，我在陕北农村插队，听说一个知青有《浮士德》这本书，就走了30里路去借这本书，后来他又走了30里路来取回这本书。"

在当年村民和知青眼里，习近平"爱读书""懂得很多知识""是个有文化的人"。经常去习近平所住窑洞里串门的王宪平回忆："他每天下地干活回来，吃完饭就看书，到了晚上，他就点一盏煤油灯看书。当时的煤油灯很简陋，把用完的墨水瓶里灌上煤油，瓶口插个铅筒筒，再插上灯芯，点燃了照明。近平就拿本书，凑着那点儿亮光看书，因为离得太近，煤油烟经常熏得他脸上、鼻子上都是黑的。就是在这样艰苦的环境下，近平每天都要看到大半夜，困得不行了才睡觉。"除此之外，他还潜心学习生产劳动方面的技能。1974年，他在报纸上看到四川农村办沼气，意识到这可以解决梁家河缺煤少柴的问题，于是他和其他大队代表亲自去四川学习办沼气技术，回来后动员村民组建办沼气的施工队。后来，在习近平的带领下，梁家河村拥有了第一个沼气池，逐步解决了村民照明、做饭和取暖的问题。从梁家河的窑洞到清华大学的课堂，从基层工作到治国理政，习近平始终把读书学习当成一种生活态度、一种精神追求，不断滋养着他治国理政的大智慧。

勇立潮头，在实践中创新创造

"青年是社会上最富活力、最具创造性的群体，理应走在创新创造前列"，习近平鼓励年轻人做时代弄潮儿，在实践中创新创造，"广大青年要有敢为人先的锐气，勇于解放思想、与时俱进，敢于上下求索、开拓进取，树立在继承前人的基础上超越前人的雄心壮志，以青春之我，创建青春之国家，青春之民族""要敢于做先锋，而不做过客、当看客，让创新成为青春远航的动力，让创业成为青春搏击的能量，让青春年华在为国家、为人民的奉献中焕发出绚丽光彩"。他多次要求党和政府要给青年创新创业创造有利条件，"各级党委和政府要充分信任青年、热情关心青年、严格要求青年、积极引导青年，为广大青年成长成才、创新创造、建功立业做好服务保障工作"。

2015年1月，习近平同中央党校县委书记研修班学员座谈。当谈到自己当年在河北省正定县的工作经历时，习近平说："我当年到了正定，看到老百姓生活比较贫困、经济社会发展水平比较落后的情形，心里很着急，的确有一股激情、一种志向，想尽快改变这种面貌。"习近平经常骑着一辆老式凤凰牌"二八"自行车，奔波在正定县的乡间田野，穿梭于滹沱河的南北两岸，扎实调研、听取群众意见。

刚来的时候，正定头戴粮食高产县的帽子，却连温饱都没解决，习近平调研分析指出，"咱们实际个是'高产穷县'"，果断提出向上级反映，争取减少一部分粮食征购。面对分配上搞平均主义、社员出工不出力、生产效率低下的状况，习近平力推农村改革，在习近平的倡导下，1983年1月，正定在河北开创先河，全面推行包干到户责任制。两三年时间，全县农业总收入翻了近两番。"依托城市，服务城市，大搞农工商、农民变工人、离土不离乡。""城市需要什么，我们就种什么；城市需要什么，我们就加工什么。"习近平提出的"半城郊型"经济发展路子，让所有人耳目一新，更让正定实现了"利城富乡"。

而立之年的习近平用滴水穿石的精神和大刀阔斧的工作作风，勤劳实干，开启了正定改革开放的时代新篇。现在新时代改革开放的号角全面响起，全国各族人民奔走在圆梦路上，这为广大青年创新创业提供了最好的历史机遇。好风凭借力，扬帆正当时，广大青年以青春之我开拓进取助力中国梦，投身人民的伟大奋斗，正是习近平的期许所在。

青年习近平将火热的青春热血洒在了祖国大地，献给了人民群众，给广大青年朋友树立了榜样。

（资料来源：央广网，习近平的青春故事对新时代青年有何启示？2020年5月4日，有改动）

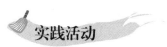 **实践活动**

全班同学分成若干小组，民主选出组长，由组长带领大家一起探讨劳动和工作的价值与意义。

劳动价值观研讨活动

序号	目标	具体实施	过程及成果记录（可以提供照片或视频）
1	研讨形成劳动价值观清单	【探讨劳动的价值和意义】 组长负责组织，各位组员分享自己对劳动价值和意义的观点，通过投票或其他方式，按照重要程度等梳理总结5~8个劳动价值观，形成清单	
2	学生对劳动价值观进行深度思考	【劳动价值观标价】 组长带领组员共同探讨： 1. 规定每人拥有的"总钱数"。 2. 针对清单上的劳动价值观点，对每项价值观进行"标价"，并规定各价值观的最低"起拍价"和"最低加价"	
3		【价值观竞拍】 1. 选一名组员作为拍卖师，主持进行价值观"竞拍"，出价最高者"购买"该项价值观。 2. 将价值观逐一拍卖	
4		【组内分享】 劳动价值观分享、讨论： 1. 对于"拍卖成交价"最高的项目，请得标者分享为何要买这项价值观。 2. 请一同"竞标"此项价值观的其他成员，说明"竞标"的原因，并分享"流标"后的心情。 3. 依照上述方式，讨论"拍卖成交价"第二的项目，依次类推。 4. 针对未被"拍卖"的价值观，请组员讨论未选的原因	

序号	目标	具体实施	过程及成果记录 （可以提供照片或视频）
5	总结反思	【总结反思】 　每位组员就个人所倾向的价值观，分享对自身职业选择的影响	

小组自评（10分）		班内互评（10分）		教师评价（10分）	
总成绩（共30分）					

第二章
劳动精神

　　我们要在全社会大力弘扬劳动光荣、知识崇高、人才宝贵、创造伟大的时代新风，促使全体社会成员弘扬劳动精神，推动全社会热爱劳动、投身劳动、爱岗敬业，为改革开放和社会主义现代化建设贡献智慧和力量。劳动模范和先进工作者、先进人物不仅自己要做好工作，而且要身体力行向全社会传播劳动精神和劳动观念，让勤奋做事、勤勉为人、勤劳致富在全社会蔚然成风。

　　——2014 年 4 月 30 日，习近平在乌鲁木齐接见劳动模范和先进工作者、先进人物代表时的讲话

学习目标

知识目标：理解劳动精神的内涵和时代价值，掌握做新时代合格劳动者的实践路径。

能力目标：通过学习本章内容，能够在今后的劳动中坚持新时代劳动精神，展现出自己优良的劳动精神和劳动风貌。

素质目标：通过本章内容的学习，培育崇尚劳动、热爱劳动、辛勤劳动、诚实劳动的精神和创造性劳动理念，争做新时代优秀劳动者。

课程导入

小服务　大情怀

北京东四邮政支局工作人员亲情服务

"用户是亲人"是中国邮政集团有限公司北京市东城区东四邮政支局（简称"东四邮局"）的服务理念。东四邮局坐落在首都银街，始建于1909年，原名东四牌楼邮局，是京城最早的邮政支局之一。早在20世纪50年代，东四邮局就转变作风，开始了"为谁服务，怎样服务"的思考，并率先冲破旧思想的藩篱走出柜台为用户服务，表现出了担当社会责任的果敢。走出柜台为用户服务，这在今天看来是再普通不过的事，但在当时却要冲破顽固的思想束缚。那时，用户的文化水平普遍不高，不识字的比比皆是，邮政沿袭着1878年制定的不许代用户写字等老规矩，不识字的用户只好到处求人代笔。有着22年中华邮政工作经历的老师傅于洪泽深感老规矩的不合理，主动放下"邮务佐"（一种旧时邮政业务职称）的架子，第一个走出柜台热情为用户填写单据，还把纪念邮票摆出来让用户挑选。为适应社会需要，东四邮局打破旧制度80多项152条，多方面打破常规，曾经将营业时间延长至24时，把临时服务点开进居民区，营业员练成业务多面手、成为"一手清"，为百姓提供方便，满足了社会需要，曾创下营业班 20 天收到用户表扬 447 次、投递组 6 天收到用户表扬 83 次的奇迹。时任邮电部部长朱学范曾经评价道："东四邮局由于服务态度的大改观，带动了局内其他工作的跃进，成为邮电部门扫除旧习惯、树立新作风的一面鲜明旗帜。"1958 年，《人民日报》头版以《大开方便之门》为题发表社论，称赞东四邮局改善服务的举动，号召全国服务行业向他们学习。

季节轮替，60 多年来，亲情服务常驻，东四邮局始终坚持"人民邮政为人民"的服务宗旨，坚持"用户是亲人"的服务理念，提供"好、快、诚、细"的亲情服务，以小服务展现大情怀，成为京城远近闻名的亲情驿站。"以前邮局的服务都是在营业厅，如今的服务已经延伸到了社区，不仅和我们联手搞重阳节联欢、健康讲座等各种活动，还为我们社区的老人上门送报刊、提醒老人按时吃药。东四邮局的服务真的非常暖心。"提起东四邮局，九道湾社区党支部书记王淑梅赞不绝口。东四邮局先后荣获了"全国先进基层党组织""全国青年文明号""全国工人先锋号"等 80 多项荣誉，以优质服务忠实践行了"人民邮政为人民"的庄严承诺。

坚守与创新，是东四邮局 60 多年服务常青的保障。从走出柜台到不断创新服务模式，东四邮局始终将"大开方便之门"作为传家宝，矢志不渝地传承和发扬亲情服务精神。"邮局几十年一直好，员工一茬一茬全都好！"来东四邮局办事的人无不赞叹。获得荣誉 80 余项、培养劳模级先进人物 16 位……东四邮局成了劳模先进的摇篮。可以说，劳动精神一直是东四邮局的"精神植被"，亲情服务的水土就是在这样的土壤里不断被丰润。

东四邮局的先进事迹，体现了邮政人以人为本、服务人民的崇高理念，展现了邮政职工强烈的普遍服务意识和崇高的职业道德精神，是新时代劳动人民学习的榜样。

（资料来源：《中国邮政报》）

思考题：本案例中，如何理解劳动精神是东四邮局的"精神植被"？

知识导图

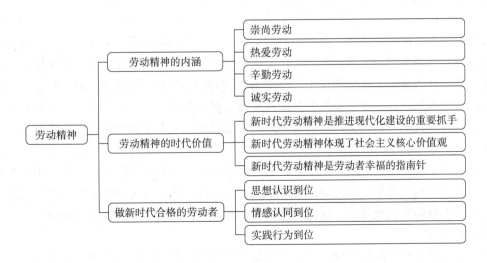

第一节　劳动精神的内涵

劳动创造了人们的幸福生活，推动了人类社会的进步。劳动精神是劳动者为创造美好生活而在劳动过程中秉持的劳动态度、劳动理念及其展现出的劳动精神风貌，凝结了对劳动的理性认知与感性实践。从农耕社会"耕读传家久"的传统，到现代社会"劳动创造幸福"的箴言，劳动的形式在改变，但劳动精神的内核始终未变。

2014年4月30日，习近平总书记在乌鲁木齐接见劳动模范和先进工作者、先进人物代表时第一次提出弘扬劳动精神。他强调，我们要在全社会大力弘扬劳动光荣、知识崇高、人才宝贵、创造伟大的时代新风，促使全体社会成员弘扬劳动精神，推动全社会热爱劳动、投身劳动，为改革开放和社会主义现代化建设贡献智慧和力量。2015年4月28日，习近平总书记在庆祝"五一"国际劳动节暨表彰全国劳动模范和先进工作者大会上的讲话中指出，伟大的事业需要伟大的精神，伟大的精神来自伟大的人民。我们一定要在全社会大力弘扬劳模精神、劳动精神，大力宣传劳动模范和其他典型的先进事迹，引导广大人民群众树立辛勤劳动、诚实劳动、创造性劳动的理念，让劳动光荣、创造伟大成为铿锵的时代强音，让劳动最光荣、劳动最崇高、劳动最伟大、劳动最美丽蔚然成风。2020年11月24日，全国劳动模范和先进工作者表彰大会在北京隆重举行。习近平总书记指出，在长期实践中，我们培育形成了崇尚劳动、热爱劳动、辛勤劳动、诚实劳动的劳动精神。因此，新时代劳动精神要求每一名合格的劳动者都应展现出崇尚劳动、热爱劳动、辛勤劳动、诚实劳动以及创造性劳动的精神面貌。

一、崇尚劳动

崇尚劳动反映了人们及社会对劳动的立场和态度，是个体及社会对劳动产生的价值认同和追求、赞美和崇敬。崇尚劳动首先源于劳动成就人的本质。只有理解和认识马克思主义劳动思想的科学内涵，意识到劳动是人的本质活动，是人类认识世界和改造世界、发展自身和社会文明的最基本的实践活动，是创造财富和获得自由幸福的源泉，才能认同、尊重和崇尚一切劳动以及所带来的个人和社会价值。习近平总书记指出："劳动是人类的本质活动，劳动光荣、创造伟大是对人类文明进步规律的重要诠释。"劳动光荣是永恒的主题，不劳而获是可耻的。崇尚劳动就是要牢固树立劳动最光荣、劳动最崇高、劳动最伟大、劳动最美丽的观念。这就需要我们深刻领会习近平总书记关于劳动的系列重要讲话精神，认识到劳动的重大价值。

习近平总书记指出，劳动开创未来，劳动是推动人类社会进步的根本力量，劳动是财富的源泉，也是幸福的源泉。劳动是一切成功的必经之路。人类是劳动创造的，社会是劳动创造的。劳动没有高低贵贱之分，任何一份职业都很光荣。习近平总书记为我们指出了崇尚劳动的重要意义。

习近平总书记对劳动的重视，本质上也是对劳动者的重视。这是因为，劳动的主体是劳动者，劳动的成果也是满足劳动者的需要。因此，习近平总书记进一步指出，全社会都要贯彻尊重劳动、尊重知识、尊重人才、尊重创造。要坚持社会公平正义，排除阻碍劳动者参与发展、分享发展成果的障碍，努力让劳动者实现体面劳动、全面发展。在我们社会主义国家，一切劳动，无论是体力劳动还是脑力劳动，都值得尊重和鼓励；一切创造，无论是个人创造还是集体创造，也都值得尊重和鼓励。

尊重劳动反映了人们及社会对劳动及劳动者主体地位的正面和积极的价值评判和认同。社会历史时期不同，主客观历史条件不同，人们的劳动观念和思想也有所不同。虽然劳动分工、劳动方式具有时代个性特点以及差异性，但是无论时代条件如何变化，劳动本质是一样的，不存在劳动的高低贵贱，任何形式的劳动都应得到承认和尊重，劳动者都应该得到认同和尊重，劳动权利和利益得到认可和保障。体力劳动和脑力劳动虽然形式不同，但是都可以实现个人价值和创造社会价值。一切有利于人民、国家、社会发展的劳动都值得尊重，任何劳动歧视和偏见都应该反对。

励志榜样

崇尚劳动的习近平

崇尚劳动的习近平

二、热爱劳动

热爱劳动是劳动者对劳动的态度，是积极参加劳动实践的思想基础。热爱劳动反映了人民及社会对劳动的情感，表现为劳动者积极的劳动意愿、持久的劳动乐趣、向上的劳动锻炼、预期的劳动成果等方面。对于广大劳动者来说，热爱劳动主要指的是热爱自己的岗位和工作。这就要求每一位劳动者都应该干一行爱一行，认真钻研业务，争取成为行家里手。一份工作既是劳动者的"饭碗"，可以养家糊口，也是展示自己才能和实现自己价值的平台，更是为单位、社会和国家创造价值的机会。热爱劳动是每一位劳动者的本分。

每一位劳动者都希望通过劳动创造自己的幸福生活和美好未来，更希望能在工作岗位上不断提升自己的综合素质，带来更好的发展机会，这都需要有一颗热爱劳动的心。对于劳动者来说，热爱劳动就是勇于承担起工作中的重任，积极面对岗位上的难题，恪尽职守，认真完成每一项工作，从而推动企业、社会进步，汇聚成国家振兴的力量。对岗位和工作的热爱，实际上就是对单位、社会和国家的热爱。

总之，热爱劳动对于所有人来讲都是必不可少的。热爱劳动表面上看热爱的是劳动，实际上热爱的是劳动所承担的责任。也就是说，一个富有高度社会责任感乃至对人民、对国家有大爱的人，他的劳动就会取得难以想象的成就，他的劳动价值也将是无可限量的。

热爱劳动的雷锋

雷锋，原名雷正兴，1940 年出生在湖南省望城县（现长沙市望城区）一个贫苦农家。雷锋的父亲在湖南农民运动中当过自卫队长，后遭国民党和日寇毒打致死。母亲张元潢在受到地主的凌辱后，于 1947 年中秋之夜悬梁自尽。雷锋不满 7 岁就成了孤儿，被好心的六叔奶奶收养。幼年雷锋上附近蛇形山砍柴时，被地主婆用刀在左手背上连砍三刀。所以，他从小对黑暗社会充满仇恨。

1949 年 8 月，湖南解放时，小雷锋便找到路过的解放军连长要求当兵。连长没同意，但把一支钢笔送给他。1950 年，雷锋当了儿童团长，积极参加土改。同年夏，乡政府保送他免费读书，后来加入少先队。1956 年夏天，他小学毕业后在乡政府当了通信员，不久调到望城县委当公务员，被评为机关模范工作者，并于 1957 年加入共青团。1958 年春，雷锋到团山湖农场，只用了一周的时间就学会了开拖拉机。同年 9 月，雷锋响应支援鞍钢的号召，到鞍山做了一名推土机手。翌年 8 月，他又来到条件艰苦的弓长岭焦化厂参加基础建设，曾带领伙伴们冒雨奋战保住了 7 200 袋水泥免受损失。在鞍山和焦化厂工作期间，他曾 3 次被评为先进工作者，5 次被评为标兵，18 次被评为红旗手，并荣获"青年社会主义建设积极分子"的光荣称号。

1959 年 12 月征兵开始，雷锋迫切要求参军，焦化厂领导舍不得放他走，雷锋跑了几十里路来到辽阳市兵役局表明参军的决心。他身高只有 1.54 米，体重不足 55 公斤，均不符合征兵条件，但因政治素质过硬和有经验技术，最后被破例批准入伍。

雷锋入伍后，被编入工程兵某部运输连四班当汽车兵。1960 年 11 月，他加入了中国共产党。他入伍后表现突出，沈阳军区《前线报》开辟了"向雷锋学习"的专栏。在不到 3 年的时间里，他荣立二等功 1 次、三等功 2 次，被评为节约标兵，荣获"模范共青团员"称号，出席过沈阳部队共青团代表会议。1961 年，雷锋晋升为班长，被选为抚顺市人民代表。从 1961 年开始，雷锋经常应邀去外地做报告，他出差的机会多了，为人民服务的机会也就多了。人们流传着这样一句话："雷锋出差一千里，好事做了一火车。"有关雷锋做好事的故事多少年来脍炙人口，他的名字成了做好事的象征。1962 年 8 月 15 日，他因事故不幸殉职。

雷锋崇尚劳动，热爱劳动，甘于奉献，无论在何种岗位，他总是干一行、爱一行、钻一行。在农村，他是优秀拖拉机手、治水模范；在工厂，他是标兵、红旗手、先进工作者；在部队，他是"节约标兵""模范共青团员"，多次立功受奖。无论是当公务员，还是当工人和军人，他都脚踏实地、兢兢业业。工作在哪里，就在哪里发光发热，竭尽所能为国家、为社会创造财富。他的一生不愧为一颗永不生锈的"螺丝钉"！

（资料来源：人民网等）

三、辛勤劳动

辛勤劳动是诚实劳动、创造性劳动的前提和基础。劳动创造财富，劳动成就未来。只有辛勤劳动才能在最大程度上实现劳动者的价值。辛勤劳动反映勤奋、敬业、苦干、实干的精神，是劳动者的基本要求。新时代劳动精神，尤其是以"爱岗敬业、争创一流，艰苦奋斗、勇于创新、淡泊名利、甘于奉献"为核心的劳模精神，激励着人们用辛勤劳动创造美好生活，实现中华民族伟大复兴中国梦。

"民生在勤，勤则不匮。"中华民族是勤于劳动、善于创造的民族。正是因为劳动创造，我们拥有了历史的辉煌；也正是因为劳动创造，我们拥有了今天的成就。幸福不是毛毛雨，幸福不是免费午餐，幸福不会从天而降。人世间的一切成绩、一切幸福都源于劳动和创造。

"人生在勤，勤则不匮。"幸福人生、美好生活靠劳动创造。梦想属于每一个人，广大劳动者要敢想敢干、敢于追梦。说到底，实现中华民族伟大复兴的中国梦，要靠各行各业劳动者的辛勤劳动。

辛勤劳动是一切成功的必由之路。当前，经过全党全国各族人民持续奋斗，我们已经实现了第一个百年奋斗目标，在中华大地上全面建成了小康社会，历史性地解决了绝对贫困问题，正在意气风发向着全面建成社会主义现代化强国的第二个百年奋斗目标迈进，而要实现我们确立的目标，归根到底还是要靠辛勤劳动。

励志榜样

"最美搬运工"：美在奋斗中

2018 年 5 月，一名香港搬运工突然走红网络。她是一位清秀的姑娘，干起活来风风火火、利利索索，大包小件拖起就走，200 公斤的货物对她来说好比小菜一碟。这和她娇小的身材形成强烈反差，大家纷纷称她是"最美搬运工"。

这位姑娘做搬运工已有 8 年。不知是谁，拍了她运货时的照片，引起了媒体的关注，她那面容朴素、身手矫捷的工作状态，能量超正，不由得让人心生敬重，甚至还有大婶心疼她，亲自煲凉茶给她喝。

人清新朴实，话也有力量。她接受采访时说的两句话，尤其让人佩服："有汗出有粮出，就没有什么问题""我不可以倒下，因为我倒下就没有人撑我"。这两句话加在一块，其实就是当年陶行知先生的那首著名的《自立歌》："滴自己的汗，吃自己的饭，自己的事自己干。靠人靠天靠祖上，不算是好汉。"跨越时空、遥相呼应的两段话，都体现出一种自强不息的奋斗理念。

奋斗理念，首先要建立主体性，把改善生活状态的希望寄托在自身。重心在己，不等不靠，立足就稳。我们常说的一句话叫"内生动力"，自己不加油，等着别人来帮助解决人生困难，难以长久。谁没有自己的生活重担要挑呢？都幻想着"搭车"，谁来拉车？光坐没人拉，这车一定趴。

奋斗理念，还体现在行动性。靠自己，怎么改变命运？从自己的条件出发，找准努力的方向，然后就是付出心血。路上的障碍，靠努力一点点铲除。每克服一个障碍，就会增长一定的能力、换来一定的收益，而这就是继续前进的新出发点。一步一步，越走越稳。这个过程，互联网行业中称为"赋能"，久吟成诗、久战成将，自己真正拥有了技能甚至应对复杂情况的能力，人生才真正有了保障。从这个意义上说，有汗出，没问题；树荫下凉凉快快躺着睡觉去了，危机就要来临了。

每个人都具备"撑自己"的决心，去追求奋斗后的快乐时，我们才能迎来一个更光明的未来。

（资料来源：人民日报）

四、诚实劳动

诚实劳动是辛勤劳动和创造性劳动的根本。诚实劳动是指劳动者在劳动过程中脚踏实地，遵守职业道德职业规范，遵守法律法规及政策，实事求是获得劳动成果。继承和发扬新时代劳动精神，诚实劳动是重中之重，只有诚实劳动之花，才能结出辛勤劳动和创造性劳动之果，才能推动国家、社会的积极进步、良性发展。

劳动创造璀璨的物质文明与精神文明，劳动更创造了人类自身。中国自古有"一勤天下无难事"的说法，无论是古人的"晨兴理荒秽，带月荷锄归"，还是今天热火朝天的"互联网＋"与科技创新，都是诚实劳动的写照。社会主义是干出来的，新时代也是干出来的。美好生活靠劳动创造，全社会大力弘扬劳动精神，提倡通过诚实劳动来实现人生的梦想、改变自己的命运，反对一切不劳而获、投机取巧、贪图享乐的思想。

当下，尽管每一个个体出彩的方式和内容不同，但只有那些通过光彩、诚实、勤勉、认真和自豪劳动来实现的梦想，才能最终汇聚成国家和民族的大梦想，即共同的"中国梦"。退一步说，无论社会如何快速发展，无论市场如何风云变幻，无论业态竞争如何激烈，"流自己的汗，吃自己的饭"，这个诚实劳动的基本价值观都不会改变，这是个人获得稳定收入和幸福生活的最可靠的基石。

2016年4月26日，习近平总书记在知识分子、劳动模范、青年代表座谈会上讲话时指出："广大劳动群众要立足本职岗位诚实劳动。无论从事什么劳动，都要干一行、爱一行、钻一行。在工厂车间，就要弘扬'工匠精神'，精心打磨每一个零部件，生产优质的产品；在田间地头，就要精心耕作，努力赢得丰收；在商场店铺，就要笑迎天下客、童叟无欺，提供优质的服务。只要踏实劳动、勤勉劳动，在平凡岗位上也能干出不平凡的业绩。"

励志榜样

王乐义：为诚实劳动做完美注脚

走进"中国蔬菜之乡"山东寿光，随处可见以一个人的名字命名的蔬菜品牌——"乐义"，而这个人就是把诚信作为毕生最大追求的王乐义，并且用自己的实际行动为诚实守信写下了最好的注脚。

无论从事什么职业，都要自觉做老实人，说老实话，办老实事。多年来，王乐义始终把诚信作为立身之本，用诚实劳动获取财富。他常说："我是党支部书记，在三元朱村，我说出来的话、办出来的事就代表党的形象，我诚实做事，群众就相信，党的一级组织就有威信，就有凝聚力。"

1978年，刚因为癌症做过手术的王乐义，被推选为三元朱村党支部书记。为了兑现自己上任时的诺言，1989年，他带领三元朱村建起了17个冬暖式大棚，掀起了一场蔬菜种植革命。

1992年，无公害蔬菜首次在三元朱村开发成功，取得了国家质检局发放的无公害农产品标识证书，三元朱村被农业部授予国内首批"无农药残毒放心菜生产基地"。

2001年，他在村里组织开展了以创建文明信用蔬菜基地、文明信用蔬菜村、文明信用菜农、文明信用农业龙头企业、文明信用经营业户为主要内容的"五信"创建活动。

三元朱村生产的蔬菜质量全部达到国际标准，畅销全国各地，并出口到十几个国家和地区。诚信打造了三元朱村的蔬菜品牌，也给村民们带来了实实在在的效益。2006 年，该村年集体收入达 3 560 万元，人均纯收入达 10 300 元。

王乐义不仅自己坚守诚信的理念，他还积极带动他人做诚实守信的模范。2006 年农业税全面取消后，他向全国农民朋友发出了"依法诚信纳税，建设社会主义新农村"的倡议。

在王乐义的带动下，诚实守信在三元朱村蔚然成风，三元朱村被中央文明委评为全国文明村镇建设工作先进村。王乐义先后被评为全国优秀共产党员、全国劳动模范，并先后当选为中国共产党第十五、十六、十七次全国代表大会代表。

（资料来源：中工网）

知识拓展

创造性劳动

2013 年 4 月 28 日，习近平总书记在同全国劳动模范代表座谈时指出："人民创造历史，劳动开创未来。劳动是推动人类社会进步的根本力量。幸福不会从天而降，梦想不会自动成真。实现我们的奋斗目标，开创我们的美好未来，必须紧紧依靠人民、始终为了人民，必须依靠辛勤劳动、诚实劳动、创造性劳动。"此后，总书记多次提到创造性劳动。

创造是人类劳动的本质特征。人的劳动是有意识、有创造性的活动，是创造性劳动与重复性劳动的统一。在人类社会发展过程中涌现出许多创造性劳动，不同时期的创造性劳动有着不同的特点。早期的一般创造性劳动仅仅表现为劳动工具和生产方法的一般进步。工业化以来形成重大创新的创造性劳动则产生了重大的技术变革，为工业化的发展提供了动力源泉。当代飞速发展的创造性劳动，促进了科学理论的新突破，推动了一系列新原理、新学说的诞生和网络技术、信息技术、生物工程技术等一系列新技术的飞跃发展。

创造性劳动可以阐述为在创造性思维的支配下，具有科学知识和科学技术的劳动者，通过创造发明来改变人类与自然的物质交换过程，打破生产要素组合的均衡态，形成新的劳动要素组合和新的劳动程序，使人类劳动在前所未有的程序上进行，从而加速人类物质财富和精神财富创造的生产活动。创造性劳动的特征有：①新颖性，创造性劳动的产品（包括知识与技术）过去从来没有被公开使用过或者以其他方式为公众所知；②价值性，创造性劳动在创造价值上表现为"乘数效应"，与一般性劳动相比对产品价值的贡献要大得多；③风险性，创新意味着挑战和风险，创新与风险相伴而生，一切创新都是在战胜风险中实现的。

加强培养创造性思维。创造性思维是重新组织已有的经验，提出新的方案或程序，并创造出新的思维成果的思维方式，是开展创造性劳动的重要前提。创造性思维是一种应用独特的、新颖的方式解决问题的思维活动，是人类思维的高级表现形式，我们可以把它理解为一个相对独立的认识阶段，也可以理解为融于整个意识过程之中的思维形式。好奇和兴趣是创造性思维的触发器，想象是创造性思维的内核。想象是对头脑中已有表象进行加工、排列、组合从而建立起新表象的心理过程，具有形象组合性、时空跨越性和高度自由性的特点。我们要在生活和劳动实践中注意观察，不断触发自己的创造性思维，进而开展创造性劳动。

第二节　劳动精神的时代价值

　　崇尚劳动、热爱劳动、辛勤劳动、诚实劳动的新时代劳动精神，将劳动实践淬炼升华，使之成为中国精神的时代表征，成为新时代精神文明建设的重要支点，深刻诠释了当代劳动者对人类文明的伟大创造。弘扬新时代劳动精神，要以人民性为价值属性，以劳动幸福为价值指向，促进劳动者的自由全面发展，激发劳动者蕴藏的巨大精神力量，用新时代劳动精神补钙铸魂强筋骨，凝心聚力促发展，在全面建设社会主义现代化国家新征程上创造新的时代辉煌，铸就新的历史伟业。

一、新时代劳动精神是推进现代化建设的重要抓手

　　劳动是推动人类社会进步的根本力量。习近平总书记指出，"实现我们的奋斗目标，开创我们的美好未来，必须紧紧依靠人民、始终为了人民，必须依靠辛勤劳动、诚实劳动、创造性劳动"。在现代化建设方面，新时代劳动精神是推进中国特色社会主义现代化建设的重要抓手，是全面开启社会主义现代化建设的精神支点。在新时代劳动精神的指引下，党和人民群众同心同德、同向同行，为打赢脱贫攻坚战、实现全面建成小康社会不懈奋斗，为开启全面建设社会主义现代化国家新征程奠定了坚实基础。通过大力弘扬新时代劳动精神，推动我国实现科技自立自强，解决"卡脖子"的技术难题；以知识和技能作为核心驱动力，推动实现高质量发展；脚踏实地，把实体经济做实做强做优。

　　新时代劳动精神是站在新的历史起点上对时代关切的回应，是破解人的现代性困境的精神指引。在经济全球化深入发展的今天，现代性引发的社会问题在社会主义现代化建设中不可避免，这也使劳动或多或少出现了物化倾向。劳动是人的本质力量的体现，是实现人的全面发展与社会进步的根本途径。弘扬新时代劳动精神，需要不断提高劳动者对自主劳动的认识，通过劳动真正释放人的内在潜能，激发巨大劳动活力，追求人对自我本质的全面占有，推动人的自我塑造、自我建构、自我成就向更高层次全面舒展绽放。

　　推动社会发展必须依靠广大劳动者砥砺奋进、锐意进取；实现复兴蓝图，必须通过广大劳动者诚实劳动、真抓实干；弘扬新时代劳动精神，必须以习近平新时代中国特色社会主义思想来武装头脑，以劳动的手段来锻造艰苦奋斗的意志，在全社会大力弘扬工人阶级的优秀品质，让崇尚劳动、热爱劳动、辛勤劳动、诚实劳动的劳动精神在全社会蔚然成风。要充分释放人民群众的创造能力，使人民群众焕发劳动热情，激发蕴藏在人民群众内部的巨大潜能，用新时代劳动精神凝魂聚力，强基固本，引领新风尚，开启新征程，助力社会主义现代化建设。

二、新时代劳动精神体现了社会主义核心价值观

　　在社会文化价值方面，新时代劳动精神坚持和维护人民的主体性，弘扬崇尚劳动、热爱劳动、辛勤劳动、诚实劳动的劳动精神，营造良好的社会风尚，是培育和践行社会主义核心价值观、加强社会主义精神文明建设的重要举措。人民性是新时代劳动精神的价值属性。人民是历史的创造者。人民的劳动创造着社会发展所需的物质财富和精神财富。新时代劳动精神是反映马克思主义时代精神的精华，是人民力量在劳动实践中的能动转化。它深化了广大劳动者对劳动的理性认识，传承了中华优秀传统文化中的劳动观念，摒弃了资本主义以劳动

创造获取财富利润的狭隘观念，生动展现了我国工人阶级和广大劳动群众在实现中国梦伟大进程中拼搏奋斗、争创一流、勇攀高峰的时代担当和积极作为。

人民是劳动的主体，伟大事业需要伟大精神，伟大精神来自伟大人民。劳动激发人的创造力、想象力、意志力等实践能力，是人的本质力量的确证和自我价值的展现。新冠肺炎疫情发生以来，全国各条战线上的广大职工和劳动群众响应党中央号召，风雨同舟、众志成城，团结一致干大事，凝聚起抗疫的劳动精神和劳动力量，铸就了生命至上、举国同心、舍生忘死、尊重科学、命运与共的伟大抗疫精神，以实际行动奏响了新时代劳动者之歌，体现了以爱国主义为核心的民族精神和以改革创新为核心的时代精神。

新时代劳动精神抛弃资本主义对人的劳动的异化。马克思认为，在资本主义社会中，劳动沦为资本统治一切的手段，资本家通过剥削劳动者获得更多剩余价值，人民的劳动在逻辑和事实上已被资本所占有。弘扬新时代劳动精神，就是构造劳动认同，尊重人民在劳动中的主体地位，肯定人民在劳动中发挥的巨大作用，是对资本主义劳动异化和人的异化最有力的批判。

三、新时代劳动精神是劳动者幸福的指南针

劳动是一切幸福的源泉。在个人发展方面，劳动幸福始终是历代中国人孜孜以求的价值追求，是新时代劳动精神的实践价值指向。弘扬新时代劳动精神，是追求人自身解放和全面发展的现实路径。正是因为劳动，人类得以从现实的存在样态向人的自由自觉的类本质复归，这是实现美好生活的最高价值指向。在人类文明的今天，劳动不再单纯地作为谋生手段，而是作为促进人自由全面发展的实现途径。人们在劳动的过程中释放人的能动属性，澄明人的本质，实现人的自我确证，从而真正实现人对幸福的永恒追求。弘扬劳动精神，追求人的自由全面发展，是马克思主义幸福观的最新表征。

劳动是物质财富和精神财富的创造活动。一方面，劳动把人与外在的客观世界相连接，将人的本质力量作用于客观物质世界，不断改变客观世界，创造丰富的物质财富，提高人的生活水平，满足人的物质需求。另一方面，劳动使人的本质力量得以释放，在劳动的过程中创造丰硕的精神成果，满足人的精神文化需求。劳动是实现幸福的途径，不弃微末，久久为功，幸福必将属于劳动者。

劳动创造美好生活，劳动成就幸福人生。中华民族能够实现从站起来、富起来到强起来的历史性飞跃，正是因为在党的坚强领导下，一代又一代劳动者发扬坚毅不屈、创新创造的伟大劳动精神，并使其最终汇聚转化为奋进新时代、共同实现美好生活的全民智慧和磅礴力量。在新时代劳动精神的指引下，党和人民群众同心同德、同向同行，用劳动幸福谱写了劳动最光荣、劳动最崇高、劳动最伟大、劳动最美丽的时代新篇章。

励志榜样

"两山速度"彰显中国力量

2020 年伊始，一场突如其来的新冠肺炎疫情肆虐中华大地，湖北武汉成为疫情重灾区。在党中央坚强领导下，中国人民风雨同舟、众志成城，发扬一方有难、八方支援精神，构筑起疫情防控的坚固防线。为了打赢湖北保卫战、武汉保卫战，约 4 万名建设者从四面八方赶来，并肩奋战，抢建火神山和雷神山医院。他们日夜鏖战，与病毒竞速，创造了 10 天左右时间建成两座传染病医院的"中国速度"！他们不畏风险，同困难斗争，充分展现团结起来打硬

仗的"中国力量"！武汉不会忘记，历史终将铭记这个英雄的群体——火线上的建设者！

速度——"这是救命工程，早一分钟建成医院，就能早一分钟挽救生命！"

中建三局牵头火神山医院建设。1月23日晚10时，队伍火速进场，一场和时间赛跑的战斗打响。"我们进场时，图纸还在争分夺秒的设计之中。"中建三局党委副书记、总经理陈卫国说。

很快，寒风凛冽的知音湖畔，变成了热火朝天的施工现场，轮班作业，24小时施工。管理人员从160人增加到1 500余人，作业人员从240人增加到1.2万多人，大型机械设备、车辆从300台增加到近千台，快速推进局面迅速形成。

作为火神山医院安装项目部总工程师，金晖白天在现场协调生产，晚上到设计院沟通优化设计方案，连续10天高强度作战……

湖北十堰的30岁小伙儿徐飞，刚到家3天，大年初一接到返岗通知，二话不说驾车4个多小时，直奔火神山医院工程现场。他召集工友用3天的时间赶制出火神山医院所需要的暖通风管……

1月25日，火神山医院激战正酣，武汉市决定再建一所雷神山医院，中建集团独立承建，开启"双线作战"模式。

"这几乎是不可能完成的任务！"有专家表示，3.39万平方米的火神山医院，按照常规建设至少要2年，搭建临时建筑都得1个月，更何况还有一个两倍于火神山医院体量、工期却与之相当的雷神山医院。

陈应是医院智能设备安装的负责人，现场留给她的时间只有48个小时，"医院设计了大量基于5G和云平台技术的诊疗信息化系统，我们运用BIM技术现场按编号拼装，平时需要2个月安装调试的工作我们48小时就完成了；36万米各类管线、6 000多个信息点位通过模拟铺搭，现场一次安装到位，大大加快了施工进度"。

2月2日至6日，建筑工人钟巍巍带着父亲、哥哥来到工地，每天连续施工20多个小时，吃饭蹲在工地上，困了靠在材料堆上打个盹，下雨时就钻到管子里睡十几分钟。材料一运到，马上又爬出来干活。

时间紧、任务重、人员物资有限、参与单位众多，如何协同作战？中国建筑集团党组副书记、总经理郑学选介绍，制定"小时制"作战地图，倒排工期，将每一步施工计划精确到小时乃至分钟，大量运用装配式建造、BIM建模、智慧建造等前沿技术，根据现场情况实时纠偏，使数百家分包、上千道工序、4万多名建设者都能统一协调、密切配合，确保规划设计、方案编制、现场施工、资源保障无缝衔接、同步推进。

1月23日10时，连夜基础施工；1月24日除夕，完成场平；1月25日，正式开工……2月2日，火神山医院交付使用。

1月25日16时，项目启动；1月26日，开始场平等工作；1月27日，正式开工……2月6日，雷神山医院开展验收并逐步移交。

在24小时"云监工"的注视下，火神山医院、雷神山医院拔地而起——这是与疫情赛跑的"中国速度"。

难度——"危难险重，首战用我，用我必胜！"

尽管有心理准备，进场施工时，还是发现困难远超想象。带着200多人的场地平整团队进场后，中建三局的余南山倒吸一口凉气：超过7万平方米的场地上，高差最大处近10米，还有大片芦苇荡要清淤、鱼塘要回填、既有建筑物要拆除，土方开挖、砂石换填量近40万立方米，而这些必须在两天之内完成！郑学选说，建设者们要在极短时间内完成人力召集、资源调集、图纸细化等工作，任何一个环节都绝不能出问题，每天都处于极限作战的状态。

受疫情和春节假期的影响，工人、材料、设备不足，是施工面临最大的难题。在火神山医院工地协调人力资源的韩建英，每天要接打200多个电话，"必须调动一切资源帮助工友们来武汉上岗，很多时候要派车到外地一个个接"。

"危难险重，首战用我，用我必胜！举全集团之力，确保迅速建成火神山、雷神山医院！"周乃翔率工作组从北京来到武汉，统筹解决人员、物资、资金等方面的关键问题，并组织协调11家下属单位超4 000人驰援建设。

依托中建集团全产业链，2 500余台大型设备及运输车辆、4 900余个集装箱、20万平方米的防渗膜，以及大量的电缆电线、配电箱柜、卫生洁具等物资在短短几天里抵达武汉，为医院建设的全面提速提供了保障。

两所医院是应急工程，往往"计划赶不上变化"。雷神山医院3次扩容，面积从5万平方米增加到7.99万平方米，火神山医院前后经历了5次方案变更。"记忆最深刻的是火神山医院交付前一天，晚上8点多，根据防疫需要对功能分区进行再调整。"陈卫国说。

传染病医院施工的精细度要求极高，配套建设污水处理站和垃圾焚烧池，任何有毒气体、污染水源、医疗垃圾都必须全程封闭处理。"决不让污水渗漏出去！"项目技术负责人闵红平举例，仅仅为了防止可能夹带病毒的雨水渗入地下，医院隔离区地面全部硬化处理，设置有混凝土基层、防渗膜和钢筋混凝土地面层3道防护，确保了雨水全部进入院内调蓄池，经消毒后再排入城市污水系统。

急难险重，党员带头。工地上，14个临时党支部、14支党员突击队、2 688名党员带领3万余名建设者日夜鏖战。雷神山医院项目临时党支部党员先锋岗负责人刘军安说，在这场没有硝烟的战役中，处处高扬的党旗给了人们最大的鼓舞。

"他们为这场战斗拼过命，他们就是英雄！"中建三局党委书记、董事长陈文健说。休舱仪式结束，章干和同事特意走到"武汉雷神山医院"7个大字前合影。前排同事拉起红色横幅，上面写着：召之即来，来之能战，战之必胜！

知识拓展

劳模精神、劳动精神、工匠精神入选中国共产党人精神谱系

2021年是中国共产党成立100周年。习近平总书记强调，100年来，中国共产党弘扬伟大建党精神，在长期奋斗中构建起中国共产党人的精神谱系，锤炼出鲜明的政治品格。9月，党中央批准了中央宣传部梳理的第一批纳入中国共产党人精神谱系的伟大精神，在中华人民共和国成立72周年之际予以发布。

第一批纳入中国共产党人精神谱系的伟大精神是：建党精神；井冈山精神、苏区精神、长征精神、遵义会议精神、延安精神、抗战精神、红岩精神、西柏坡精神、照金精神、东北抗联精神、南泥湾精神、太行精神（吕梁精神）、大别山精神、沂蒙精神、老区精神、张思德精神；抗美援朝精神、"两弹一星"精神、雷锋精神、焦裕禄精神、大庆精神（铁人精神）、红旗渠精神、北大荒精神、塞罕坝精神、"两路"精神、老西藏精神（孔繁森精神）、西迁精神、王杰精神；改革开放精神、特区精神、抗洪精神、抗击"非典"精神、抗震救

灾精神、载人航天精神、劳模精神（劳动精神、工匠精神）、青藏铁路精神、女排精神；脱贫攻坚精神、抗疫精神、"三牛"精神、科学家精神、企业家精神、探月精神、新时代北斗精神、丝路精神。这些精神，集中彰显了中华民族和中国人民长期以来形成的伟大创造精神、伟大奋斗精神、伟大团结精神、伟大梦想精神，彰显了一代又一代中国共产党人"为有牺牲多壮志，敢教日月换新天"的奋斗精神。

要坚持以习近平新时代中国特色社会主义思想为指导，深入学习贯彻习近平总书记"七一"重要讲话精神，在全党全社会大力弘扬伟大建党精神、深入宣传中国共产党人精神谱系，将其作为党史学习教育和"四史"宣传教育的重要内容，更好地鼓舞激励党员干部群众弘扬光荣革命传统、赓续红色血脉，不断增强"四个意识"、坚定"四个自信"、做到"两个维护"，为实现中华民族伟大复兴凝聚起奋勇前进的强大精神力量。

（资料来源：新华网）

第三节　做新时代合格的劳动者

一、思想认识到位

劳动精神从根本上讲是思想认识问题，反映的是思想认知和价值认同。要以科学的劳动精神引导自我形成正确的劳动观念：首先，加强新时代劳动精神培养的理论学习，充分认识劳动对自身成长的重要意义，尊重诚实守法劳动者的一切努力和付出，珍惜自己和他人的劳动成果。其次，抵制急功近利、梦想暴富的想法，培育常态化的奋斗精神，与自身存在的惰性思想做斗争，坚决摒弃不劳而获的想法，不沉迷于徒有虚名、唯利是图的"伪奋斗"，保持求真务实、奋发有为的精神风貌。最后，要学有所长、学有所专，利用自己学习获得的知识技能来提高劳动的创造性和含金量。

励志榜样

乡邮路上的天使——张林昌

乡邮员张林昌在步行投递

在贵州省黔东南苗族侗族自治州的锦屏、黎平、剑河三县交界方圆百里的青山界苗族地区，有一位农民乡邮员，35年奔走在山间小路上，步行24万多公里，为乡亲投递报刊信件达140多万件，被山区苗族群众称为"乡邮路上的天使"，他就是贵州省锦屏县邮政局启蒙支局苗族乡邮员张林昌。

走上全县最难走的乡邮路，这一走就是35年。1987年，23岁的张林昌从部队退伍后，了解到锦屏县河口片邮路没有人愿意走，县邮政局经常为找不到乡邮员犯愁，他主动要求走这条邮路。当时好心人劝他：这条邮路很长又难走，之前没有一个人能坚持到3年。这条路长90公里，服务面积200平方公里，横穿启蒙、河口、固本、新民、裕和等5个乡镇、23个行政村，服务群众25 000人，这些村寨要么在崇山峻岭，要么在河边，行走起来，跋山涉水，十分艰险，一个来回，得花4天时间。

上班的第一天，他穿上特意买来的胶鞋，匆匆赶到办公室，领取了大袋邮件，正准备出发时，支局长把他叫到身边，再三叮嘱说：路上要格外小心，天黑了就到当地乡政府或者老乡家投宿。3天后，他拖着疲惫的身躯回到了启蒙邮政支局，同事们发现他头发蓬乱，汗流浃背，裤脚满是泥巴，衣服刺穿了好几个孔，手脚划出了一道道血印子。他高兴地说："这项工作，我绝对能做。"

开弓没有回头箭。在这条邮路上，他翻越高山，穿越密林，饿了，就吃野果，渴了，就喝山泉水。就这样，他选择了乡邮员这个工作，而且一干就是35年。无数次摔倒无数次爬起，与困难抗衡与生命赛跑。由于当地海拔较高，山谷与山上温差特别大，走这条邮路他一年四季只能穿两种鞋：一是水胶鞋，二是解放鞋。这条邮路最难走的就是从苗吼寨到宰格寨，要翻过一座叫背细坡的大山。背细坡虽然海拔只有1 000多米，却是高耸入云，有3 000多级台阶，老百姓戏称"九十九拐"。夏天路边的草长得比人还高，人在"草林"中穿行，不时有蛇出没；冬天大雪封山，数月不化，上一班在雪地里留下的脚印，下一班已凝结成冰，清晰可见。

2005年9月的一天，天空下着小雨，张林昌背着沉重的邮包，急着从"九十九拐"赶到苗吼寨给老百姓送信，由于下雨路滑，脚下一个趔趄，他紧紧抱着邮包，翻滚下几十米的陡坡，脸撞在了一块突起的大石头上，当场撞断了一颗门牙、撞掉了两颗门牙，石头上留下了一摊鲜红的血迹，两个嘴唇肿得像两块烤煳的面包。当时疼痛难忍，他背起邮包继续赶路。

在邮路上摔倒，对张林昌来说已经是家常便饭。1998年冬天，连续几天的大雪使路上结了一层厚厚的冰，他挑着邮包小心翼翼，一步一滑艰难地行走着。在冰地里行走，上坡容易下坡难，挑着邮件下坡就更难。在下启蒙镇甘塘村干田坝一个小坡时，突然脚下一滑，他本能地把邮包扔到了一边，自己却摔到了路坎下的一条2米多深的水沟里，将厚厚的冰层压破，全身浸进了冰冷刺骨的水中，他急忙把头伸出水面，经过几次挣扎呛了几口冰水后才爬到路上。透心的寒冷使他大脑一片空白，只知道挑起邮包拼命往前跑，跑到3公里外韶霭村岳父家，才赶紧换衣服。几口热酒下肚，围着柴火烤了一会儿，张林昌才慢慢缓过神来：刚才好险，如果爬不上来，不被淹死，也要被冻死。

作为一名少数民族子弟、一名共产党员，张林昌为了更好地服务群众，他记下了每家每户的情况，群众出行不便和有需求的时候，哪怕肩上的邮包再重，他也要把群众嘱托的物品带去，每次路过孤寡老人房屋的时候，他都要进去看看有什么困难能帮助，尽力帮忙解决。固本乡培亮村的范培碧老人，每个月都要到乡里领取生活费。他年事已高，出门又不方便，既费力又伤神。为此张林昌主动提出"代劳"，老人高兴地把这个任务交给了他。这条邮路山高路陡，溪河密布，学生上学和回家很不安全，张林昌就根据孩子们上学、放学的时间，来调整自己的行程，陪学生们一起上学、放学，心甘情愿地做起了孩子们的"保护神"。

张林昌家里的经济来源主要靠他当乡邮员的微薄收入。由于常年在邮路上，张林昌甚至连家里的地种什么东西都不清楚，所有的活都是妻子一人承担。近年来，看到别人外出打工挣钱，张林昌妻子几次要求他出去打工，但是每次都被张林昌拒绝了。有一次，妻子忍不住将张林昌获得的荣誉证书一把火烧掉，哭着说："你一个月才那点钱，能养活家里人吗？"张林昌说："不是我不能出去打工。这条邮路我走了这么多年，跟大家有了感情。那些在外打工的人，常往家里寄信、寄钱、寄衣物，别人觉得这就是一个包裹，但在他们心里，这是对家乡、亲人的牵挂。不能单纯用钱来衡量这份工作，让每个包裹及时完好地送达，守护的是亲情、乡情。这份沉甸甸的责任，怎么会没价值？"

与乡亲们的感情，是张林昌内心的牵挂。"有时送完件，天黑黢黢的，路不好走，老乡就主动招呼饭菜，让我留宿。"当地有不少老人，除了投递包裹，张林昌还经常帮他们捎带东西，"乡亲们离不开我，我更离不开他们"。近几年，随着通村、通组公路日益完善以及电商兴起，张林昌的业务量逐年增长，不仅涨了工资，邮政公司还在河口乡设立营业点。"不只是报刊、信件，现在网购的各种物品都有，还有从网上买冰箱的，前两天刚送去。"因为担心忙不过来，张林昌干脆在营业点吃住，抽空才回家。

九十九道弯的山路，张林昌跑了无数趟。总有乡亲签收了包裹还站在原地，朝这个远去的背影多望两眼。张林昌也说，这个工作就像磁铁，把自己跟乡亲们聚在一块儿，分不开了。35 年漫漫乡邮路，什么困难也阻挡不了张林昌服务山区群众的脚步，他义务为山区群众代购粮种 5 000 多袋、生活用品 4 500 多件、代取款 10 万余元。他先后被评为"贵州省劳动模范"、"贵州省优秀共产党员"、"贵州省十大杰出农民工"、"全国优秀青年投递员"、"全国劳动模范"、第四批全国岗位学雷锋标兵等。

（资料来源：中国邮政网）

二、情感认同到位

对于当代大学生而言，除了实现自我发展的人生目标、探寻超越自我的价值追求、创造属于个体的幸福美好生活外，还应具备积极参与社会劳动、勇于承担社会责任的精神。新时代大学生期盼能够通过知识技能的学习和社会经验的积累来促进自我的发展，使自身获得更好的工作和更美好的生活，这些都是个体美好的生活愿景。但是要想达到理想，没有艰辛的努力付出，终究会变成个人的空想。国家的富强、民族的复兴、伟大中国梦都需要作为追梦者和圆梦人的大学生依靠自己的聪明才智和辛勤劳动实现。新时代为大学生提供了广阔的发展舞台，大学生要以国家富强、民族振兴、人民幸福为己任，将自己的个人梦想和国家的前途、民族的命运紧密地结合起来，胸怀理想、志存高远，以勤学苦干、敢于创新的精神激励自己投身于中国特色社会主义伟大实践中去。

三、实践行为到位

劳动精神的培育和养成，需要具体落实到日常的言谈举止以及具体的学习生活和社会实践中去，以丰富的实践活动促成个人良好的劳动习惯的养成。首先，要结合自己的特长和专业，从事一些和专业相关的社会实践活动，做到理论与实践的结合，在增长才干中培育劳动精神。其次，应积极参与公益性社会活动，如"爱心支教""服务三农"等，体验劳动的快乐，实现自身的社会价值。最后，要树立"大众创业、万众创新"的理念，积极参加创新创业活动，在劳动实践中创新创造，不断增强创新意识，强化对科学精神、创新思维、创造能力和社会责任感的培育，最大限度地发挥自身的创新潜能，真正做到将劳动精神内化于心、外化于行，养成崇尚劳动、热爱劳动、辛勤劳动、诚实劳动、创造性劳动的劳动精神品质。

励志榜样

"创新大王"鹿新弟

在道依茨一汽（大连）柴油机有限公司车间，一批柴油机刚组装完成，可在调试过程中，发现柴油机出现漏油情况，价值 100 多万元的产品眼瞅着就要报废。紧急关头，车间领导第一时间想到了"创新大王"鹿新弟。鹿新弟经过现场研判后，用自己钻研出的创新工法，干净利索地解决了漏油问题。

大家口中的"创新大王"鹿新弟，是道依茨一汽（大连）柴油机有限公司发动机装调工、高级技师，曾获全国劳动模范等荣誉称号，目前有三个国家级技能工作室是以他的名字命名的。

1984 年，鹿新弟来到道依茨一汽（大连）柴油机有限公司技工学校学习钳工技艺。3 年后，他以专业第一名的成绩毕业，被分配到公司研发部。"我是学钳工的，对柴油机和搞研发实在不懂，当时特别郁闷。"鹿新弟决定先去研发部试验室试试，一周后，他的想法就发生了变化："这辈子，我就在研发部这儿干了！"

"发动机的声音真是太动听了，它是有生命、有感情的。"就这样，鹿新弟与柴油机结下了不解之缘。凭借对机器声音的敏感，鹿新弟可以做到仅通过声音就能诊断出故障原因。为了使故障排查更加精准，他还独家创造了"看、听、摸、闻、问、测量"六步检测法，准确率高达 99%，被称为"柴油机医生"。

2005 年，企业引进道依茨柴油机，鹿新弟被调到新组建的生产车间。他经过上千次的试验，整理出上万组试验数据，历时 3 年，率先在国内外内燃机行业建立"道依茨柴油机试验方法"，使中国拥有了自主知识产权的柴油机调试技术，填补了国内空白。这项技术使柴油机试验时间缩短 25 分钟，累计为公司节省 4 816 万元，减少有害排放物 436 吨。

研发成果不仅完全适用于内燃机行业，还广泛应用到军工及船舶业。

2018 年 5 月，鹿新弟历时 19 天，行程 4 000 公里，三次穿越西藏阿里地区无人区为用户服务。其间，他经历了一天开车 20 个小时，一边吸氧一边工作；也经历了手机无信号、卫星定位失灵、三天处在失联状态……成为全公司进入西藏阿里地区的第一人。

目前，鹿新弟共完成技术创新成果 501 项，其中 87 项荣获国家、省、市级技术创新优秀成果奖，拥有 10 项国家专利，他还是"鹿新弟技能大师工作室""鹿新弟劳模创新工作室""鹿新弟专家培训工作室"的带头人。

"我们常说'质量之魂，存于匠心'，新时代的产业工人更要看他创新能力有多强，能解决多少技术问题，能带出多少研究型人才，这才是新时代劳模的使命所在，我将为之继续奋斗！"鹿新弟说。

（资料来源：《辽宁日报》）

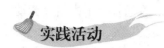 **实践活动**

　　每年"五一"国际劳动节前后，中央及省市电视台都会采访录制普通劳动者的系列节目。请你搜集、观看中央或地方电视台有关劳动及采访普通劳动者的优秀节目或视频，深入思考劳动创造幸福、劳动创造美好生活的道理，感悟劳动精神的价值和力量。

劳动精神观影录

节目名称及来源
劳动主人翁的劳动信息 （劳动者的职业、精神风貌、采访问题、劳动财富、幸福感言等）
我的心灵互动 （从普通劳动者的美好生活、幸福感言中，感悟劳动的意义和对劳动精神的理解，结合自己的专业和理想，规划自己未来的职业方向和幸福生活的实现路径）

第三章
劳模精神

必须大力弘扬劳模精神、发挥劳模作用。榜样的力量是无穷的。劳动模范是民族的精英、人民的楷模。长期以来，广大劳模以平凡的劳动创造了不平凡的业绩，铸就了"爱岗敬业、争创一流，艰苦奋斗、勇于创新，淡泊名利、甘于奉献"的劳模精神，丰富了民族精神和时代精神的内涵，是我们极为宝贵的精神财富。

——2013 年 4 月 28 日，习近平在同全国劳动模范代表座谈时的讲话

学习目标

知识目标：理解劳模精神的内涵和时代价值，掌握做新时代劳动模范和时代楷模的实践路径和方法。

能力目标：通过学习本章内容，能够在今后的劳动中继承新时代劳模精神，展现出自己优良的劳动风貌。

素质目标：通过本章内容的学习，培育形成爱岗敬业、争创一流、艰苦奋斗、勇于创新、淡泊名利、甘于奉献的精神，争做新时代劳动模范。

课程导入

马班邮路信使：王顺友

"世上最亲邮递员"王顺友牵着马翻山越岭送邮件

"他一个月出差两次，每次 14 到 15 天，他一年的行程相当于走一次二万五千里长征，一个人，一匹马，他被誉为'世上最亲邮递员'。"

四川木里藏族自治县地处青藏高原东南角，这里高山连绵起伏，平均海拔 3 000 多米。21 世纪前，当地的乡镇大部分不通公路和电话，牵着马、驮着邮件的乡村邮递员，成为散居在大山深处的群众以及乡政府与外界联系的重要桥梁。1984 年，年仅 19 岁的王顺友从赶了 30 年马班邮路的父亲手中接过马缰绳，从此开始了自己半个甲子与马为伴的生活。刚开始穿上绿色制服走在邮路上的王顺友很是高兴，他觉得这份工作很好，"但是走了一段时间就有点想打退堂鼓了，因为在大山里真的很孤独和寂寞。累和苦我都不怕，就是怕孤独，这个日子不好过"。"但是如果我做不好就无法对父亲交代，无法对邮路上的父老乡亲交代"，想到父亲把马缰绳交给自己时的嘱托，想到邮路上的父老乡亲收到信时的那一张张笑脸，王顺友觉得，自己哪怕再苦再累也值得了。就这样，他坚持了下来。这一坚持就是30年。

作为一名党员，王顺友提到最多的就是"党组织"和"为人民服务"。"党组织的支持和帮助，人民群众的关心和爱护，有了这些我怎么能不把邮路走好呢？必须坚持下去！"就是在这两种信念的支撑下，他在邮路上走了一年又一年。几十年来从没有延误过一个班期，没有丢失过一封邮件，投递准确率达到100%。

今天的木里，当年"叱咤邮路风云"的15条马班邮路早已消失不见，取而代之的是汽车邮路、摩托车邮路。"现在的邮递员都骑摩托车，没有骑马的了。但是我想马班邮路精神还是一直要传承下去。路是怎么走出来的，当时是怎么坚持过来的，要让年轻的邮递员也知道这些精神，坚持这些精神。"

思考题：结合案例，从王顺友身上你能感悟到哪些劳模精神？

（资料来源：中国邮政网）

知识导图

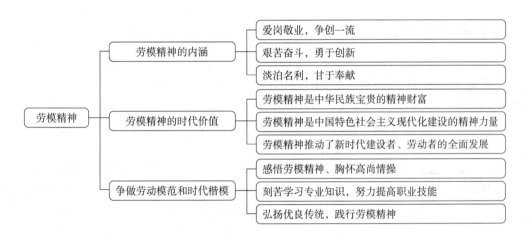

第一节　劳模精神的内涵

1950年党和国家首次表彰劳动模范70多年来，在党的领导下，我国工人阶级和广大劳动群众与祖国同成长、与时代齐奋进，奏响了"咱们工人有力量"的主旋律，各条战线英雄辈出、群星灿烂。特别是进入新时代以来，我国工人阶级和广大劳动群众在实现中国梦伟大进程中拼搏奋斗、争创一流、勇攀高峰，为决胜全面建成小康社会、决战脱贫攻坚发挥了主力军作用，用智慧和汗水营造了劳动光荣、知识崇高、人才宝贵、创造伟大的社会风尚，谱写了"中国梦·劳动美"的新篇章，一代又一代的劳模和他们身上所体现的劳模精神是我们永不褪色的骄傲。

劳模精神是指劳动模范在平凡的岗位上做出不平凡业绩所坚守的基本信念、价值追求、精神风貌及其人生境界，是通过劳动模范展现出的一种优秀的劳动精神，既体现了劳动的本质，又体现了劳模的先进性，是推动劳动向前发展的精神力量。劳动模范之所以光荣而又伟大，不仅在于他们是社会主义建设中的杰出人物，为促进我国经济发展和人民幸福做出了卓越贡献，而且在于他们的优秀品质和思想行为体现出了一种崇高的精神，即劳模精神。

劳模精神形成于中国共产党团结带领全国人民进行革命、建设和改革的各个历史时期，以劳动模范群体的模范行为、优秀品格和高尚情操为基本内容，在建设社会主义现代化强国和中国特色社会主义进入习近平新时代的历史实践中不断丰富和发展的先进思想和精神，是对 5 000 年中华民族精神的传承和延伸，是对中国工人阶级优秀品格的诠释和彰显，是社会主义核心价值观的生动实践。

习近平总书记在 2020 年全国劳动模范和先进工作者表彰大会上的讲话中指出："在长期实践中，我们培育形成了爱岗敬业、争创一流、艰苦奋斗、勇于创新、淡泊名利、甘于奉献的劳模精神。"其中，爱岗敬业是本分，争创一流是追求，艰苦奋斗是作风，勇于创新是使命，淡泊名利是境界，甘于奉献是修为。新时代劳模精神的丰富内涵体现了广大劳模对工作恪尽职守、追求一流业绩、吃苦耐劳和无私奉献的高尚道德情操。做一个守本分、有追求、讲作风、担使命、有境界、有修为的人，是每一位劳模的精神风范，更是每一位劳动者应该追求的目标。

一、爱岗敬业，争创一流

爱岗敬业是劳模精神的立身之本。爱岗敬业是爱岗和敬业的合称，两者互为表里、相辅相成。爱岗是敬业的基础，敬业是爱岗的升华。具体来说，"爱岗"就是要干一行爱一行，热爱本职工作，不能见异思迁，这山望着那山高。所谓"敬业"，就是要干一行钻一行，积极对待自己的工作，要兢兢业业、认真负责做好本职工作。爱岗敬业就是要勤勤恳恳、兢兢业业、忠于职守、尽职尽责地工作。

干一行爱一行，也只有爱一行，才能真正做到干好这一行。劳动者首先是在情感上对岗位、对劳动有发自内心的爱，才能在行动上自觉地尊敬职业、尊重劳动、崇尚劳动。爱岗源于强烈的主人翁意识，爱岗源于勇担历史使命的责任意识。从个人来说，一份职业，一个工作岗位，是人在这个社会安身立命之本，是赖以生存的物质来源，而社会的运转也是依靠个人的劳动才能进行。对大多数人来说，岗位是展现个人才能、实现人生价值的重要舞台。在这个舞台上，职业没有高低贵贱，也无须比较价值大小，只需要尽己所能，充分展示，将个人的进步与集体的发展紧密联系在一起。爱岗敬业不仅是个人的需要，也是社会、国家的需要。爱岗敬业无论在哪个时代、哪个国家，都是值得高扬的精神力量和需要内化的道德品质。

爱岗敬业是中华民族的传统美德，是职业道德的基石，是一种优秀的职业品质，是社会主义职业道德所倡导的首要规范，是社会主义核心价值观的重要内容，是我们应该遵从的基本价值观，也是劳动精神的升华体现。爱岗敬业是对劳动者提出的最基本、最起码、最普通的道德要求，还是实现职业目标的重要内容，也是事业成功的必要因素。一个人能否脱颖而出，固然需要他的能力突出，更需要他的态度积极。"干一行爱一行"告诉我们要有百折不挠的精神，一个人要达到事业、人生的顶点必定要经历一系列的磨难。每克服一个困难，自身的水平就上升到一个新的高度，同时距离成功就又近了一步。

爱岗敬业是劳动态度，而争创一流就是劳动追求的目标。争创一流是当代劳模具有竞争力、战斗力和爆发力的精神源泉。争创一流是爱岗敬业的进一步要求，不仅仅是对工作兢兢业业、尽职尽责，还要对工作业绩有高质量、高标准的追求。"干一行，爱一行"，题中之义就是要干好一行，爱有所值，干有所成。在"争创一流"的内涵中，我们看到了一种积极作为、奋发向上的精神面貌，代表着劳动者在敬业精神的驱使下，不断勇攀高峰，凝心聚力追求更高理想与目标的勇气与坚守。"争创一流"一方面是奋斗的目标，一方面是内化为工作动力的力量之源。劳动模范是各行各业最优秀、最先进、最有追求的典范与楷模，学习他们的精神，就是要学习他们时刻以更高的标准要求自己的品质，以更高的目标挑战自我的勇气。无论是新民主主义革命时期的劳动竞赛还是中华人民共和国成立以后的劳动生产建设，"争创一流"都是竞赛的目的。千帆竞发，百舸争流，以前浪激励后浪，大家共同进步，在不断的技术革新、生产提速、发明创造与科学管理等多方面苦下功夫，焕发劳动的创新动能与创造潜力，打造劳动的一流品质、一流工艺、一流服务，从而实现我国社会劳动力水平整体提高。"争创一流"就是要树立自信心、提振精气神，以"敢为人先、追求卓越"的精神状态高起点谋划、高标准定位、高质量落实、高效率推进，做到谋划上胜人一筹、行动上快人一步、措施上硬人一度。

爱岗敬业、争创一流是广大劳模的劳动态度和劳动理念，体现了广大劳模恪尽职守、创先争优的职业道德及高度的历史使命感、责任感。

励志榜样

"一团火"张秉贵

北京百货大楼门前广场处矗立着一尊半身铜像，那就是普通售货员张秉贵同志。作为一名优秀的共产党员，他以"一团火"的热忱为人民服务，在平凡的售货岗位上练就了令人称奇的"一抓准""一口清"技艺，成为新中国商业战线的一面旗帜，带动了整个行业服务水平的提升。在他生前，许多外地顾客慕名而来，在他的糖果专柜前排起长队，只为亲身感受他的技艺和服务。燕京有八景，张秉贵售货被群众亲切誉为"燕京第九景"。张秉贵是20世纪50年代至80年代我国商业系统最著名的劳动模范，曾于1977年当选中国共产党第十一次全国代表大会代表，1978年当选全国人大代表，历任第五届和第六届全国人民代表大会常务委员会委员。

1929年，11岁的张秉贵便到纺织厂当了童工，17岁到北京一家杂货店当学徒。20世纪50年代初，新中国百废待兴，即将开业的北京百货大楼招聘营业员，尽管规定只招收25岁以下的年轻人，但已经36岁的张秉贵因有多年的经商经验而被破格录取。他做梦也没想到能当上"新中国第一店"的售货员，在宽敞明亮的柜台前体面地为顾客服务，感到无比光荣的他更坚定了为人民服务的信念。自1955年11月开始至此后30多年平凡的售货实践中，他将"心有一团火，温暖万人心"的职业信念与共产主义远大理想紧密相连，全心全意为顾客服务，成为各行各业的学习榜样。

张秉贵常说："售货员要用一团火来温暖顾客，使他们不仅在商店里感到热乎乎的，回家后热乎乎的，走上工作岗位还要热乎乎的，这才算我们对革命事业的一点贡献。"30多年来，张秉贵接待顾客近400万人次，没有跟顾客红过一次脸、吵过一次嘴，没有怠慢过任何一个人。北京百货大楼当时是全国最大的商业中心，客流量大，加之物资相对匮乏，顾客通常要排长队。张秉贵便下决心苦练售货技术和心算法，练就了令人称奇的"一抓准""一口清"技艺。

所谓"一抓准"，就是一把就能抓准分量，顾客要半斤，他一手便能抓出 5 两；"一口清"则是神奇的算账速度。遇到顾客分斤分两买几种甚至一二十种糖果，他也能一边称糖一边用心算计算，经常是顾客要买多少的话音刚落，他就同时报出了应付的价钱。后来他又发明了"接一问二联系三"的工作方法，即在接待一个顾客时，便问第二个顾客买什么，同时和第三个顾客打好招呼，做好准备。他在问、拿、称、包、算、收 6 个环节上不断摸索，接待一个顾客的时间从三四分钟减为一分钟。

张秉贵不仅技术过硬还注重仪表，坚持每周理发，每天刮胡子、换衬衣、擦皮鞋。他还注意研究顾客的不同爱好和购买动机，揣摩他们的心理。为了精通商品知识，每逢公休日张秉贵就蹬起自行车，来到工厂、医院和研究单位，学习了解糖果知识。由于熟悉顾客和商品的特点，张秉贵可以针对一些特殊的顾客推荐商品。

张秉贵通过眼神、语言、动作、表情、步伐、姿态等调动各个器官的功能，商业服务业的简单操作，被他升华为艺术境界，被首都群众喻为"燕京第九景"。有位拄着拐杖的老人，经常来欣赏他售货。老人说："我是个病人，每天来看看您站柜台的精神劲儿，为人民服务的热情劲儿，我的病也仿佛好了许多。"

张秉贵认为，站柜台不单是经济工作，也是政治工作；不单是买与卖的关系，还是相互服务的关系。"一个营业员服务态度不好，外地人会说你那个城市服务态度不好，港澳同胞会感到祖国不温暖，外国人会说中华人民共和国不文明。我们真是工作平凡，岗位光荣，责任重大！"

在百货大楼的 30 多年，张秉贵始终腰板挺直精神饱满。晚年他仍不辞辛苦到全国各地传经送宝，把自己"一团火"的服务经验毫无保留地传授给各地同行。1983 年他还克服了文化水平低的困难著书立说，将自己的服务经验编写成《张秉贵柜台服务艺术》一书，并到各单位表演、讲课，听众达 10 多万人次，留下了一笔宝贵的精神财富。

一次，他应邀在外地介绍经验，会后大家希望他做一次售糖"一抓准"的示范表演。那时他已经 65 岁，又处在陌生的场地和环境，糖果的规格和北京也不一样，"一抓准"还能不能成功呢？张秉贵明知有困难，但想到要推动青年们练基本功，还是愉快地答应了。"5 两""4 两""2 两"……张秉贵每次都是一抓正准。老模范宝刀不老，全场响起了热烈的掌声。

30 余年间，党和国家多次授予张秉贵崇高的荣誉称号：1957 年被评为北京市劳动模范，1959 年被选为出席全国群英会的代表，1978 年被北京市政府授予"特级售货员"称号，1979 年被评为全国劳动模范，1987 年被授予"北京市优秀共产党员"称号。他独具特色的服务思想和经验，被形象地归纳为"一团火"精神。

（资料来源：新华网）

二、艰苦奋斗，勇于创新

艰苦奋斗是劳模精神的重要内涵，指在劳动实践中，拥有不畏艰难、锐意进取的钢铁意志，展现坚忍不拔、顽强拼搏的精神风貌，保持艰苦朴素、勤劳节俭的生产生活作风。勇于创新是指在看待问题上不墨守成规，敢于打破固有思维束缚，积极探索劳动过程中的新规律和新方法，灵活地运用知识和经验，推动劳动技术和工艺的创新创造。艰苦奋斗、勇于创新体现了广大劳模吃苦耐劳、坚忍不拔的作风和强烈的开拓意识。他们勤于学习，善于实践，积极掌握科学知识，努力增强核心技能，主动应对各种挑战。伟大见于奋斗，奇迹源于创造，新中国70多年发展的里程碑上记录着一大批艰苦奋斗、勇于创新的劳动模范以及他们的伟大事迹。

艰苦奋斗是新时代中国劳模精神的本色和优良作风。新时代劳模凭借艰苦奋斗的价值追求，锐意进取、奋发有为，攻破了一个又一个阻碍实现中国特色社会主义现代化建设的难题，取得了一个又一个让世界惊叹的成就。劳模秉承艰苦奋斗的优良作风，在工作中忘我劳动、开拓创新、奉献进取，表现出崇高的美德和精神风貌。新时代中国劳模精神之所以能够继续发挥其号召力、感召力和影响力，就是因为劳模精神中包含着长期以来具有的、始终如一的艰苦奋斗精神因素，并成为当代中国劳模精神最稳定和永恒的本色。孟子曰："故天将降大任于斯人也，必先苦其心志，劳其筋骨，饿其体肤，空乏其身，行拂乱其所为，所以动心忍性，曾益其所不能。"成功注定不是一条开满鲜花的平坦之路，艰苦奋斗是踏破荆棘、破除阻碍的利器。

勇于创新是新时代中国劳模精神的核心和发展动力。党的十九大指出："创新是引领发展的第一动力，是建设现代化经济体系的战略支撑。"习近平总书记在欧美同学会成立100周年庆祝大会上的讲话中指出："创新是一个民族进步的灵魂，是一个国家兴旺发达的不竭动力，也是中华民族最深沉的民族禀赋。在激烈的国际竞争中，惟创新者进，惟创新者强，惟创新者胜。"新时代中国劳模充分发挥先锋模范作用，不断钻研科学技术，全面提升勇于创新的本领，锐意进取、勇于创新，以奋勇争先的姿态，不断增强善于创造的能力，推动"中国制造"向"中国创造"的重大转型，为中国特色社会主义现代化发展建设做出了突出贡献。勇于创新、善于创造已经成为当代中国劳模精神的关键内容和核心内涵。提倡勇于创新、善于创造的劳模精神是实现中华民族伟大复兴的现实需要。

励志榜样

"铁人"王进喜

王进喜，1923年10月出生，中国石油工人。1959年9月，王进喜出席甘肃省劳模会，被选为中华人民共和国成立10周年国庆观礼代表和全国"工交群英会"代表。休会期间，王进喜参观首都"十大建筑"，路过沙滩时，看到行驶的公共汽车上背着"煤气包"，才知道国家缺油，他感到一种莫大的耻辱，这位坚强的西北汉子，蹲在沙滩北大红楼附近的街头哭了起来。从此，这个"煤气包"成为他为国分忧、为民族争气的思想动力之源。

1960年2月，东北松辽石油"大会战"打响。王进喜带领1205钻井队于3月25日到达萨尔图车站，下了火车，他一不问吃、二不问住，先问钻机到了没有、井位在哪里、这里的钻井纪录是多少，恨不得一拳头砸出一口油井来，把"贫油落后"的帽子甩到太平洋里去。面对极端困难和恶劣环境，会战领导小组决定学习《实践论》和《矛盾论》。王进喜组织钻井队职工认真学习"两论"。通过学习，王进喜认识到："这困难，那困难，国家缺油是最大困难；这矛盾，那矛盾，国家建设等油用是最主要矛盾。"钻机到了，没有吊车和拖拉机，汽车也不足。王进喜带领全队工人用撬杠撬、滚杠滚、大绳拉的办法，人拉肩扛把钻机卸下来，运到萨55井井场，仅用4天时间，就把40米高的井架竖立在茫茫荒原上。井架立起来后，没有打井用的水，王进喜组织职工到附近的水泡子破冰取水，带领大家用脸盆端、水桶挑，硬是靠人力端水50多吨，保证了按时开钻。萨55井于4月19日胜利完钻，进尺1 200米，首创5天零4小时打一口中深井的纪录。1960年4月29日，钻井队准备往第二口井搬家时，王进喜右腿被砸伤，他在井场坚持工作。由于地层压力太大，第二口井打到700米时发生了井喷。危急关头，王进喜不顾腿伤，扔掉拐杖，带头跳进泥浆池，用身体搅拌泥浆，最终制服了井喷。房东赵大娘看到王进喜整天领着工人没日没夜地干活，饭做好了也不回来吃，感慨地说："你们的王队长可真是个铁人哪！"余秋里得知后，连声称赞大娘叫得好。在第一次油田技术座谈会上，余秋里号召4万会战职工"学铁人、做铁人，为'大会战'立功，高速度、高水平拿下大油田！"

1960年4月29日，在"五一"节万人誓师大会上，王进喜成为"大会战"树立的第一个典型，成为一面旗帜。号召一出，群情振奋，战区迅速掀起了"学铁人、做铁人，为会战立功"的热潮。1960年7月1日，会战指挥部召开庆祝建党39周年和"大会战"第一战役总结大会，突出表彰了王进喜、马德仁、段兴枝、薛国邦、朱洪昌，他们被树立为"大会战"的五面红旗。一个铁人前面走，千百个铁人跟上来。"大会战"出现了"前浪滚滚后浪涌，一旗高举万旗红"的喜人局面。1960年，王进喜带领1205钻井队连续创出了月"四开四完""五开五完"的好成绩，到年底，共打井19口，完成进尺21 258米，接连创造了6项高纪录，轰轰烈烈的石油大会战很快取得了显著成果。1960年6月1日，大庆油田首车原油外运。1960年年底，大庆油田累计生产原油97万吨。

（资料来源：铁人先锋网）

三、淡泊名利，甘于奉献

淡泊名利，甘于奉献，体现了广大劳模任劳任怨、不计得失的模范行动，体现了工人阶级的价值取向和大公无私、不怕牺牲的高尚情操。

淡泊名利是当代中国劳模精神的境界，涵养着当代中国劳模精神。名利反映的是一个人的劳动成果和贡献得到社会公认，并获得相应的物质报酬。正确的名利观会影响和铸就高品位与高格调的人。劳模精神中的淡泊名利首先要求劳动者在从事劳动时，放下名利，轻装上阵。将个人荣誉、物质利益、待遇享受、社会地位看得淡一些，更加超然、更加纯粹地投入工作劳动中。如果过多考虑个人得失，很多伟大的壮举是无法完成的，很多惊人的成果是无法产生的。其次，劳模精神中的淡泊名利倡导劳动者知足常乐、宠辱不惊。欲望是客观存在的，合理的欲望是推动社会进步的动力，但是一定要在欲望控制上知进退，明是非、晓荣辱。以国家大局为重，以社会大多数人的利益为重，以集体的荣誉为重，看重劳动的过程，而非劳动结果对个人得失的影响。知足常乐，常怀对生活、对社会、对国家的感恩之心，就能够在名利得失面前泰然处之，坚定地踏上劳动的艰辛长路。此外，劳模精神中的淡泊名利倡导劳动者回归本来，不忘初心。按照马克思的观点，劳动是人类社会的"太阳"，是人之所以为人的本质规定，是人的本质需要。因此，劳动本身并不是沽名钓誉、追财逐利的手段。真正高尚的劳动者，能够始终前进在劳动创造道路上的劳动者，一定是在获得巨大成功之后仍然"见素抱朴，少私寡欲"的人。他们能够牢记自己的来路与本来，不断获取进步的力量。新时代，我们仍然必须倡导劳模保持的安贫乐道、甘于寂寞、淡泊自守、不求闻达的豁达态度，学习、继承老一辈劳模体现的谨守本分、淡泊名利的精神境界。

甘于奉献是当代中国劳模精神内涵中最亮丽的底色。无论是中华人民共和国成立前党对劳动英雄和先进工作者的表彰宣传，还是中华人民共和国成立后对劳模精神轰轰烈烈的弘扬，都重点强调劳模尊重劳动、奉献担当的浓厚意识，肯定劳模顾全大局、默默奉献的可贵品质。时空变幻，劳模精神的内涵在变，但劳模甘于奉献的追求没变。甘于奉献已经成为中国劳模精神最鲜明的标识，镌刻着劳模为党和人民贡献一切的光荣而不朽的印记。

励志榜样

"两弹元勋" 邓稼先

邓稼先1924年出生于安徽怀宁县一个书香之家。翌年，他随母到北京，在担任清华、北大哲学教授的父亲身边长大。他5岁入小学，在父亲指点下打下了很好的中西文化基础。1935年，他考入志成中学，与比他高两班且是清华大学院内邻居的杨振宁结为最好的朋友。邓稼先在校园中深受爱国救亡运动的影响，1937年北平沦陷后秘密参加抗日聚会。在父亲安排下，他随大姐去了大后方昆明，并于1941年考入西南联合大学物理系。

1945年抗战胜利时，邓稼先从西南联大毕业，在昆明参加了共产党的外围组织"民青"，投身于争取民主、反对国民党卖国独裁的斗争。翌年，他回到北平，受聘担任北京大学物理系助教，并在学生运动中担任北大教职工联合会主席。抱着学更多的本领以建设新中国之志，他于1947年通过了赴美研究生考试，于翌年秋进入美国印第安纳州的普渡大学研究生院。由于他学习成绩突出，不足2年便读满学分，并通过博士论文答辩。此时他只有26岁，人称"娃娃博士"。

1950年8月，邓稼先在美国获得博士学位9天后，谢绝了恩师和同校好友的挽留，放弃优越的工作条件和生活环境，毅然决定回国。同年10月，邓稼先来到中国科学院近代物理研究所任研究员。此后的8年间，他进行了中国原子核理论的研究。1954年，邓稼先加入了中国共产党。

1958年秋，二机部副部长钱三强找到邓稼先，说"国家要放一个'大炮仗'"，征询他是否愿意参加这项必须严格保密的工作。邓稼先义无反顾地同意，回家对妻子只说自己"要调动工作"，不能再照顾家和孩子，通信也困难。从小受爱国思想熏陶的妻子明白，丈夫肯定是从事对国家有重大意义的工作，表示坚决支持。当邓稼先得知自己将要参加原子弹的设计工作时，兴奋难眠，同时他又感到任务艰巨，担子十分沉重。从此，邓稼先的名字便在刊物和对外联络中消失，他的身影只出现在严格警卫的深院和大漠戈壁。

从此，邓稼先把全部心血都倾注到任务中。首先，他带着一批刚跨出校门的大学生，挑砖拾瓦搞试验场地建设，硬是在乱坟里碾出一条柏油路来，在松树林旁盖起原子弹教学模型厅。在没有资料、缺乏试验条件的情况下，邓稼先挑起了探索原子弹理论的重任。为了当好原子弹设计先行工作的"龙头"，他带领大家刻苦学习理论，靠自己的力量搞尖端科学研究。邓稼先向大家推荐了一批书籍和资料，他认为这些都是探索原子弹理论设计奥秘的向导。由于都是外文书，并且只有一份，邓稼先只好组织大家阅读，一人念，大家译，连夜印刷。

邓稼先担任二机部第九研究所理论部主任后，先挑选了一批大学生，准备有关俄文资料和原子弹模型。1959年6月，苏联政府中止了原有协议，党中央下决心自己动手搞出原子弹、氢弹和人造卫星。在这以后的 5 年时间里，科学家们和工程技术人员克服了资料少、设备差、时间短、环境恶劣等常人难以想象的困难，迎来了中国原子弹研制工作的决战阶段。邓稼先担任原子弹的理论设计负责人后，一面部署同事们分头研究计算，自己也带头攻关。那时，由于条件艰苦，同志们使用算盘进行极为复杂的原子理论计算，为了演算一个数据，一日三班倒。算一次，要一个多月，算九次，要花费一年多时间，又请物理学家从出发概念进行估计，确定正确，常常是工作到天亮。作为理论部负责人，邓稼先跟班指导年轻人运算。每当过度疲劳、思维中断时，他都着急地说："唉，一个太阳不够用呀！"在遇到一个苏联专家留下的核爆大气压的数字时，邓稼先在周光召的帮助下以严谨的计算推翻了原有结论，从而解决了中国原子弹试验成败的关键性难题。数学家华罗庚后来称，这是"集世界数学难题之大成"的成果。

中国大西北昔日颇为荒凉，就连生存都是很难的，搞科学研究更是非常困难，然而"五九六"的战士们凭着爱国心和革命的豪情壮志，硬是把青海、新疆、神秘的古罗布泊、马革裹尸的古战场建设成中国第一个核武器基地。邓稼先不仅在秘密科研院所里费尽心血，还经常到飞沙走石的戈壁试验场。他冒着酷暑严寒，在试验场度过了整整 8 年的单身汉生活，有 15 次在现场领导核试验，从而掌握了大量的第一手材料。1964 年 10 月，中国成功爆炸的第一颗原子弹，就是由他最后签字确定了设计方案。他还率领研究人员在试验后迅速进入爆炸现场采样，以证实效果。原子弹爆炸成功后，他又同于敏等人投入对氢弹的研究。按照"邓－于方案"，氢弹于原子弹爆炸后的 2 年零 8 个月试验成功。这同法国用 8 年、美国用 7 年、苏联用 4 年的时间相比，创造了世界上最快的速度。

1972 年，邓稼先担任核武器研究院副院长，1979 年又任院长。1984 年，他在大漠深处指挥中国第二代新式核武器试验成功。翌年，他因癌症晚期住院，他在国庆节提出的要求就是去看看天安门。1986 年 7 月 16 日，时任国务院代总理李鹏同志专程前往医院，授予他全国五一劳动奖章。同年 7 月 29 日，邓稼先去世。他临终前留下的话仍是如何在尖端武器方面努力，并叮咛："不要让人家把我们落得太远……"

（资料来源：《人民日报》）

第二节　劳模精神的时代价值

一、劳模精神是中华民族宝贵的精神财富

劳模精神继承了中华民族文化基因，传承了中华优秀传统劳动文化的精髓。中华传统文化一向推崇对劳动实践的认同、对劳动精神的传承、对劳动文化的传播。远古时代广为流传钻木取火、神农氏教民稼穑、大禹治水的劳动故事，明朝时期宋应星所著的《天工开物》收录了农事及手工制造诸如机械、兵器、火药、纺织、染色、制盐、采煤等技术，集中体现了古代劳动人民在自然科学、工业制造等方面的劳动创造和发明成就。中华儿女那种艰苦奋斗、甘于奉献、不为名利的劳动精神成为创造民族辉煌的根本力量和推动民族继续向前发展的精神支柱，在中华优秀传统文化中熠熠生辉。

劳模精神生动诠释了社会主义核心价值观。作为个体，劳动模范以"爱国、敬业、诚信、友善"为行为准则，是个人践行劳动精神的典范；作为公民，他们以"自由、平等、

公正、法治"为社会价值取向，是价值引领的旗帜；作为人民一分子，他们以"富强、民主、文明、和谐"为奋斗目标，将"小我"融入国家发展的潮流中，是价值实现的楷模。因此，劳模精神是对社会主义核心价值观的生动诠释和现实呈现。劳模能够主动自觉地遵循并践行社会主义核心价值观，是社会主义核心价值观的模范实践者、生动传播者和最有说服力的检验者，成为全社会学习的典范。从这一层面上看，劳模精神是社会主义核心价值观的具象化、人格化和现实化。

劳模精神既是时代精神的生动体现，又是民族精神核心要素的集中体现。劳模精神是引领时代新风的价值取向，生动体现了时代精神的精神实质、主要特征和重要内容。一方面，作为一种文化精神，劳模精神不是一成不变的，而是一种鲜活生动、创新实践的存在，随着国家意识形态、经济社会形势和时代变迁而不断演变发展，具有鲜明的时代特征。另一方面，在劳模的创造性实践和不断探索中，激发出蕴含着自主性、首创性、先进性元素的劳模精神，不断为时代精神注入新能量，丰富时代精神的内涵。与此同时，劳模精神既体现了以爱国主义为核心的团结统一、爱好和平、勤劳勇敢、崇德尚礼、公而忘私的民族情怀，又体现了知行合一、自立自强的人生追求，是民族精神创新发展的重要推动力量。

二、劳模精神是中国特色社会主义现代化建设的精神力量

劳模精神是中国共产党在不同历史时期的宝贵精神财富，引领着新时代价值。新民主主义革命时期，一批批劳动模范，在革命根据地社会经济建设中发挥了巨大的示范作用，为革命取得最后胜利奠定了扎实的社会基础。社会主义建设时期，劳动模范以无私奉献、团结苦干的精神积极投身于经济建设中，为树立正确的社会主义劳动观念起着重要的推动作用。改革开放以来，广大劳动群众发扬吃苦耐劳、艰苦奋斗的高尚品格，践行业务精湛、敢为人先、锐意进取、开拓创新的劳模精神，创造了一个又一个中国奇迹。进入新时代，在中国共产党的领导下，中国人民以实干兴邦的劳动精神，继续谱写中国特色社会主义伟大事业的新篇章，劳模精神、劳动精神、工匠精神成为社会热词，劳动最光荣、劳动最伟大、劳动最崇高、劳动最美丽成为时代强音，为实现中华民族伟大复兴提供了源源不断的精神力量。

在中国革命、建设、改革的各个历史时期，我国工人阶级都具有走在前列、勇挑重担的光荣传统。劳动模范作为工人阶级的优秀代表，是时代的引领者，在工作生活中发挥了先锋和排头兵作用，他们以爱岗敬业、争创一流、艰苦奋斗、勇于创新、淡泊名利、甘于奉献的精神，以车间为家、以厂为家、以企业为家，在本职工作中充分发挥积极性、主动性、创造性，自觉把人生理想融入平凡工作中，持续推动着社会进步、国家发展和民族复兴，凸显了劳模自觉的、强烈的主人翁意识，充分体现了工人阶级先进性的主体地位，彰显了工人阶级的伟大品格。劳模精神作为劳动模范的思想内核、行动指南和精神灯塔，成为推动时代前进的强大精神动力。

2013 年 4 月，习近平总书记在同全国劳动模范代表座谈时指出，"幸福不会从天而降，梦想不会自动成真。实现我们的奋斗目标，开创我们的美好未来，必须紧紧依靠人民、始终为了人民，必须依靠辛勤劳动、诚实劳动、创造性劳动"。2018 年"五一"国际劳动节之际，习近平总书记在给中国劳动关系学院劳模本科班学员回信中提出，希望"用你们的干

劲、闯劲、钻劲鼓舞更多的人，激励广大劳动群众争做新时代的奋斗者"。劳动模范是"干出新时代"的排头兵，是践行"实干兴邦"的楷模。因此，劳模精神激励广大劳动群众争做新时代的奋斗者，就是要让实干担当在新时代蔚然成风，让改革创新在新时代焕发活力，让精益求精在新时代落地生根。弘扬劳模精神，充分调动起广大劳动人民的积极性、主动性和创造性，最大限度地聚合起人们饱满的奋斗热情，为建功于新时代、实现中国梦凝聚起磅礴的中国力量。

三、劳模精神推动了新时代建设者、劳动者的全面发展

劳模精神引领着新时代劳动教育的价值取向。劳动模范是每个时代劳动精神的典型象征，广大青少年通过聆听劳模故事、感受劳模精神、体悟劳模精神，增进劳动体知、深植劳动情怀、锤炼劳动品质、养成劳动习惯，形成正确的劳动价值观，在磨炼意志和增长才干的实践中感受劳动的乐趣和收获，从而培育辛勤劳动、诚实劳动、创造性劳动的精神气质。2018 年 9 月，习近平总书记在全国教育大会上强调，"要在学生中弘扬劳动精神，教育引导学生崇尚劳动、尊重劳动，懂得劳动最光荣、劳动最崇高、劳动最伟大、劳动最美丽的道理，长大后能够辛勤劳动、诚实劳动、创造性劳动"。这既是对广大学生涵养深厚劳动情怀的谆谆嘱托，更是对未来劳动者用奋斗成就梦想的殷切期待。

劳模精神推动了新时代产业工人的成长和队伍建设。产业工人是工人阶级中发挥支撑作用的主体力量，是创造社会财富的中坚力量，是创新驱动发展的骨干力量，是实施制造强国战略的有生力量。2017 年 4 月，中共中央、国务院印发了《新时期产业工人队伍建设改革方案》，产业工人队伍建设改革取得了实质性进展，劳动光荣、技能宝贵、创造伟大的时代风尚更加浓厚。在抗击新冠肺炎疫情全民战争中，在党中央全面部署、统一指挥下，各行各业、各族群众，尤其是大批劳动模范，把"小我"融入国家"大我"，携手共克时艰，参与到疫情防控中。医护工作者全力救治患者，社区工作者尽职尽责构筑抵御疫情防线，人民警察、环卫工人、公交司机、快递小哥等坚守岗位，为守护人民群众健康、保障人民群众正常生产生活辛勤工作，创造了中国速度与中国奇迹，谱写了一曲曲抗疫赞歌，充分体现了新时代产业工人的担当，彰显了中国特色社会主义制度的显著优势。在新时代，要通过继续发挥劳动模范和劳模精神的示范带动和激励作用，培养更多劳动模范，努力造就一支有理想守信念、懂技术会创新、敢担当讲奉献的宏大的产业工人队伍，建设知识型、技能型、创新型的德才兼备劳动者生力军。

励志榜样

"抗疫斗士"钟南山

钟南山，男，汉族，福建厦门人，1936 年 10 月出生于南京，中共党员，中国工程院院士，教授，博士生导师，著名呼吸病学专家，中国抗击非典型肺炎（SARS）的领军人物，曾任广州医学院院长、党委书记，广州市呼吸疾病研究所所长，广州呼吸疾病国家重点实验室主任，中华医学会会长，共和国勋章获得者。现为国家呼吸系统疾病临床医学研究中心主任、国家卫健委高级别专家组组长、国家健康科普专家。钟南山长期从事呼吸内科的医疗、教学、科研工作，重点开展哮喘、慢阻肺疾病、呼吸衰竭和呼吸系统常见疾病的规范化诊疗，以及疑难病、少见病和呼吸危重症监护与救治等方面的研究。

从医以来，钟南山先后取得了国家、省市各级科研成果20多项。他是近10多年来推动中国呼吸疾病科研和临床事业走向世界前列的杰出领头人之一。他和他的同行们在这个专业的突出贡献，奠定了中国呼吸疾病某些项目的研究水平在亚太地区的领先地位。用"著述等身""声名显赫"来形容钟南山的成就一点也不为过。

他保持着对事业的追求，在科学的殿堂坚持创新、永不停步。这种性格也深深地感染了他周围的人，熏陶出了一个勇于奉献、蓬勃向上的群体，使广州呼吸疾病研究所成为国内瞩目的学术阵地——国家重点学科、广东省重点实验室、国家临床药理基地、博士学位授予点。

2003年非典型肺炎疫情暴发，作为中国抗击非典型肺炎的领军人物，在SARS猖獗的非常时期，钟南山不但始终在医疗最前线救死扶伤，还积极奔赴各疫区指导开展医疗工作，倡导与国际卫生组织之间的密切合作，因功勋卓著，荣获全国五一劳动奖章，同时被广东省记特等功，被广州市授予"抗非英雄"称号。

2020年1月，湖北武汉遭遇新型冠状病毒袭击。在众多正在为消灭病毒而奋勇救人的白衣天使中，84岁高龄、头发花白的钟南山院士站在抗击疫情最前线，他不辱使命，带领着医护队伍向祸害人类的新型冠状病毒亮出早已磨得锋利的宝剑，为祖国、为人类无怨无悔地挥洒着自己的满腔热血。钟南山是中国呼吸系统传染病防治当之无愧的领军人物，更是新时代劳动模范的典型代表。

第三节　争做劳动模范和时代楷模

大力弘扬劳模精神，牢记工人阶级的历史使命，树立高度的主人翁责任感，以国家和民族的伟大复兴为己任，以极大的热情投入各项建设事业之中。大力宣传劳模事迹，让劳模精神深入人心；积极选树先进典型，让劳模精神代代相传。用劳模精神中蕴含的价值理念激发更多人的认同与参与，使之增强信心、振奋精神、凝聚力量，展现新时代风貌，发挥聪明与才智，付出辛勤与努力，书写美好的明天。

一、感悟劳模精神，胸怀高尚情操

思想上，通过积极学习劳模先进事迹，感悟劳模精神，提高思想认识，胸怀吃苦耐劳、淡泊名利、无私奉献的高尚情操。我们要自觉坚持用习近平新时代中国特色社会主义思想和理论体系武装头脑，提高贯彻党的路线方针政策的自觉性，推进改革开放，促进经济发展，维护社会稳定；要了解中国国情，增强民族自豪感和历史责任感，将爱国家、爱人民、爱本职工作紧密结合起来，为各项事业的发展多做贡献；要树立正确的世界观、人生观、价值观，胸怀全局、目标远大、严于律己、弘扬正气。"名利淡如水，事业重如山"。在新的历史条件下，我们要积极弘扬淡泊名利的精神，做到计利国家、无私忘我，不争名、不图利、不揽功，甘为人梯、甘做无名英雄，在祖国最需要的地方建功立业，在平凡的岗位上苦干实干、创造实绩，不断提升自我完善、自我革新、自我提高的能力。

加强学习劳模先进事迹，用劳模的典型事迹和精神浸润自己的心灵，提高自己的思想觉悟。大力弘扬爱国主义、集体主义、社会主义和艰苦创业精神，正确处理个人利益、集体利益和国家利益的关系，识大体、顾大局，自觉做到个人利益服从集体利益，眼前利益服从长远利益，局部利益服从整体利益，把为人民服务作为人生最有价值的追求，自觉抵制拜金主义、享乐主义、个人主义等思想的侵蚀，不断加强思想道德修养，做社会主义好公民。践行劳模精神，尤其要重视职业道德。职业道德是一个人的职业态度、奋斗目标、工作目的、事业责任心和劳动积极性的综合体现。职业道德包括爱岗敬业、诚实守信、办事公道、服务群众、奉献社会。要养成高尚的职业道德，就要在本职岗位上始终自觉地用高尚的职业道德规范自己的言行，激励自己创造一流业绩。

二、刻苦学习专业知识，努力提高职业技能

学习上，加强职业认同，刻苦学习专业知识，努力提高自身职业技能，为学习劳模争创一流业绩打下坚实基础。"工欲善其事，必先利其器。"学习是文明传承之途、人生成长之梯、国家兴盛之要，是推动社会进步的重要途径。当代劳动分工越来越细，技术含量日益增加，竞争越来越激烈，对每个人的文化知识、业务水平、技术素质的要求也越来越高，人们必须勤于学习、善于思考，学习科学知识，树立科学精神，掌握科学方法，立足本职学文化、学科技、学管理，不断提高科学文化技术水平、岗位技能和业务素质，争做岗位技术能手，才能适应竞争、追赶先进、开拓创新。

建设创新型国家是我国发展战略的核心和事关社会主义现代化建设全局的重大战略任务，不仅需要世界一流的科学家，也需要掌握精湛技艺和高超技能的高素质高技能人才。高技能人才是将科研成果转化为现实生产力的重要桥梁，是将设计蓝图变成宏伟现实的主要实施者。践行劳模精神，就是要用现代科学技术武装自己，刻苦学习新知识、新技术、新本领，牢固树立终身学习的理念，不断增强学习能力、竞争能力、创新能力和创业能力，全面提升自身综合素质，争做学习型、知识型、技能型、专家型劳动者，为实现由"中国制造"向"中国创造"的转变做贡献。

三、弘扬优良传统，践行劳模精神

行动上，以实现中华民族伟大复兴的中国梦、社会主义核心价值观、习近平新时代中国特色社会主义思想为行动指南，弘扬艰苦奋斗优良传统，不怕苦不怕累，勇于创新发明、勇于追比赶超。弘扬艰苦奋斗优良传统，是指为实现伟大的或既定的目标而勇于克服困难、顽强奋斗、百折不挠、自强不息、居安思危、戒奢以俭的精神和行动。艰苦奋斗精神的核心是不怕困难、自强不息，不屈服于艰难困苦，不懈怠于富足安逸，不满足于已有的成绩，不避讳于自己的差距，始终奋发向上、谦虚谨慎，保持一种不断进取的精神状态。

艰苦奋斗的内涵和表现有两个层面：一是物质层面。物质层面的艰苦奋斗要求人们的消费水平要节制在合理的限度内，这个合理限度的衡量标准要与时代的社会生产力水平相适应。它提倡的是勤俭节约，珍惜劳动创造的物质财富，自觉克服贪图安逸、追求享受的思想。二是精神层面。精神层面的艰苦奋斗是指不畏艰难困苦、锐意进取、坚忍不拔、奋发有为的精神状态和为人民利益乐于奉献的行为品质。这种精神状态与行为品质的本质是一种积极进取、奋发有为的世界观、人生观和价值观。

弘扬艰苦奋斗精神就要在思想意识上树立正确的价值取向和立场观点，增强不怕困难的意识，坚定克服困难的信心，培育在艰苦环境中敢于奋起、有所作为的品格。弘扬艰苦奋斗精神就要在精神意志上始终保持昂扬的朝气、奋进的锐气和浩然的正气，"任尔东南西北

风，咬定青山不放松"，矢志不渝、志存高远、百折不挠。弘扬艰苦奋斗精神就要在学习工作中始终勤奋刻苦、努力创新、厉行节约，吃苦在前、享受在后。只有勤劳肯干、勤学苦练，才能提高自己的专业技能，不断实现自我突破。弘扬艰苦奋斗精神就要在生活态度上保持心态平和，耐得住清贫、抗得住寂寞、抵得住诱惑、把得住大节，自重、自省、自警、自励，自觉摆脱低级趣味，抵制腐化堕落的生活方式。

创新是一个民族进步的灵魂，是事业发展的不竭动力。一个全民创新的国家会更有力量，一个自我创新的人也会更有作为。发展蕴含机遇，创新成就伟业。劳模勇于创新的精神是各行各业创新精神的总结，也是对青年学生的要求，更是值得永远传承的精神财富。

创新是以新思维、新发明和新描述为特征的一种概念化过程，主要有三层含义：更新、创造、改变。创新是人类特有的认识能力和实践能力，是人类主观能动性的高级表现形式，是推动民族进步和社会发展的不竭动力。创新就是要敢于突破老规矩，敢于打破旧框框，敢于接受新事物，创造性地建立新机制、制定新思路、采取新方法、取得新成绩。

对于青年学生来说，做到勇于创新，最重要的就是培养创新思维、提升创新能力，可以通过以下途径来实现：①要充实知识储备，蓄积创新能量。学生创新主要靠知识技术。创新不仅需要专业知识，还需要管理、财务、法律、市场、人文等方面的知识，同时，要求学生具有对这些信息的获取、处理、加工和整合能力。学生可以通过专业课的学习、公共选修课、参加培训、读书笔记、社会实践等方式扩大自己的知识面。②要掌握创新技巧，发挥创新潜能。没有好的方法技巧是很难达到预期目的的，方法技巧是创新的途径和工具，学生要通过学习与创新实践活动掌握类比、联想、设问、列举、组合、激励等创新创造技法，激发自己的创新潜能。③要强化实践锻炼，提升实践能力。技能竞赛和实习实训是提高学生实践能力的重要载体，学生可以通过积极参加适合自己的技能竞赛、实习实训、勤工俭学等提升自身的实践能力。积极参加各级学生创新创业训练计划项目、实习实训，项目体验既是对知识的探究，也是对知识、方法、技能的应用。

励志榜样

雪线邮路驾驶员：其美多吉

雪线邮路上凶险的雀儿山

2月的川西高原，凛冽的寒风裹着细碎的雪花再次席卷川藏线。春节将至，这条云端上的"天路"迎来最萧索、冷清的季节，人们迫不及待地朝着家的方向奔去。

中国邮政甘孜县分公司邮运驾驶组组长其美多吉依旧驾驶着邮车，往返在甘孜县与德格县之间。这段路是四川省甘孜州绵延5 866公里、平均海拔超过3 500米的雪线邮路最危险的一段。而其美多吉，是这条邮路上坚守了29年的"航标"。

万家团圆时，他总是回家路上的逆行者

1954年12月15日，随着川藏公路的开通，两辆崭新的邮政汽车满载着祖国内地发往西藏的上万件邮件，从成都出发，经康定、德格、昌都，直抵拉萨，开启了川藏干线汽车邮路的历史。64年来，纵使川藏线上再多艰险，邮车也没有一天停驶，没有出过一次大的交通事故。在大伙心目中，川藏线上那抹流动的绿，就是保障安全的"航标"。

其美多吉曾有过一天之内帮20多辆军车开过冰雪路段的记录。每当"风搅雪"来临，人们无法分清天空和大地时，他总是稳稳地驾着邮车，在冰雪上碾出第一道辙。其余车辆则列队紧随其后，在绿色"大块头"的带领下，颤颤巍巍地开过最艰险的路段。然而，"航标"总是孤独的。许多本该与家人团圆的日子，他却成了回家的逆行者。29年来，他只在家里过5个除夕。两个儿子出生时，他都在邮路上。

"我小时候，高原上的车很少，除了军车就是邮车。在我的家乡，第一份报纸和中专生的录取通知都是邮递员送来的。一看到邮车，乡亲们就站在路边不停地挥手。要是能当上邮车司机，多光荣、多神气啊！"

其美多吉的脸庞棱角分明，肤色黝黑。年轻时，他与后来成为歌星的亚东一起开过大货车。两人都有着好嗓子，甚至眉眼间都有些相似。"后来嘛，亚东还约过我一起出去搞演艺。我嘛，还是喜欢开车。唱歌嘛，路上也可以唱嘛。"其美多吉用他带着浓浓藏语口音的四川话笑着说。

甘孜与德格之间209公里的邮路，是其美多吉的舞台和江湖。29年来，他6 000多次往返于这条路上，行程140多万公里，相当于绕赤道35圈，也相当于两次往返地球和月球。这段邮路是其他省份邮件进入西藏前，四川境内最后一段，也是最艰险的畏途。一提起海拔6 168米的雀儿山，许多人就脚打战。车轮碾过之处，尘土卷着碎石滚下悬崖。俯瞰窗外，随时可见葬身谷底的汽车残骸。而身边的其美多吉，却把载重12吨的庞然大物操控得像一条灵巧的水蛇。

鬼招手、燕子窝、老虎嘴、陡石门……一个个地名带着凶险，也藏着伤心的往事。他已记不清在这条路上参与过多少次车祸救援，极少有人生还。2000年，他和同事邓珠曾在山上遭遇雪崩。虽然道班就在徒步可达的地方，但为了保护邮件安全，他们死守邮车，用加水桶和铁铲一点一点铲雪，不到1公里的距离走了两天两夜。21年前，同事吕幸福在翻越海拔5 050米的垭口后，突发高原性肺气肿，将36岁的生命永远留在了雀儿山。此后，每一次经过垭口，其美多吉都会为他撒上一把"龙达"。

千钧一发时，他用生命捍卫邮车安全

2012年7月的一天，他驾驶邮车途经国道318线雅安市天全县的新沟。在一陡坡处，车速减缓。突然，路边跳出一群歹徒，有人挥舞砍刀，有人拿着铁棒和电棍，蹿到车前，将邮车团团围住。同事还在后方几公里，车厢上的铁锁无论如何也招架不住这么多人的围攻。为了争取时间，其美多吉没有犹豫便下车直面歹徒。来不及反应，刀和棍棒已齐齐落下。

那一天，他身中 17 刀，肋骨被打断 4 根，头盖骨被掀掉一块，左脚左手静脉被砍断……在重症监护室躺了一个星期，他挣扎着捡回了一条命。老家的亲戚们听说其美多吉被歹徒砍成重伤，一下子来了十几个人要为他报仇。其美多吉和妻子再三劝说："要相信国家，相信法律，不要以恶报恶……"

手术 3 个月后，他的左手依然不能合拢。成都多家医院都是相同的诊断——肌腱断裂，复原的概率几乎为零。这意味着其美多吉不得不提前"退休"。历尽劫难的他满身伤痕、心如刀割，却不愿认命。

无论大医院还是小诊所，不管理疗还是吃药，只要听说有用，他就立刻赶过去……一位老中医教给他一套"破坏性康复疗法"——通过强制弄断僵硬的组织，再让它重新愈合。这个过程如同再经历一次伤痛，每次完成康复训练，他都疼得满身大汗，被咬破的嘴唇滴着鲜血。两个月后，奇迹出现——左手的运动机能竟然恢复了。

同事们心疼他，劝他别再开车。但妻子知道，这个倔强的男人，只有重返雪线邮路，才能找回丢失的魂。回归车队的那一天，同事为他献上哈达，他却转身把哈达系在邮车上。

"邮车就像是我的第二个爱人，我怎么可能放弃呢？"他线条硬朗的脸庞上写满了历经风雨后的温和与淡定。如今，小儿子在甘孜县邮政公司从事车辆调度，爷俩成了邮运战线上的父子兵。儿子说，是父亲的顽强和担当感召了他。"阿爸和阿哥在雪线邮路上奋斗了一辈子。我也想沿着这条路走下去，成为他们的骄傲。"

不止儿子，徒弟们也都成了独当一面的骨干。去年，6 个康巴汉子、两个汉族小伙在其美多吉的带领下安全行驶 43.4 万公里，向西藏运送邮件 13 万件，运送省内邮件 33 万件。机要通信更是年年质量全红。

邮车师傅技术好、路况熟，川藏线上无人不知，来"挖"他的人也不少。"企业培养了我，我的命也是企业帮我捡回来的，我要对得起这份工作！"他一边装卸邮包一边说，朴实得像雀儿山上的一块岩石。

路上发生了交通事故，他就成了义务交通员；遇到别人争执摩擦，他就成了人民调解员。29 年来，他带在车里的氧气罐和药品，在漫天风雪、进退无路的危难关头，挽救过上百陌生人的生命。在道班工人眼里，其美多吉是信使，更是亲人，带着独特节奏的鸣笛，驱散生命禁区的孤独，送来的报纸和家书更是滋养精神世界的营养。

近年来，随着电商的发展，高原上的包裹也越来越多。"我不懂网购，但是我看到老百姓拆包裹的样子心里就高兴。"

其美多吉把自己定义成"一个热爱工作的普通人"。他说，雪域高原上，像他这样与死亡擦肩而过后依然决绝坚守的人还有很多。"无论道路多么艰险，只要有人在，邮件就会抵达，只要雪线邮路在，这抹流动的绿就将永不停息。"

（资料来源：新华网）

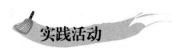

实践活动

联系并邀请你熟悉的或你所在地区的劳动模范，在你的学校或班级举办一场劳模先进事迹报告会或座谈会，聆听劳模的工作历程，感悟劳模精神，并与同学交流分享你的心灵震撼和感动。

劳模事迹学习录

主讲人：	劳模基本信息 （主讲人的职业身份、主要成就、重要荣誉等）

劳模的工作历程
（记录劳模的工作起点、工作姿态、工作积淀、成长进步及各阶段的心路历程）

我的心灵互动
（劳模事迹和历程对你的触动和启发，思考自己现在和未来的奋斗规划）

第四章
工匠精神

　　三百六十行，行行出状元。任何一名劳动者，要想在百舸争流、千帆竞发的洪流中勇立潮头，在不进则退、不强则弱的竞争中赢得优势，在报效祖国、服务人民的人生中有所作为，就要孜孜不倦学习、勤勉奋发干事。一切劳动者，只要肯学肯干肯钻研，练就一身真本领，掌握一手好技术，就能立足岗位成长成才，就都能在劳动中发现广阔的天地，在劳动中体现价值、展现风采、感受快乐。

　　——2015年4月28日，习近平在庆祝"五一"国际劳动节暨表彰全国劳动模范和先进工作者大会上的讲话

学习目标

知识目标：理解新时代工匠精神的内涵和时代价值，掌握在新时代践行大国工匠的途径。

能力目标：通过学习本章内容，能够在今后的劳动中弘扬新时代工匠精神，展现出自己优良的劳动品质和劳动风貌。

素质目标：通过本章内容的学习，培育形成执着专注、精益求精、一丝不苟、追求卓越的工匠精神，争做新时代大国工匠。

课程导入

宁允展：高铁上的中国精度

宁允展是南车青岛四方机车车辆股份有限公司车辆钳工，高级技师，高铁首席研磨师。他是国内第一位从事高铁转向架定位臂研磨的工人，也是这道工序最高技能水平的代表。他研磨的定位臂，已经创造了连续 10 年无次品的纪录。他和他的团队研磨的转向架安装在 673 列高速动车组上，奔驰 9 亿多公里，相当于绕地球 2 万多圈。

转向架是高速动车组九大关键技术之一，转向架上有个定位臂，是关键中的关键。高速动车组在运行时速达 200 多公里的情况下，定位臂和轮对节点必须有 75% 以上的接触面间隙小于 0.05 毫米，否则会直接影响行车安全。宁允展的工作，就是确保这个间隙小于 0.05 毫米。他的"风动砂轮纯手工研磨操作法"，将研磨效率提高了 1 倍多，接触面的贴合率也从原来的 75% 提高到了 90% 以上。他发明的"精加工表面缺陷焊修方法"，修复精度最高可达到 0.01 毫米，相当于一根细头发丝的 1/5。他执着于创新研究，主持了多项课题攻关，发明了多种工装，其中有两项通过专利审查，获得了国家专利，每年为公司创效益近 300 万元。

一心一意做手艺，不当班长不当官，扎根一线 24 年，宁允展与很多人有着不同的追求："我不是完人，但我的产品一定是完美的。做到这一点，需要一辈子踏踏实实做手艺。"

（资料来源：中国网）

思考题： 结合案例，谈谈为什么要弘扬新时代工匠精神。

知识导图

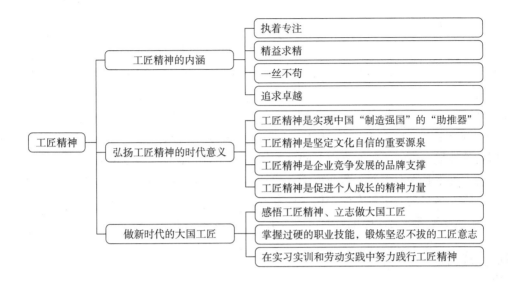

第一节 工匠精神的内涵

在人类的探索之路上，工匠是迈步的前驱，是操作的手指，是奠基的厚土，是铺路的石子；也是灵光接引的灯火，劈山开隧的斧凿，跨越河川的桥梁。他们奉献于国家建设和人民生活中的劳动成果，就是最好的史册记载。新的历史时代，随着科技日新月异，在世界范围内掀起了追求工匠精神的热潮，习近平总书记对我国技能选手在第45届世界技能大赛上取得佳绩做出重要指示，强调要在全社会弘扬精益求精的工匠精神，激励广大青年走技能成才、技能报国之路。

对于"工匠"的理解，有广义和狭义之分。狭义的"工匠"是传统意义上从事手工造物以及劳作的匠人，主要为皮匠、铁匠、木匠等。在中国，"工匠"一词最早出现在春秋战国时期，即社会分工中开始独立存在专门从事手工业的群体后出现的，此时的"工匠"主要代指从事木匠的群体。随着历史的发展，东汉时期"工匠"一词的含义已经基本覆盖全体手工业者。广义的"工匠"则为包括传统匠人在内的所有以劳作为生的专业人员及生产者，他们专注于某一领域，或是全身心投入某产品研发或加工，精益求精，仔细完成各个工序及各个环节。

工匠精神是一种职业精神，是职业道德、职业能力、职业品质的体现，是从业者的一种职业价值取向和行为表现。工匠精神是成为优秀劳动者的内在驱动力，也是优秀劳动者核心竞争力的体现，它与劳模精神、劳动精神构成一个完整的体系，成为激励广大职工实现中华民族伟大复兴中国梦的强大精神力量。

2016年4月26日，习近平总书记在安徽主持召开知识分子、劳动模范、青年代表座谈会时，提出工匠精神。习近平总书记在2020年全国劳动模范和先进工作者表彰大会上的讲话中指出，在长期实践中，我们培育形成了执着专注、精益求精、一丝不苟、追求卓越的工匠精神。大国工匠精神的丰富内涵体现在对职业的认同态度、对技能的不懈追求、对生产过程的严谨细致、对产品质量的严格要求。

一、执着专注

执着专注是一个人对一个职业、一份工作的热爱所表现的笃定耐心、心无旁骛、执着坚持的精神，这是一切大国工匠所必须具备的精神特质。他们往往选择一生只做一件事，保持对同一道工序、同一个产品几十年如一日的坚守和热爱，踏踏实实、心无旁骛，接受时间的洗礼和考验，在产品和技术上不断积累经验和优势，逐渐成长为各自领域的"工匠""专家"和"排头兵"。工匠精神离不开对工作的执着和专注这两个基础要素，做成一件事或掌握一项特殊技能、绝活，往往需要时间的积累和实践的沉淀。那些卓越的艺术家、科学家和技术大师，无不是浸淫多年、苦心孤诣才成就的。在中国早就有"艺痴者技必良"的说法，古代的工匠大多穷其一生只专注于做一件事或几件内容相近的事。《庄子》中记载的游刃有余的"庖丁"、《核舟记》中记载的奇巧人王叔远等大抵如此。

励志榜样

工匠精神：匠心筑梦　匠艺强国

工匠是产业发展的重要力量，工匠精神是创新创业的重要精神源泉。习近平总书记指出，要努力培养更多高素质技术技能人才、能工巧匠、大国工匠，为全面建设社会主义现代化国家提供有力人才保障。"执着专注、精益求精、一丝不苟、追求卓越"，有着深厚历史沉淀的工匠精神正激励着中华儿女在新征程上创造新的辉煌。

在华菱湘钢供氧管道施工现场，"七一勋章"获得者、71 岁的艾爱国正在为同事们做指导。从港珠澳大桥到建设中的国家重点工程深中通道，艾爱国参与了我国多个重大项目的焊接技术攻关。

"刻苦学习钻研，攻克难关，攀登技术高峰。"50 多年前，艾爱国在日记中写下的这句话，正是一代代中国工匠对职业技能执着专注、极致追求的精神写照。

要在火箭发动机喷管 0.33 毫米厚的管壁上完成 3 万多次精密操作，"大国工匠"高凤林能做到连焊 10 分钟不眨眼，他先后为我国 40% 的运载火箭焊接过"心脏"，助力中国航天不断向深空探索。要用比头发还细的金丝连起中国最尖端的雷达设备的收发组件，中国电科十四所的顾春燕每天用尺子反复测量手腕抬起的高度，只为键合时确保金丝拱起的弧度一致。而为了让手握焊接更稳定，航天科工集团的姜涛用沙袋绑住双臂，每天做至少 6 个小时的钢板焊接训练。

器物有形，匠心无界。小到一枚螺钉、一根电缆的打磨，大到运载火箭、载人飞船等大国重器的锻造，工匠精神正激励越来越多的劳动者特别是青年一代走上技能成才、技能报国之路。

时代发展需要大国工匠，工匠精神历久弥坚。如今，我国已有超过 1.7 亿的技能人才奋战在各行各业，有力支撑着"中国制造""中国创造"不断阔步向前。

（资料来源：共产党员网）

二、精益求精

精益求精是指一项工作或一件事情已经做得很好了，但还要做到更好、做到极致，是一种追求完美、追求极致的工作精神。精益求精是从业者对每件产品、每道工序都凝神聚力、精益求精、追求极致的职业品质。实现术业有专攻，在产品以及服务中可以实现技术以及技能上的"不可能"，即为一种绝活并具备一定的传承性。在具体的工作中，只有做到精益求精，没有最好、只有更好，没有完成时、只有进行时，才能不断地磨炼自己的工作技能，提高自己的工作能力，才能打造本行业最优质的产品，才能使自己成为本行业最优秀的劳动者。

"天下大事，必作于细。"在工作中要竭尽所能，耐得住寂寞，迎难而上，殚精竭力完成本职工作。只有尽心，才能在岗位上不断苦练基本功，熟练掌握操作要领。只有尽力，才能在工作中不断学习，不断提高技能，追求精益求精，在每一次锻炼实践中成长成才。工匠制造产品有一定的标准，往往这个标准是至善至美的，因此，工匠在打造产品的过程中需要严格遵守标准要求。"失之毫厘，差之千里"，工匠全力以赴、殚精竭力完成工作也成为他们的职业准则，也是他们优秀品质的体现。

励志榜样

为火箭焊"心脏"的铁裁缝：高凤林

30多年来，他坚守在同一个车间，干同一个工种，专注于一件事，几十年如一日，勤勤恳恳工作，一次次攻克发动机喷管焊接技术难关，为我国多发火箭焊接"心脏"，被称为焊接火箭"心脏"的人。他就是高凤林，是中国航天科技集团有限公司第一研究院211厂14车间高凤林班组组长，第一研究院首席技能专家，中华全国总工会兼职副主席。

自从1980年毕业后分配到首都航天机械公司发动机焊接车间工作以来，高凤林一直坚持以国为重，甘于奉献，为我国90多发火箭焊接过"心脏"，占总数的近四成。他曾先后获得全国劳动模范、全国最美职工、全国职工职业道德标兵、中央国家机关十杰青年等荣誉称号。精雕细琢、精益求精的工匠精神在他身上展现得淋漓尽致。

勤学苦练　造就"焊接金手"

1978年，高凤林进入211厂技术学校学习，1980年毕业后分配到首都航天机械公司发动机焊接车间工作，他一直待在生产一线，潜心研究，勤学苦练，30多年来不断攻克技术难关，技术在实践中愈发精湛。

焊接实习时，高凤林都会做笔记，他不仅记下操作规程，还记下自己操作时的心理变化，还有师傅和同学们的操作特点，最后可以总结为稳、准、匀。由于高凤林的细致和努力，在实习过程中发动机焊接车间的工段长就注意到他，觉得他是一个可以培养的对象。

技术不是一蹴而就的，需要后天的磨炼，只有在踏踏实实的实践中才能精益求精。高凤林为了练好基本功，吃饭时用筷子比画焊接送丝的动作，喝水时端着盛满水的缸子练稳定性，休息时举着铁块练耐力，冒着高温观察铁水的流动规律。他还练就了可以10分钟不眨眼的绝技，为焊接提供了大大的便利。功夫不负有心人，他凭借高超的技术和特殊贡献，获得了特级技师的称号。

——20世纪90年代，在亚洲最大的"长二捆"全箭振动塔的焊接操作中，高凤林长时间在表面温度高达几百摄氏度的焊件上操作。在他的手上，至今可见当年留下的伤疤。

——在国家"七五"攻关项目、东北哈汽轮机厂大型机车换热器的生产中，为了突破一项熔焊难题，高凤林在半年时间里天天趴在产品上，一趴就是几个小时，被同事戏称为"跟产品结婚的人"。

攻坚克难　他是"奇迹"创造者

航天事业注定是与高难度相伴的，高凤林在进入焊接车间工作时就明白这份工作的复杂和高难度性，很多次的焊接工作，都是一次攻坚克难的过程。他始终坚持精雕细琢、精益求精，多年来攻克了一个又一个技术难关，他也因此被称为"奇迹"的创造者。

在20世纪90年代，高凤林接到了一个难度极高的焊接任务，对"长三甲"系列运载火箭第一台新型大推力氢氧发动机进行焊接。在这个庞然大物上，要将248根壁厚只有0.33毫米的细方管不差分毫地准确固定，需要长达900米的焊缝才能完成。但是他手中的焊枪，可能不用0.1秒就会把管子烧穿焊漏。为了解决"长三甲"系列运载火箭烧穿和焊漏两大难题，他连续昼夜工作一个月，终于攻下了这两个难题，成功焊接出了第一台新型大推力氢氧发动机。随着难题的解决，我国火箭的运载能力也大幅提升。

在2006年的时候，一个由著名物理学家丁肇中教授牵头、16个国家参与的反物质探测器项目，因低温超导磁铁的制造难题陷入困境。在国内外两拨顶尖专家都无能为力的情况下，高凤林只用2个小时就拿出方案，让在场专家深深折服。

不仅能够攻克这样的技术难题，高凤林还解决了很多其他的攻关难题。在众多国家攻关项目和民用产品的生产中，高凤林提出的新焊接工艺比原方法提高功效6倍多，节约原材料50%，实现系统批量化生产；在承接众多国家"七五"攻关项目中，他的技术为我国新型节能机车的发展铺平了道路；通过大量实验，填补了钛合金自行车架焊接等国内多项技术空白。据不完全统计，多年来，高凤林共攻克难关达96项之多，"'奇迹'的创造者"这一称呼用在他身上毫不为过。

忠诚焊接　弘扬工匠精神

全国劳动模范、全国最美职工、全国道德模范、北京市全国技术创新大赛唯一特等奖……集众多荣誉于一身的高凤林，已然处在人生巅峰。但是进入车间，他仍然专注一线，没有一丝杂念地认真工作。他始终认为，"航天是我的理想，我的根就在焊接岗位上"。

现如今，50多岁的高凤林仍然奋战在一线，承担"长三甲"系列火箭氢氧发动机的批产，"长征五号"芯一、二级氢氧发动机的研制生产等任务，继续攻克一项又一项技术难关。

与此同时，他还承担着带队伍、传技术、对内对外交流等工作。他经常说"人的质量决定产品质量""要尊重产品，尊重你的工作对象"……高凤林也将这些理念传递给身边的年轻人。在他看来，任何先进设备都是人的延伸，都需要人的控制，需要长期的专注和投入来追求产品及内涵的实现，从而达到产品的最佳状态。

30多年来，他在工作岗位上兢兢业业，攻克难关200多项，主编了首部型号发动机焊接技术操作手册等行业规范，多次被指定参加相关航天标准的制定，并且主导并参与申报了9项国家专利和国防专利……

虽然高凤林现在已经是顶尖的技术高手，但他依然觉得随着国家发展，只有不断学习、不断创新，才能够满足航天事业飞速发展的需要。高凤林继续扎根焊接岗位，学习创新，弘扬工匠精神，放飞中国梦想。他也经常说"航天精神的核心就是爱国，能够用汗水报效祖国，就是我永远的追求"。

干一行，爱一行，精一行，忠一行，直到今天高凤林依然奋战在一线，用矢志不渝的工匠精神，完成一次又一次的完美焊接，影响和感染着越来越多的人。

（资料来源：中工网）

三、一丝不苟

一丝不苟是工匠在劳动过程中高度重视细节，认真细致，一点儿也不马虎，为实现对产品或服务的完美极致追求，投入大量的时间和精力，实现对产品和服务质量的持续改进，从而显著提升产品精确度以及满意度。"一丝不苟"语出清代吴敬梓的《儒林外史》："上司访知，见世叔一丝不苟，升迁就在指日。"一丝不苟体现了劳动态度严谨、认真、细致。在现代科技社会，诸多劳动存在危险性，例如火药、车床、危险品运输、高空作业等，如果没有一丝不苟的严谨态度，稍有不慎轻则产品报废、劳而无功，重则发生生产事故甚至人员伤亡的严重后果。因此，各行各业的匠人，都要有认真细致、一丝不苟的严谨态度和劳动精神。

励志榜样

一丝不苟　铸就非凡

河北省赵县的洨河上有一座举世闻名的石拱桥——赵州桥。赵州桥存世 1 400 多年，是世界上现存最早、保存最好、跨度最大的空腹式单孔圆弧拱石桥。这座桥结构奇特、造型美观、工艺精巧，千余年来经历了八次以上地震的冲击、八次以上战争的考验，饱经冰雪雨水的侵蚀，至今巍然屹立。

赵州桥凝聚了隋代著名桥梁工匠李春的智慧、汗水和心血。在那个没有大型工程机械的时代，李春与千百个工匠一起，以一丝不苟的态度，精心打磨每一个细节，为人类建筑文明创造了奇迹。

一丝不苟，体现了高度负责、敢于担当的职业道德。古今工匠们的一丝不苟，表现在对每一个细节和精度的严格要求，对"毫厘"的斤斤计较。

一丝不苟，铸就不凡。中航工业沈阳飞机工业（集团）有限公司 14 厂钳工方文墨为歼-15 舰载机加工高精度零件。教科书上，手工锉削精度极限是千分之十毫米。而方文墨加工的精度达到了千分之三毫米，这是数控机床都很难达到的精度。中航工业将这一精度命名为"文墨精度"。

"80 后""大国工匠"陈亮在无锡微研股份有限公司负责加工工业模具。工业模具加工，分毫之差决定着产品的品质，甚至是产品的成败。经陈亮之手制作的工业模具，误差可控制在 1 微米。他给自己制定了一条工作准则："再仔细一点点，离 1 微米的精度就能更近一点点。"

在中国商飞上飞公司高级技师、数控车间钳工一组原组长胡双钱心中，"每个零件都关系着乘客的生命安全"。在国产大飞机 C919 研发和试飞阶段，他担任首席钳工，从事 C919 最为精细的重要零部件加工工作，做到了让人叹为观止的"零差错"。大飞机作为"国家名片"，是"制造强国"的重要体现。胡双钱等一大批"大国工匠"，用一丝不苟铸就了中国制造的金牌品质。

当前，我国进入"十四五"时期，这是乘势而上开启全面建设社会主义现代化国家新征程、向第二个百年奋斗目标进军的第一个五年。中国制造要实现由"大"至"强"的转变，必须打造一大批有国际影响力和竞争力的民族品牌。千千万万来自各行各业的劳动者，将自己的心血与精力倾注在手中每一件产品上。正因有他们，越来越多优秀的民族品牌不断涌现，走出国门、走向世界，把更多的"民族品牌"升级为"世界名牌"，更好地推动高质量发展。

（资料来源：共产党员网）

四、追求卓越

追求卓越体现了工匠对产品质量的卓越追求，他们在从事自身职业的过程中，坚决不会投机取巧，不会为片面追求经济效益而降低质量，而是追求产品卓越的品质，最大化打造行业内最精良、最优质的产品和服务，重视质量、打造品牌，将精益求精的态度融入每一个生产环节、打造一流产品，带动企业品牌更好地走向市场、走向世界。古代美丽的丝绸、精美的陶瓷以及数不清的建筑、雕刻等，无不体现着我国古代匠人对产品质量的极致追求。

追求卓越的精神主要源于工匠自身长期的技术实践积累和对技术技艺的理性思索，对前人的发明制品或技艺进行改良式的创新，以得到"青出于蓝而胜于蓝"的技术制品或技术服务。从这个意义上说，追求卓越的工匠精神也包含了创新的精神。追求卓越的工匠对工艺品质有着永不满足的追求，体现了工匠对高品质制造和服务的追求，体现了工匠对消费者高度负责的精神，体现了工匠对生产工艺和服务质量永不满足的追求。

励志榜样

争做"状元"的快递员：康智

北京市劳模、北京"大工匠"、清华大学邮政支局副支局长
兼营业部经理康智在扫描邮件

2020年，新冠肺炎疫情突如其来，大家出行减少，网购量增加，快递员的工作量也有了大幅攀升。本来已回陕西老家陪产的康智，没等到孩子出生，就返回北京投入工作……

今年30岁的康智，自2011年参加工作以来，就像一只激情飞扬的"小蜜蜂"，累计投送邮件30多万件，无一差错。他总结了投递道段时间管控排班等工作法，创立了"小蜜蜂"实践基地和"爱心邮路"，并多次在快递业的技能大赛中取得优异成绩。康智也因此先后荣获北京市劳动模范、北京"大工匠"、首都最美劳动者、全国邮政技术能手、全国青年岗位能手等荣誉称号。

大学生当上了快递员

经过10余年的奋斗，康智从一线的快递员成长为中国邮政集团有限公司北京市海淀区分公司清华大学邮政支局副支局长兼营业部经理。康智出生在陕西一个农民家庭。2009年，他在网上看到石家庄邮电职业技术学院招生的信息，与家人商量报了名，从此便与邮政结缘。2011年，康智从学校毕业后，来到北京邮政，成为一名大学生快递员。"回想起刚来北京的那天，感觉像做梦一样。"从那一刻开始，康智便下决心要努力工作，融入城市，要通过奋斗改变生活。

一线投揽工作辛苦、忙碌、枯燥无味，但这并没有让康智退缩。相反，他在邮政快递员这个基层岗位上全力以赴。2014年，原中关村区域分公司公开招聘"管理培训生"，康智通过了笔试、面试等环节，成为一名管理培训生，在营业部、大客户中心、电商分公司等部门轮岗学习。"我对自己的要求是，不管到哪个部门，做什么工作，都不能走马观花。师傅不在，自己得会操作。"康智说。

2015年，康智代表北京邮政投送了北京市当年第一封高考录取通知书。从电话预约到最后签收，他圆满完成了高考录取通知书首投任务。"这次投递让我对这份工作有了更深的认识，也越来越喜欢这份工作。在我心里，送快递是值得坚持做下去的职业。"康智说，"不管送的是什么，对客户来说都是极其重要的。"

争做快递行业的"状元"

三百六十行，行行出状元。工作10年，康智累计投送邮件30万件，投递服务质量一直稳居分公司前列，从未发生过邮件丢失、客户投诉等问题。

"送快递考验体力，更考验脑力，是一项技术活儿。"康智说，每个快递都要"送好"。"送好"的标准可不低：投递精准、客户满意，还得时效性强。"一个环节做不好就会影响投递效率和客户体验。"康智认为，快递业务每一环节不仅要驾轻就熟，还需快速应变。

"双11"期间，快递员人均每天投递邮件300多件，行驶里程三四十公里。"在这种高峰期，如果对自己的路线没有好的规划，投递效率会大打折扣。"康智说。2020年疫情发生后，邮件量一度远超"双11"，人均投递量超过700件。为保障邮件快进快出，康智尝试创新方法，他利用班前和空余时间对邮件进行编号，提高分拣效率，保证投递员归班时，新进口邮件的前期处理工作已完成，整个站点忙而不乱。

也正是因为他在工作中善于总结、勇于创新，使得他有机会参加各种职业技能大赛。2017年，康智第一次参加中国技能大赛——第五届全国邮政通信特有职业技能竞赛。他在大赛中获得"个人全能"第十二名，还获得了"投递归班处理"第二名、"理论知识考试"第三名的优异成绩。后来，他多次参加职业技能大赛，在比赛中得到了锻炼，也收获了"全国邮政技术能手""第二届北京'大工匠'"等荣誉称号。

2月3日，在北京八达岭长城，奥林匹克圣火进行传递，康智作为第13棒火炬手接过圣火。短短50米的传递路，让他无比激动和难忘。"能够当上奥运圣火的传递者，对自己以后的发展有了更大的压力和动力。要对自己高标准严要求，也要把队伍带好，为人民群众提供更加贴心的投递服务，让更多的客户认可。"

2021年康智作为行业代表，登上了央视春晚的舞台；作为产业工人代表，参加了中共中央宣传部组织的中外记者见面会；作为首都职工代表，参加了建党100周年庆祝大会……

（资料来源：《工人日报》2022-03-01）

知识拓展

劳动精神、劳模精神、工匠精神的关系

习近平总书记在多个场合谈到"坚持弘扬劳模精神、劳动精神、工匠精神"，对热爱劳动、尊重劳动者，弘扬劳动精神、劳模精神、工匠精神的社会新风尚予以充分的肯定。科学合理地把握三者之间的逻辑关系，有利于正确理解习近平总书记有关讲话精神，对宣传、领会、践行劳动精神、劳模精神、工匠精神有着重要的现实和理论意义。

习近平总书记在2020年全国劳动模范和先进工作者表彰大会上的讲话中指出，劳模精神、劳动精神、工匠精神是以爱国主义为核心的民族精神和以改革创新为核心的时代精神的生动体现，是鼓舞全党全国各族人民风雨无阻、勇敢前进的强大精神动力。劳动精神、劳模精神、工匠精神之间存在着极强的关联性，三者相互补充、相互支撑，既有区别，又相互联系，构成了一个有机整体。

劳模精神反映劳动模范在生产实践中的职业素养、职业能力、职业品质，弘扬劳模精神强调用劳模的先进思想、模范行动影响和带动全社会。劳动精神是劳动者劳动意识、劳动理念、劳动态度、劳动习惯的集中展示，弘扬劳动精神强调正确认识劳动是人类的本质活动。工匠精神不仅是大国工匠群体特有的品质，更是广大技术工人心无旁骛钻研技能的专业素质、职业精神，弘扬工匠精神强调在追求卓越中超越自己。劳动精神是劳模精神、工匠精神的根基，无论是劳模精神，还是工匠精神，都是基于热爱劳动、辛勤劳动的理念而产生的，离开劳动创造，劳模精神和工匠精神就是无源之水、无本之木。劳模精神和工匠精神是劳动精神向更高水平的发展、在更高层次的升华。

就劳模精神与工匠精神的关系而言，劳模精神的主体是劳模，工匠精神的主体是职工。二者之间既有联系，又有区别。一方面，和工匠精神相比，劳模精神是一种高层次的道德追求。劳模精神除了强调卓越的技能，同时还强调高尚的道德情操，劳模精神作为时代精神的一种体现，对全社会起到了引领作用。工匠精神更多地强调技术上精益求精的不懈追求，它是对广大职工的一种时代要求，更强调职工的个体完善。另一方面，弘扬劳模精神和工匠精神，都是为了全面提高广大职工素质，加快建设一支知识型、技能型、创新型产业工人队伍，为建设社会主义现代化强国充分发挥工人阶级主力军作用。

大力弘扬劳模精神、劳动精神、工匠精神，充分发挥三者的激励作用和社会主义劳动者主人翁意识，从而在全社会形成崇尚劳动、尊重劳模、尊重工匠的良好氛围，为全面建成小康社会，夺取新时代中国特色社会主义伟大胜利贡献更大的力量。

第二节　弘扬工匠精神的时代意义

一、工匠精神是实现中国"制造强国"的"助推器"

弘扬工匠精神，造就一支宏大的产业工人队伍，是我国建设现代化强国的需要，同时也是适应国际竞争，推动中国制造走向世界的需要。

要实现党中央提出的"两个二百年"的奋斗目标，必须推动我国由制造大国向制造强国的转变，实现从中国制造到中国创造的跨越。而要完成这一目标，亟须造就一支有理想守信念、懂技术会创新、敢担当讲奉献的宏大的产业工人队伍，而要切实推进产业工人队伍建设改革，必须大力弘扬工匠精神。2015年5月8日，国务院正式印发《中国制造2025》，部署全面推进实施制造强国的战略。要成功实现战略目标，必须在全社会大力弘扬以工匠精神为核心的职业精神，全面提升对技师队伍的培育及建设。培育工匠精神，有助于提升技能型人才的敬业感和荣誉感，不但可以将职业作为自身的谋生手段，同时也可以作为体现自我价值的一个重要方式。

此外，我国正经历从工业化向信息化的转变。飞速发展的互联网、大数据、物联网、人工智能技术，正改变着人们的生产方式和生活方式。工业化时代生产的特点是标准化和通用化，因此，工业化时代更多地强调工人对标准和规范的遵循和坚守。与工业化生产不同的是，在信息化时代，随着互联网技术的发展，如何满足消费者个性化和定制化需求，成为企业竞争的新蓝海。因此，随着信息化时代的到来，弘扬工匠精神，也就具有了某种历史必然性，有助于个性化、定制化的职业追求及人生理想的实现。

工匠精神追求行业中的"精"和"专"，"精"是在行业中精益求精、追求极致，在原有技术基础上实施创新和发展，"专"是在工作过程中专心致志、脚踏实地。所以它不仅是对工艺精益求精的追求，同时也要求在本职工作中精雕细琢。许多国家提出了各种具有前瞻性的发展措施，我们必须加快经济发展方式转型和产业结构升级，才能在激烈的国际竞争中站稳脚跟，才能推动我国企业走出去。因此，大力弘扬工匠精神，培育大批"大国工匠"，全面提升职工素质，已成为当务之急。

励志榜样

特高压带电作业第一人：王进

王进，国网山东省电力公司检修公司输电检修中心带电检修工。他先后参加500千伏线路带电作业100余次，曾成功完成世界首次±660千伏直流输电线路带电作业，并主持开展了"架空地线防震锤测量杆""地线折叠式飞车"等多个职工创新活动。2015年1月9日，凭借"±660千伏直流架空输电线路带电作业技术和工器具创新及应用"获国家科技进步二等奖。工作19年来，王进始终把确保输电线路可靠供电作为自己的首要责任。他长期扎根特、超高压输电线路带电作业一线，参与500千伏线路带电作业100余次，累计减少停电时间210多个小时。参与执行抗冰抢险、奥运保电等重大任务，带电检修300余次实现"零失误"，为企业和社会创造了巨大经济价值。

王进在特高压线路上带电检修

用科技手段驯服"电老虎"

"有人说，高压电是只凶悍的'老虎'，带电作业无异于'虎口拔牙'，我不想让父母整天为我揪着心、捏着汗。"作为家中独生子的王进解释说，"带电作业是连保险公司都会拒保的高风险工作。相当于普通家用电压 3 000 倍的 660 千伏电很可怕，2 米多的铜线眨眼间会变成灰烬。但是，你只要摸透了它的'脾气'，掌握了科技手段，这只'电老虎'同样可以被驯服。"

手脚并用攀上高耸入云的铁塔，与高压导线亲密接触，在外人看来，每一次都是出生入死的考验，每一次都是惊心动魄的回忆，但在王进眼里，这却是一个自我挑战的舞台。

1998 年，王进刚从临沂技校毕业时，一登高就腿软，听到放电就发抖，是一个对带电作业充满了恐惧的"菜鸟"。后来，接触到带电作业后，只要一有时间，他就埋头研究各种输电线路的参考书和塔形金具的图纸。从门形塔到酒杯塔，从单回线路到同塔双回，哪种塔形应该怎样攀爬，王进都一一学懂吃透。由于超高压电网塔高、线粗、金具重，对作业人员的体力要求很高，为能胜任这项工作，王进常年坚持跑步、登山等多种体能训练，让身体时刻保持最佳状态。

小发明小创造顶大用

在工作中，王进总是比别人多双发现的眼睛。在巡线时，他通过细心观察，摸索出了一套"紧凑作业法"，即在线路周期性巡视中加入预试工作，边巡视边对合成绝缘子、直线压接管进行红外测温，从而减少了外出作业的次数，节约了大量生产费用。多年来，王进参与线路检修技术改造 30 余项，改造工器具 20 余件，为企业节约资金 30 余万元。

"电力像血液一样，现代社会一刻也离不开。我们负责检修的 ±660 千伏银东直流输电工程，位居山东省'外电入鲁'能源大动脉之首，400 万千瓦的负荷决定了这条线路出现故障只能带电实施'手术'。带电作业是一门科学，绝不允许用生命做代价来蛮拼，科技手段是我们带电作业工人的'护身符'。"

在"王进劳模创新工作室"，王进如数家珍地向记者展示他们团队的小发明、小创造，其中少有"高大上"，大多数是来源于一线、应用于一线的"小实新"。"过去，更换绝缘子是颇伤脑筋的活儿，20来斤重、圆滚滚的磁质绝缘子不易捆绑，弄不好还会在高空脱落，存在极大的安全隐患。现在，我们发明了这个绝缘子挂瓶钩，只需把绝缘子的球头卡入挂瓶钩，拆、挂瞬间完成，绝对不会中途脱落；还有这个拇指大小的快速接头，过去我们把电位转移棒的铜线缠绕在屏蔽服上，一来连接不可靠，二来进入电场后无法快速解开电位转移棒。有了这个快速接头，轻轻一按即能解决电位转移棒跟屏蔽服的开合；架空地线'飞车'，在原有作业工具上新安装了一个支撑板，使作业人员的作业姿势由站姿改变为坐姿，提高了安全系数和工作效率。"

学历不高也可以搞创新

"也许，你感觉不到我的存在，那是因为我一直都在"，对自己从事的工作，王进这样诗意地概括。然而，这背后是常人难以想象的默默坚守。酷暑和寒冬是电网负荷最高的季节。夏天，他穿着密不透风的屏蔽服，背着20多公斤重的传递绳、工具袋，在40多摄氏度的高温下一干就是2个多小时，每次下来，整个人都像是从水里捞出来的一样；而冬天，由于屏蔽服外不能再套其他衣服，在凛冽的寒风中王进冻得上牙不住打下牙。2008年夏天，王进爬上50多米高的铁塔实施带电修补；头顶上火辣辣的太阳像个火球，罩在身上的屏蔽服像是烤箱，王进突然感觉一阵眩晕，四肢无力，他明白自己中暑了。接过同伴从地面传上来的一瓶矿泉水，却无力拧开盖子。就这样，他还是咬紧牙关一步一步完成了操作。下塔后，他一头栽倒在地，绝缘鞋里盛满的汗水淌了一地。"我们常年在野外开展输电线路带电检修工作，不引人注目，但只要能确保电网安全运行，点亮千家万户灯火，再苦再累也心甘情愿。"王进说。

"王进没有很高的学历，但他拥有乐观的心态、坚忍的意志和谦虚的品质。他的成长轨迹告诉我们，一个人只有敬业才能精业，只有精业才能最终立业。态度决定成败，责任成就未来。先进人物离我们并不遥远，只要持之以恒地认真做好本职工作，人人都有机会成为王进。"国网山东检修公司总经理李猷民表示。

在±660千伏直流输电线路带电作业中一战成名后，"国家电网公司特等劳模""山东省富民兴鲁劳动奖章获得者"等各种荣誉接踵而来，2015年1月9日，凭借"±660千伏直流架空输电线路带电作业技术和工器具创新及应用"，35岁的王进从北京捧回了国家科技进步二等奖，成为2014年度国家科学技术奖项目第一完成人中最年轻的一位。

（资料来源：百度百科、央视纪录片《大国工匠》）

二、工匠精神是坚定文化自信的重要源泉

文化是一个民族生存和发展的重要力量。文化自信是指一个民族对自己的传统、自己的文化、自己的核心价值观等都有充分的自信。工匠精神属于是高层次文化形态之一，是中国优秀传统文化的重要组成部分，是中华民族的精神传统。弘扬工匠精神，有利于推动中华优秀传统文化的传承，在增强文化自信方面发挥着重要的作用。中国古代以四大发明著称于世，能工巧匠举世公认、层出不穷，"庖丁解牛""运斤成风""百炼成钢"等成语，记载了中国古代工匠出神入化的技艺。古代工匠们在长期实践中积累传承技艺的同时，形成了悠久的工匠文化，成为中华民族生生不息、薪火相传的精神支撑。

进入新时代，习近平总书记指出："一切劳动者，只要肯学肯干肯钻研，练就一身真本领，掌握一手好技术，就能立足岗位成长成才，就能在劳动中发现广阔的天地，在劳动中体

现价值、展现风采、感受快乐。"在工匠精神中，始终注重的是在工作中的专注以及一丝不苟的职业理念，具体体现了社会主义核心价值观的"敬业"理念，也体现了在劳动过程中对于简单劳动尊重、对复杂劳动重视的价值取向。工匠精神也非常注重耐心以及细节，有效契合了社会主义核心价值观的"诚信"理念，对于广大劳动者创作热情也具有有效的激发作用，引导广大劳动者通过劳动实现自己的理想，在此过程中体现劳动者的人生价值，在社会范围形成良好的劳动风气。工匠精神不但有助于体现个体方面关于产品精益求精的精神，同时也能够体现国家和社会在发展中形成的生存理念以及价值观念，蕴含着丰富的中华传统文化。

三、工匠精神是企业竞争发展的品牌支撑

工匠精神是企业竞争发展的品牌资本。随着市场经济特别是知识经济的到来，现代经济越来越呈现为一种品牌经济。在现代市场经济视域下，作为知识资本形态的品牌形象也是一种可经营的企业资本，是一种潜在的、无形的、动态的、能够带来价值增值的价值，是传统的会计体系反映不了的无形资本。塑造良好的品牌形象，有效开发、经营品牌资本，是企业参与市场竞争、占领市场制高点的重要手段。事实上，工匠精神在企业品牌形象塑造和品牌资本创造过程中具有十分重要的作用。工匠精神是企业品牌内涵的重要体现，也是培育企业品牌知名度、美誉度及顾客忠诚度的有效途径，更是企业品牌资本价值增值的重要来源。例如，中华老字号"全聚德"烤鸭能够驰名中外，也是得益于其"食不厌精，脍不厌细"的工匠精神。

四、工匠精神是促进个人成长的精神力量

工匠精神是劳动者实现个人成长的重要基石，是个人职场发展的核心竞争力。工匠精神注重劳动者技能水平的提高、良好职业心态的锤炼，为劳动者的职业发展助力。"让那些'大国工匠'、技能大师成为青年人乐于学习、甘于推崇的榜样，进而营造全社会关心、重视和支持职业教育的良好氛围，尽快改变对职业教育的偏见。"劳动者职业发展需要劳动者加强理论学习与实践锻炼，当然心态的历练也是十分重要的，耐得住寂寞、能够专注于一件事、积极的工作态度与刻苦钻研的工作行为，其实也是工匠精神的实际内涵。

事实上，企业员工所具有的高尚职业操守和强烈的工匠精神与拥有较高专业知识技能一样，是其自身立足职场的重要条件和在未来职业生涯中脱颖而出的制胜法宝。当今职场竞争无处不在，就业门槛越来越高，对技术型人才的需求不断扩大，那些具有创新思维的劳动者被各行各业所青睐。因此，工匠精神的传承，有利于劳动者增强自身实力，提高自身竞争力。职业道德的培育也需要强化工匠精神，工匠要把好质量关、有匠心，先德后艺，恪守职业道德。工匠精神提倡的不是简单机械地重复一件事情，而是在日常的工作中注重思考与创新。即使某工人在某个岗位上工作了很长时间，也不能故步自封、墨守成规，而应积极参加职业培训，掌握更多的高端技术。劳动者在自身职业发展中要加强工匠精神，使自己不断加强理论修养，提高工作能力。

工匠精神是劳动者实现自我价值的重要途径。当今社会，机器化生产提高了产品生产率，很多工作由计算机、机器来完成，很多劳动者在工作中觉得单调、机械和乏味。甚至有的劳动者觉得在智能时代自我价值已经消失了，人的劳动正在被机器取代。实则不然，对于

一个具有工匠精神的劳动者而言，产品是向往自由美好愿望的充分表达。劳动者在工作过程中具有完全的主动权，根据自己的构思、意志来完成产品，使自我想法在产品中体现，创作出来的产品是自我对世界的理解、认识、客观化的体现。以工匠精神来创造，工作就变成了一种忘我的投入、生命的外在表达。自我价值存在于自己双手所能控制的产品中，不受其他因素的影响，使自己在工作过程中能够获得真正的满足与成就感。

励志榜样

铁臂匠心，争做新时代的奋斗者：刘二伟

从业 10 余年来，他刻苦钻研，总结出一套易于掌握的"三勤四准五稳"操作法，成长为具有顶级技术水平的挖掘机驾驶员；他潜心精进，通过不断的学习将自己的实践经验和理论基础知识结合起来，在 2 米宽的驾驶室施展自己的抱负；他传承匠心，利用自己的工作室开展以师带徒活动，培养了一批又一批专业技术人才。他，就是全国五一劳动奖章获得者、2020 年全国劳动模范、连云港赣榆交通工程有限公司挖掘机操作工刘二伟。

耐心：潜心专业技术

刘二伟出生于 1986 年 1 月，这名"80 后"工人用自己的亲身经历为新一代青年展现了现实版"奋斗"故事。中学时，刘二伟因家庭贫困无法继续读书，决定前往东北学习挖掘机技术。然而，刘二伟却对这个冷冰冰的机器产生了出人意料的兴趣，下定决心要将这门技术学好学精。

年轻的刘二伟深知，只有过硬的技术才是工人立足的根本。学习期间，刘二伟像千万名学徒一样，吃了很多苦。白天苦练技术，晚上看工地就睡在车里。为了练好一个动作，他反复研究师傅的每一步操作，如何安全高效，如何精准到位。学徒初期，上车机会很少，要得到师傅许可或等师傅休息的时候，才能上去摸两把。刘二伟非常珍惜这样难得的机会，充分利用这个宝贵的实操机会打牢基本功。

2009 年，凭借过硬的技术、踏实的作风，赣榆县（今连云港市赣榆区）交通工程有限公司招录他为一名正式员工。正式入行的刘二伟依然不忘初心，带着刻苦学习的韧劲，不断打磨自己的专业技术，迅速成长为具有顶级技术水平的挖掘机驾驶员。如今的刘二伟敢于自信地说："基本做到人机合一了，说句实话，有时候感觉比手都好使。"在他的眼中，挖掘机如人手一般活动自如，大到挖土、回填，小到投篮、开瓶盖，他都信手拈来。

"他的技术的确让我们佩服，像正常回填绿化土作业，同样的油耗，一般挖掘机手能平 100 米，刘二伟能平 130 米。正常装车，一般人用 10 分钟，刘二伟 8 分钟就够了。"同事胡艳翔肯定道。

通过一步步脚踏实地的努力，刘二伟逐渐收获了业内的高度认可，取得了一个又一个颇具含金量的荣誉。

恒心：锻造匠人品格

从业 10 余年来，刘二伟将自己在长期实践中的经验总结出了一套工作法，即保养要三勤：勤清洁、勤润滑、勤紧固；挖掘要四准：位置摆放准、旋转空间准、深浅判断准、倾倒高度准；动作要五稳：起步行走稳、坡道重心稳、挖掘倾倒稳、抬臂旋转稳、刹车停靠稳。该操作法不仅大幅度提高了挖掘机的工作效率，也减少了机械故障和磨损，方便而实用。

通过一步步脚踏实地的努力，刘二伟逐渐收获了业内的高度认可，取得了一个又一个颇具含金量的荣誉：2009 年首届全国交通运输行业"厦工杯"挖掘机操作单项个人第一名和挖掘机组第一名；2011 年被省交通运输厅评选为江苏省交通行业"100 人才工程"人选；2013 年获江苏省总工会五一劳动奖章；2016 年 1 月荣登"江苏省好人榜"和"中国好人榜"，4 月获江苏省劳动模范荣誉称号及江苏省优秀共产党员；2017 年获中华全国总工会全国五一劳动奖章；2018 年获江苏工匠荣誉称号；2020 年获评全国劳动模范和先进工作者……

但是，刘二伟并不满足现状。在 2 米宽的驾驶室这一施展抱负的舞台，一次次超越自我，实现自己的人生价值与梦想。面对当前交通工程建设标准高、时间紧、任务重，刘二伟带领他的挖掘机施工团队迎难克险、担当作为，以恒心锻造匠人品格，在"高质发展"的新征程中继续发挥蓝领工人的突击队作用。为更好实现专业技术及专业品格的传承与发展，公司成立了以刘二伟名字命名的工作室。

匠心：传承工匠精神

在刘二伟看来，真正的工匠精神，不仅仅体现在一个人技术水平的高低上，更在于专业水平的"薪火相传"。为更好地实现专业技术及专业品格的传承与发展，公司于 2014 年成立了以刘二伟名字命名的工作室，江苏省交通厅将其命名为"刘二伟首席技师工作室"。2016 年江苏省总工会评选其为"示范性劳模创新工作室"，2016 年、2018 年江苏省人社厅分别授予其"江苏省技能大师工作室"和"江苏工匠工作室"荣誉称号。他利用工作室开展师带徒活动，培训员工 300 多人次，送培 50 多人次。

随着科技创新的发展，现在的机械也趋于科技化、智能化，甚至自动化。刘二伟告诉记者，要立足新时代，现代的学徒工不仅需要掌握好熟练的驾驶技能，还应该具备一定的知识水平，才能更好地驾驶好、驾驭好新机械新设备。

从工人到工匠，不仅在于知识技能的多少，更在于付出多少、奋斗多少，是否能在小岗位上钻研创新，是否有干一流、争第一的信心和勇气。刘二伟还谈到，现在教徒弟不光是教授操作上的技术经验，更应把我们中华民族这种吃苦耐劳、无私奉献、爱岗敬业的精神传承下去，才能把每一个平凡岗位的力量汇聚到一起。"现代的学徒工，包括我自己的徒弟，希望他们在选择了机械工程驾驶这个岗位后，能养成吃苦耐劳的奋斗精神。面对风吹日晒的施工场地依然能坚守住这个岗位，在这个平凡的岗位上干出不平凡成绩来！"

（资料来源：中工网）

劳动视野

习近平致信祝贺首届大国工匠创新交流大会举办

首届大国工匠创新交流大会 2022 年 4 月 27 日上午在北京开幕。中共中央总书记、国家主席、中央军委主席习近平发来贺信，向大会的举办表示热烈的祝贺，并在"五一"国际劳动节到来之际，代表党中央向广大技能人才和劳动模范致以诚挚的问候，向广大劳动群众致以节日的祝贺。

习近平在贺信中强调，技术工人队伍是支撑中国制造、中国创造的重要力量。我国工人阶级和广大劳动群众要大力弘扬劳模精神、劳动精神、工匠精神，适应当今世界科技革命和产业变革的需要，勤学苦练、深入钻研，勇于创新、敢为人先，不断提高技术技能水

平，为推动高质量发展、实施制造强国战略、全面建设社会主义现代化国家贡献智慧和力量。

（资料来源：《人民日报》2022－04－27）

第三节 做新时代的大国工匠

工匠精神的培养属于素质教育，是培养高职院校的学生对待工作的态度。只有具备工匠精神的劳动者，才会在实际工作过程中将自己在学校所学习的知识和技能全部应用到实际生产中，做到学以致用，不遗余力地发挥出自己的能量，不断提升自己的能力和水平。高职大学生要学会做人的道理、提高责任心和吃苦耐劳的基本素质，培育自己的工匠精神，在工作中做到脚踏实地、精益求精，提升就业的核心竞争力，有利于长远的职业发展。

一、感悟工匠精神，立志做大国工匠

要积极学习宣传工匠故事，感悟工匠精神和精神价值，提升对工匠精神的情感认同，树立争做大国工匠的理想。痴于其中，则技艺必精。积极的情感是我们行为的重要驱动力，我们首先做到情感上热爱专注执着、热爱精益求精，我们要摈弃对匠人的鄙视，将工匠精神融入敬业、文明的社会主义核心价值观之中。我们要意识到当代社会工匠精神的价值，当代社会消费升级，对产品要求质量至上。要做到同类产品（服务）中使用寿命最长、故障发生率最低，就要求劳动者严谨细致、技能精湛、技术高超。正如《大国工匠》第一集的解说词所言，"工匠的工作看似平淡无奇，但这些工作中都积淀经年累月淬炼而成的珍重技艺，承担着身家性命和社会民生的重大责任。相当多的工匠岗位是以一身之险而保大业平安，以一人之力而系万民康乐"。我们在学习中，要把工匠精神提升到职业道德的层面，将弘扬工匠精神视作责任和使命，在工作和学习中理直气壮地追求卓越，追求极致。

为适应工业化和信息化的需要，保持产品在国际上突出的竞争力，西方发达国家非常重视对工匠精神的培育和坚守。例如，"德国制造"之所以具有强大的优势，一方面在于他们对产品质量的追求已经成为一种文化，另一方面在于德国对职业技术教育的重视。又如，日本的"匠人精神"是从国家高层到民间都在提倡的一种精神，其精髓在于"踏踏实实，干一行爱一行的敬业精神"，这种精神正是许多日本企业延续百年的不二法宝。西方国家是工业化和信息化的领跑者，也是近代以来中国学习的榜样。时至今日，西方国家工匠精神中很多先进的理念、制度、文化仍然是我们需要学习的。

二、掌握过硬的职业技能，锻炼坚忍不拔的工匠意志

要建立科学的职业认知，刻苦钻研专业技术知识，努力掌握过硬的职业技能，锻炼坚韧不拔的工匠意志。正确认知我们的职业，坚定将职业转化为毕生事业的理想。有什么样的思想就有什么样的行为。干一行，首先要爱一行，只有对自己将来所从事的职业真正了解、热爱，才能长期坚持和精益求精。对职业的认知，我们不应视之为谋生的工具，而应视之为自己终生奋斗的事业。理想的高度决定人生的高度，如果我们的职业理想只是为了谋生，为金钱而劳动，那是不可能具备工匠精神的。工匠不是普通的从业者，能被称为"工匠"的从

业者必须具有高超技艺、精湛技能且有敬业奉献的可贵品质。高超技艺、精湛技能来自日复一日的反复磨炼和刻苦钻研，没有正确的职业观是难以坚持的。那些成长为"大国工匠"的劳动者没有一个人是为了金钱或待遇而工作的，如南仁东、贾立波、高凤林、胡双钱、王伟等。大学生首先要了解自己的专业，主动了解将来所从事的职业及岗位工作内容，客观分析自身兴趣和特长，择己所爱，确定自己毕生奋斗的职业目标，有了这样的思想认识，才能沉下心进行专业知识和技能的学习，才能在精湛技艺的积累中守得住初心，耐得住寂寞。

古人云："古之立大事者，不惟有超世之才，亦必有坚忍不拔之志。"大学生要成长为"大国工匠"亦如此，不光要有超出世人的天赋和才华，还必须有坚忍不拔的意志。匠人最引以为傲的是成熟的技艺，而技艺的提高和精湛在于重复的练习和一次次的突破，技艺、技能从掌握到炉火纯青需要经历长时间的反复练习和揣摩，这种枯燥的重复练习也不是一时的兴趣可以维系的，必须具备坚强的意志。同时对于真正的工匠来说，往往还需要技艺的突破、提高和创新，需要无数次的反复实践，在实践的过程中难免会遇到竞争、挫败感、瓶颈期等的压力，靠一时的激情也是难以维系的，更需要锻炼顽强的意志品质。因此，大学生在提升职业兴趣的同时，还必须锻炼自己的意志品质，培养自己的吃苦耐劳精神、不怕挫折的抗打击能力和坚忍不拔的意志力。

三、在实习实训和劳动实践中努力践行工匠精神

大学生要积极参加校企合作活动与企业实习，主动体验职场环境、接受职场压力，按照正式企业员工的标准来要求、规范自己，感受企业文化，这是提高大学生职业素养，培养工匠精神的重要方式。要向企业导师学习。现代学徒制又称新型学徒制，是传统学徒制融入的一种职业教育，其培养方法强调教师亲身传授，师徒双方共同参与培养过程，企业师傅承担传授和指导的责任，师徒共同学习技艺，并在学习过程中，师徒之间通过心灵的交流、情感的传递，加深对企业文化的了解，感悟企业技术工匠的内在品质。

要积极参加职业技能大赛和创新创业活动，通过职业比赛来培养工匠精神、提高自己的实践能力。伴随着我国"大众创业、万众创新"等一系列利好政策的出台，大学生可积极响应国家号召，走上创新创业之路。大学生在夯实理论知识基础、加强实训技能之余，应提高对实践环节的重视程度，在现有课堂学习的基础上，充分利用现有的实践环节，让自己走出课堂，多参加创新创业实践活动，只有通过实践亲身体验，才能不断提升自身的创新创业能力。

要积极参与科技社团的活动。现今，很多学校都基于专业特长、兴趣爱好组建了有关社团，旨在利用课余时间凝聚学生团队，建设学习型、创新型、研究型、大赛型科技社团。大学生可根据自身特长和优势，深挖内在潜能和发展潜力，规划自己在学校中成为工匠型技术人才的发展路径，令自己成为"有兴趣、有潜质、有动力、有特长"的技能大赛参赛预备选手。

"纸上得来终觉浅，绝知此事要躬行。"工匠精神的培育和养成重在知行合一，贵在持续坚持。敬业乐业、勤勉做事的职业操守，干一行爱一行、钻一行精一行的职业精神，身边的杰出工匠给我们树立了光辉的榜样。我们大学生需要将工匠精神转化到我们的日常行动中来，将工匠精神转化到我们的行为习惯中来。在我们身边，有的大学生宿舍保洁做到一尘不

染，有的大学生在自家菜地设计修建高铁模型，有的大学生在家用泥巴制作共和国勋章获得者钟南山泥塑在网络蹿红等，说明工匠精神的培养可以就在我们身边进行，可以在不起眼的日常生活中进行。我们在行为习惯中实践工匠精神，在实践中感悟和提升自己的工匠精神。这样，工匠所需要的基本素养就可以进入我们的意识深处，融入我们的思维和劳动习惯中。

励志榜样

"最美职工"邮递员：熊桂林

　　熊桂林从小羡慕穿绿色制服、骑绿色自行车、按着清脆铃铛送信的邮递员。1990年6月，他梦想成真，在家乡干起了乡邮员，坚守在舒安支局投递线路最长、任务最重的邮路，每天往返路程超过70公里，为舒安街道最偏远的8个村（81个自然湾）的乡亲送报送信。熊桂林工作30年来，骑坏了5辆自行车和5台摩托车，累计行程58.5万公里，相当于走了23趟红军二万五千里长征。投递邮件总重量356吨，无一差错，无一投诉。

　　在疫情防控期间，熊桂林依然坚持奔波在乡邮路上，克服物资短缺、交通封闭等困难，全力为乡亲们筑起"爱心防线"。他说，我会把我的爱心邮政路、致富邮政路越走越宽，做大家美好生活的守护者。

　　疫情期间，熊桂林不仅是村里的信使，更是大家的采购员。他成立应急保障突击队，及时投递防控物资邮件，为乡亲们送口罩、喷洒消毒液。他携手街道民兵突击队值守和防控，不仅为值守人员送去了3台取暖器，还带领队员们到21个村、社区的500多名留守老人儿童家里走访帮扶。

　　熊桂林30年如一日的用心服务和无私奉献，赢得了各级党委政府和广大人民群众高度认可，他先后获得"五一劳动奖章"、湖北省"岗位学雷锋标兵"、"武汉市优秀党员"等多项荣誉，其先进事迹被多家中央媒体、省级媒体相继报道。

　　实干成就梦想，奋斗创造幸福，熊桂林表示：人民群众信赖我们，有困难能找我们，这是对我们的认同、肯定和鼓励，我们只有全心全意为人民办实事、办好事，诚实待人，才可以毫无愧疚地面对这些朴实可亲的留守老人。

　　熊桂林的邮政三轮车成了流动"杂货铺"，长期为村民代购各种生活物资。他的手机里存有500多个电话号码，其中200多个是他服务的留守老人。他随身携带的记事本上，用来记录乡亲们的需求：谁的社保要领了，谁的电费要交了，谁的煤气要换了，谁的电视、空调、洗衣机、水管、门锁坏了……密密麻麻地帮他们记着点点滴滴，办一件，划一件，共记满了20个本子。时间长了，"有事就找熊桂林"也就成了很多乡亲的习惯。

　　古人云，"及其至也，虽圣人不能也"，也就是说，把一件普通的事情做到极致，那是圣人圣贤也不一定能做得到的。但熊桂林做到了，他说："我理解的劳模精神、工匠精神，就是把本职工作做好，从一点一滴小事做起，做到极致。"熊桂林为人诚实，不但实实在在方便了群众，也成为留守老人心中诚实的典范。他的这种诚实人品正是我们这个社会最需要的。

（资料来源：中国邮政劳模风采录）

实践活动

在你的班级里，组织一次集体观看央视纪录片《大国工匠》，联系你的专业挑选其中的 1~2 集播放。观看后，结合自己的职业理想，撰写观看体会并交流分享，重点包括自己对工匠精神的感悟和自己未来的行动规划，填写在《〈大国工匠〉知行录》里。

《大国工匠》知行录

期次（主题） 第　　集：	主要内容（启发） （看完本期节目后的受启发的核心内容，请用自己的话表达）
我的思考 （结合目前产业发展现状和所学专业实际，进行深入思考自身不足之处，以及改进方向等）	
我的行动规划 （针对以上思考，在未来生活、学习、工作等方面设计自己的规划）	

第五章

职场劳动素养

在前进道路上，我们要始终高度重视提高劳动者素质，培养宏大的高素质劳动者大军。劳动者素质对一个国家、一个民族发展至关重要。劳动者的知识和才能积累越多，创造能力就越大。提高包括广大劳动者在内的全民族文明素质，是民族发展的长远大计。面对日趋激烈的国际竞争，一个国家发展能否抢占先机、赢得主动，越来越取决于国民素质特别是广大劳动者素质。要实施职工素质建设工程，推动建设宏大的知识型、技术型、创新型劳动者大军。

——2015 年 4 月 28 日，习近平在庆祝"五一"国际劳动节暨表彰全国劳动模范和先进工作者大会上的讲话

学习目标

知识目标：了解劳动素养的概念，理解劳动素养的内涵，理解职场劳动素养对职业发展的重要意义，掌握常见的职场劳动素养知识。

能力目标：通过学习本章内容，掌握提升职场劳动素养的途径和方法，努力提升自己的劳动素养，展现出自己优良的劳动技能。

素质目标：通过本章内容的学习，增强提升职场劳动素养的意识，做新时代有素质的劳动者。

课程导入

"不吃亏"反而吃大亏

张兴在一家广告公司做秘书，大客户部部长要求她整理一份近 5 年的汽车平面广告文案材料，说是下次开策划会议时要用，很着急。张兴不敢怠慢，在公司加了两天班，做出了一份带有标注的详尽美观的文件。完成后，她第一时间把文件送到部长办公室，正在打电话的部长示意她把文件放在桌上。

但过了两天，部长怒气冲冲地找到张兴，质问她："为什么还没准备好材料？这么没有工作效率，耽误了开会怎么办？"张兴想到自己付出的辛苦，觉得这顿劈头盖脸的指责挨得太冤了，她当着其他员工的面和部长吵了起来："我放你桌上了啊！你还点头了呢，怎么能翻脸不认账啊？""我没收到你的文件，它不在我这儿，你怎么证明你给我了呢？我每天应付客户那么忙，你让我来管文件这种琐事吗？"部长自然十分强势地把她压了回去。与部长争吵后自然是没有好果子吃的，不久，张兴就辞职了。

思考题：结合案例，谈谈提升职场劳动素养的重要意义。

知识导图

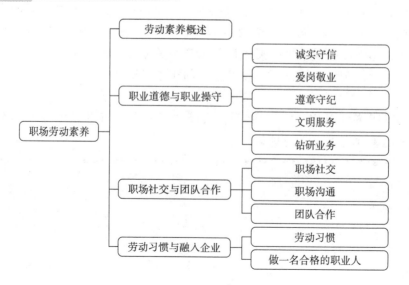

第一节 劳动素养概述

随着世界经济和社会的飞速发展，劳动素养的高低直接影响着国家的前途和民族的命运。青年大学生是国家建设的接班人，肩负着中华民族伟大复兴的历史重任，在不久的将来就会走出校园，步入社会，用自己辛勤的劳动为祖国添砖加瓦，提升青年大学生的劳动素养特别是职场劳动素养和技能，对青年大学生毕业后顺利步入职场、迅速适应角色转换非常重要。劳动素养内涵比较广，一般认为包括劳动观念、劳动知识、劳动精神、劳动能力等，相关内容在本书中已独立成章，本章重点从职场劳动的角度介绍职业道德和职业操守——劳动态度、职场社交与团队合作——劳动技能、劳动习惯与融入企业——劳动品质等相关劳动素养知识，以提升青年大学生未来的职场劳动素养和能力。

"劳动素养"一词从结构上分析，由"劳动"和"素养"组成。我们知道，劳动包括体力劳动和脑力劳动。素养在《现代汉语词典》（第7版）中解释为"平日的修养"，而修养则指"理论、知识、艺术、思想等方面的一定水平；也指正确待人接物的态度"。因而，素养主要指个体后天形成的知识、思想、价值观念和态度等良好的品质及与之相适应的能力。由此，劳动素养是指个体通过体力劳动和脑力劳动所形成的与劳动相关的品质修养和行为能力。

关于劳动素养的概念和内涵，在劳动教育学者和教育工作者中意见并不一致。有学者认为，劳动素养是指经过生活或教育活动形成的与劳动有关的人的素养，包括劳动价值观、知识、能力等具体指向。苏霍姆林斯基认为，劳动素养是指人在精神发展上达到这样的阶段：这时人不为公共福利而劳动就觉得无法生活，这时劳动使他的生活充满高尚道德的鼓舞力量，从精神上丰富着集体的生活。这里说的劳动素养特指劳动活动在一个人精神生活中的作用和地位，以及劳动创造中的充实的智力内容、丰富的道德意义和明确的公民目的性。

我们认为，劳动素养是指劳动者在劳动过程中与其年龄相适应、与时代发展同步的劳动认知、劳动态度、劳动情感、劳动技能、劳动实践状态的概括，是个人能够从劳动的角度来分析劳动问题、运用劳动技能解决问题的内在涵养，它是衡量劳动者能否完成某项对应性工作的最根本、最直接的工作能力指标，是衡量劳动者综合素养最根本、最直接的能力指标。劳动者的劳动不是简单的机械制造或再造，而是有生命有理想的劳动者个体按劳动计划而展开的创造性工作。劳动素养中的劳动心态包括对待工作的态度、帮助客户的心态、对客户心智的解读、对客户需求的认知等。劳动技能是个体在从事一定劳动的过程中，为解决工作问题及矛盾所必须具备的知识、技术、技巧及综合运用这些知识、技术、技巧的能力，并最终达到预定的劳动目标，包括一般劳动技能和专门劳动技能，由劳动者支配、运用的劳动工具和方法。

大学生劳动素养是大学生综合素养的重要组成部分，是大学生的核心竞争力。大学生在掌握扎实专业知识的同时，具有积极主动的劳动意识，具有良好的职业习惯和热爱劳动的心态，具有良好的沟通交流和团队合作能力，恪守职业道德和职业操守，都有助于大学生快速成长成才，更好地为社会主义现代化建设贡献力量。

中国学生发展核心素养

核心素养是党的教育方针的具体化，是连接宏观教育理念、培养目标与具体教育教学实践的中间环节。党的教育方针通过核心素养这一桥梁，可以转化为教育教学实践可用的、教育工作者易于理解的具体要求，明确学生应具备的必备品格和关键能力，从中观层面深入回答"立什么德、树什么人"的根本问题，引领课程改革和育人模式变革。

2016年9月，由教育部委托北京师范大学完成的《中国学生发展核心素养》研究成果在北京发布，这项历时3年的研究成果，以培养"全面发展的人"为核心，对学生发展核心素养的内涵、表现、落实途径等做了详细阐释，将中国学生核心素养分为文化基础、自主发展、社会参与三个方面，综合表现为人文底蕴、科学精神、学会学习、健康生活、责任担当、实践创新等六大素养，具体细化为国家认同、社会责任、人文积淀、劳动意识等18个基本要点。各素养之间相互联系、互相补充、相互促进，在不同情境中整体发挥作用。

第二节　职业道德与职业操守

职业是指人们为了谋生和发展而从事的相对稳定、有经济收入、特定类别的社会劳动。这种社会劳动是人们的社会关系、经济状况、文化水平、行为模式、思想情操等方面的综合反映，也是一个人的权利、义务、职责的具体体现。职业道德是从业者在职业活动中应该遵循的符合自身职业特点的行为规范，是人们通过学习和实践养成的优良职业品质，它涉及从业人员与服务对象、职业与员工、职业与职业之间的关系。作为企业员工，要将自己的职业当作事业，自觉地将工作与自己的人生价值联系在一起，这种崇高的职业道德正是良好职业素养的体现。

职业操守是指劳动者在从事职业活动中必须遵从的道德底线和行业规范，是同劳动的职业活动紧密联系的、符合职业特点要求的道德准则、道德情操与道德品质的总和，它既是对劳动者在职业活动中行为的要求，又是劳动者对社会所负的道德责任与义务。职业操守具有基础性和制约性的特点。职业操守是规范员工职业行为的原则性要求，良好的职业操守会使员工受到社会的尊重和欢迎。

良好的职业道德和职业操守主要包含以下几个方面：

一、诚实守信

诚实就是真心诚意、实事求是，不虚假，不欺诈；守信就是遵守承诺，讲究信用，注重人品和信誉。诚实守信是个人品德修养和高尚人格的重要体现，也是市场经济的法则，是劳动者的无形资产。诚实守信是为人之本、从业之要，是职业操守的基础，也是关键点。良好的职业操守构成事业的基石，可以不断增进劳动者的声誉。

诚实守信的具体要求包括以下3个方面：

1. 忠诚于所属企业

劳动者首先应该对企业忠诚，做好本职工作是对企业忠诚的基本体现。在履职过程中，劳动者要诚实劳动，确保工作质量，同时遵守规章和契约，关心企业发展，将个人发展与企业发展紧密结合在一起。

2. 维护企业信誉

信誉是企业的生命，作为企业成员，劳动者要牢固树立产品质量意识，不断提升服务质量，保证产品质量，切实维护企业信誉。

3. 保守企业秘密

职业操守要求劳动者确保企业的信息及资产安全。劳动者作为企业组织中的内部成员，会提前知晓所在企业尚未公开的消息。职业操守要求劳动者要保守企业秘密，不能做出有损于企业利益的行为。

二、爱岗敬业

爱岗就是热爱工作岗位，热爱本职工作；敬业就是用恭敬严肃的态度对待自己的工作。

爱岗敬业是对劳动者最基本、最普通的要求，也是劳模精神的内涵之一。宋代思想家朱熹说过："专心致志，以事其业。"具体到工作实际，要求劳动者首先要做到自信，面对艰苦的工作，面对难题的挑战，坚信自己一定能够破解难题，获得成功。其次，要求劳动者积极主动，从忠于职守到主动探索，不断地思考工作，不断地获取工作的乐趣，取得事业的成功。最后，要求劳动者注重团结合作，与团队成员相互协作，发挥团队合作精神，不断增强企业的凝聚力和竞争力，不断提升自身价值。

爱岗敬业所体现的是职业责任感和敬业精神，它会帮助劳动者取得事业上的成功。

三、遵章守纪

遵章守纪是指在职业活动范围内要求劳动者必须遵守的行为规则，包括国家的法律法规、社会的道德规范和企业的规章制度。在职业活动中，企业的规章制度和工作纪律是主体，但必须是在遵守国家法律的前提下制定的。

遵章守纪是团队高效、有序运转的必要条件。就劳动者个人而言，遵章守纪体现了其对团队的充分认同，以及个人利益服从集体利益的高贵品质。团队遵守纪律才能有更好的发展，个人遵守纪律才能更好地实现自己的目标。只有遵章守纪，严格执行工作标准，规范工作行为，遵守规章制度和工作纪律，照章办事，做到令行禁止，才能杜绝工作中的隐患，保证工作质量，提高工作效率。

四、文明服务

文明服务是在遵章守纪的基础上创造整洁、安全、舒适、优美而有秩序的工作环境，以及为顾客提供优质高效的服务。

文明服务、保证质量是以人为本在职业活动中的基本要求，也关系到企业的声誉、经济效益以及未来发展。因此在职业活动中，每个劳动者都应该做到仪容自然大方、端庄文雅，衣着整洁，岗位标志佩戴规范；举止稳健，言行得体，态度谦和，精神饱满。在与他人交往时，以礼相待，与人为善，亲切诚恳，宽宏大度，发生矛盾时互相体谅，参加活动守时守约，待人礼貌热情。优质文明的服务不仅会为企业带来巨大的经济效益，也会为自己的成长和发展带来更多的机会。

励志榜样

公交楷模　服务典范：李素丽

李素丽 1981 年参加工作，先后在北京公共交通总公司第一客运分公司 60 路、21 路公交车任售票员，1998 年调到北京公共交通总公司负责"公交李素丽服务热线"工作。李素丽不仅是一名北京公交票务员，更是中国服务窗口的闪亮名片。正是因为有"对内代表首都，对外代表中国"的意识，她为自己定下了"热心、细心、诚心、真心"的服务原则，多看、多扶、多问候，用眼、用心、用真情。从服务岗位上真情为人，到转岗之后担任北京交通服务热线主任，再到担任北京公交集团客户服务中心经理，李素丽数十年如一日，始终饱含对岗位的热情，带着为群众服务的意识，做着让大家满意舒心的工作。

李素丽是公共汽车司机的女儿。上高中时，李素丽的梦想是当播音员。高考落榜后的李素丽，到公交 60 路汽车当了售票员。李素丽在父亲的教育下，在周围同事的感染和帮助下，她渐渐地爱上了售票员工作。从 60 路调到 21 路后，李素丽通过多年的实践和一点一滴的积累，练就了能根据乘客的不同需求，给他们最需要的服务的本领。老幼病残孕最怕摔怕磕怕碰，李素丽就主动挽上扶下；上班族急着赶时间上班，李素丽见到他们追车就尽量不关门等他们；外地乘客既怕上错车，又怕坐过站，李素丽不仅百问不烦，耐心帮他们指路，还记着到站提醒他们下车；遇到人生地不熟的乘客，李素丽从来不跟他们说"东西南北"，而是用"前后左右"指路，让乘客更容易明白；中小学生天性活泼，李素丽总要提醒他们车上维护公共秩序，车下注意交通安全；遇到堵车，她就拿出报纸、杂志给乘客看，以缓解他们焦急的心情；看到有人晕车或不舒服想吐，她会及时地送上一个塑料袋；遇到不小心碰伤的乘客，她赶紧从特意准备的小药箱里拿出常备的"创可贴"；姑娘们夏天穿着长裙上下车，她忘不了提醒她们往上拎一拎，以免被后面的人踩上摔跟头。

21 路公共汽车线路，北起北京北站，南至北京西站，沿线 10 公里、分布 14 个车站，李素丽就在这平凡的岗位上，用自己日复一日的劳动给人们带来真诚的笑脸、热情的话语、周到的服务和细致的关怀。李素丽售票台的抽屉里总是放着一个小棉垫，是她为抱小孩的乘客准备的，有时车上人多，一时找不到座位，李素丽就拿出小棉垫垫在售票台上，让孩子坐在上面。她的售票台旁的车窗玻璃在进出站时总是敞开的。即使下大雨，她也要把车窗打开，伸出伞遮在上车前脱掉雨衣、收拢雨伞的乘客头上。李素丽习惯在车厢里穿行售票，尽管总是挤得一身汗，可她却说："辛苦我一个，方便众乘客。"

公共汽车是一个流动的小社会，车上什么样的乘客都有。特别是在早晚上下班高峰期间，车厢拥挤、嘈杂，有时还会发生矛盾和口角。李素丽往往几句话就能化解一个矛盾。对待一些不讲理的乘客，李素丽也是以礼待人、以情感人。一次，有个小伙子上了车就往干干净净的地板上吐了一口痰。李素丽轻声提醒他不要随地吐痰。不想气呼呼的小伙子又吐了一口。这时，李素丽没有再说话，走过去，掏出纸把地板上的痰迹擦干净。在全车人的注视下，小伙子脸红了，下车时连连道歉。

1999 年 12 月 10 日，李素丽与 23 名姐妹组建起"北京公交李素丽服务热线"，在北京市首次为百姓出行、换乘车提供 24 小时的交通信息。从三尺票台到信息平台，从售票员到"李素丽热线"的负责人，李素丽接受了新的挑战。"96166"公交李素丽服务热线的开通让李素丽的一片热心融入一条热线之中。"服务热线"对社会的承诺是：乘客出行的向导，解答询问的智囊，质量监督的渠道，联系市民的桥梁。实际上，这也是对李素丽18年售票工作经验的总结。热线建立之初，李素丽就与大家一起交流总结服务经验，在此基础上，她们制定了《公交服务热线管理规定》《接线员岗位职责》《接线员工作程序及标准》《接线员工作考核办法》等规章制度。针对北京城市建设速度加快，公交线路变化频繁的新情况，李素丽组织热线工作人员利用班余时间走访线路，熟知全市700多条公交线路和900余处机关单位、旅游景点，使电话咨询做到得心应手。

李素丽在10米车厢中创造了举国瞩目的业绩，成为飘扬在全国公交行业的一面旗帜。除了她对本职工作的无比热爱、把一腔热情全部倾注到工作岗位上，还与她注意社交技巧、讲求口语艺术，用艺术化的语言开展工作密不可分。李素丽最大的特点就是注重与乘客的情感交流，她靠真挚的感情来换取乘客的真情，用自己火热的心来温暖乘客的心。每次发车出站，她都会脸挂亲切的笑容，用甜美悦耳的声音与乘客们"打招呼"。大年初一的早班车上，面对节日期间不能休息无法与家人团聚的乘客，她送上了真挚的祝福："乘客同志们，今天是大年初一，首先，我代表车组全体成员给大家拜年，祝大家春节好！祝您在新的一年里工作进步，万事如意！"虽然车厢内寒气逼人，但李素丽的一番话使乘客们活跃起来，大家的心里顿时热乎起来。

李素丽虚心向其他车次的劳动模范学习，学习44路劳模的热情，学习10路劳模的宣传，学习老劳模的朴实。除了在服务内容上精益求精、更上一层楼，还追求服务形式的新颖独特，努力创造自己的服务特色。她的工作语言，不拘泥于一般的"照本宣科"，而是独树一帜，给乘客耳目一新的感觉，使乘客容易接受、乐于接受。比如，车辆拐弯，她提醒乘客扶好坐好；遇上满载，需要疏导车内乘客，她说："请您往里走半步，后面的同志就上来了。"有老、弱、病、残、孕者上车，她问："哪位年轻同志少坐一会儿。"这些话，非常贴近乘客的实际情况，让人听起来是那么亲切。只动半步就可以为他人提供方便，只少坐一会儿就帮助了他人，多么具有鼓动力和号召力。把动员让座的范围缩小到"年轻同志"，似乎是信口说来，其中又包含着李素丽多少次的揣摩和推敲！

为了把"甜"字送给乘客，李素丽把自己的声音优势充分利用起来，在10米车厢这个特殊舞台上，尽情发挥声音的魅力，努力追求声音表达的优美动听。如何吐字用气，怎样把握声调和语气，怎样控制时间，是她在车下反复练习的项目。面对乘客，如何展露动人的笑容，是她在镜中无数次揣摩演练的"节目"。家庭成员成为她忠实的听众和严格的教练，墙上的镜子成为她诚恳的观众和挑剔的裁判。正是有了车下的刻苦练习，才有了车上热情大方的表情和举止，柔美悦耳的嗓音和语言。

五、钻研业务

钻研业务就是要求劳动者不断增强自己的学习能力，努力提升工作所需的专业技能，更好地服务于岗位工作。这是每一个从业人员的行为准则。有句话是这样说的："生活是没有旁观者的，无论你想要什么，都需要自己主动争取。"劳动者要想在职业上获得成功，必须积极主动提升自己，学习相关专业技能，想方设法把工作做好。换言之，劳动者要想有所发展，关键在于自己要具备学习和提升的主观愿望以及钻研业务的实际行动。

对于劳动者而言，要钻研业务、提升业务水平，需要注意以下三点：一是要重视企业给予的培训机会。这是劳动者增长见识、掌握技能的最好途径，有助于帮助劳动者提升素养和竞争力。二是要重视自身学习能力的培养，读书、听课、讨论、研究等都是提升学习能力的重要途径。三是要重视技能训练，在实践中锻炼和提升专业技能。

励志榜样

运载火箭设计师：容易

取名为容易，却选择了一份极不容易的事业——航天。在载人航天工程交会对接和空间实验室任务中，容易参与执行全部 6 次任务：两次任火箭逃逸安控负责人、一次参加逃逸安控技术把关、三次任发射现场火箭指挥……从业 10 多个年头，她与火箭的故事有很多。

容易现任中国航天科技集团公司运载火箭技术研究院（简称"火箭院"）"长征二号 F"运载火箭总设计师。工作在运载火箭总体设计一线的她，长期参与重型运载火箭总体方案设计，开展重型运载火箭型谱设计，带领研制团队开展大直径箭体结构、大型地面试验技术等重大关键技术攻关，践行着航天人"探索浩瀚宇宙、建设航天强国"的使命担当。

如今，容易是中国航天科技集团学术技术带头人和火箭院运载总体技术首席专家，国家第三批"万人计划"特需领域青年拔尖人才，获得军队科技进步二等奖等荣誉。2021 年 4 月，她荣获全国五一劳动奖章。

2006 年清华大学工学博士毕业，2008 年 3 月博士后出站，容易如愿成为火箭院总体设计部一名火箭设计师。专业能力强又踏实勤恳的她，很快崭露头角。2009 年，她挑起"长征二号 F"火箭故检逃逸总体设计的重任，负责火箭故障检测判据制定。

载人航天，人命关天。故检和逃逸两大系统是为保障航天员生命安全而专门研制的，也是载人火箭特有的系统。故检逃逸总体设计的岗位就是负责火箭故障检测判据的制定，是确保航天员安全的根基。啃书本、做笔记、向前辈请教，容易像海绵一样不断吸收养分。在进度紧、难度高、工作量大等多重客观条件下，容易加班加点，用最短时间掌握了故检判据理论等核心知识。她还创新了整流罩分离时效故障模式判别方法，改进了姿态角信息出现异常情况下的判据处理方法，大幅提高了载人火箭的可靠性。

2012 年 6 月 16 日，"长征二号 F"火箭又一次发射成功，我国首位女航天员刘洋受到全世界瞩目。成功的消息传来，容易热泪盈眶。从火箭研制、运输、发射，一个个步骤就是一个个关卡，只有步步精准才能确保最后一刻的完美收官。在重重考验面前，容易和同事们一次次向祖国和人民交上了满意答卷。

一个清秀的女博士，人们很难把她和重型火箭联系起来。重型运载火箭规模和能力更大，数百吨，甚至几千吨重的重型火箭要怎样设计？没有人了解。采用传统手段、应用传统知识，无法获得优化方案。

"重量级"火箭带来"重量级"考验，经过大量探索，容易决定带队跨专业跨系统集成优化方案。这时，丰富的求学经历给了她知识和理论支撑：国防科大发动机设计专业知识、清华大学气固两相流课题经验、火箭院总体设计部博士后载人登月运载系统技术途径论证探索……

每次遇到几乎迈不过去的坎儿，每次夜深人静苦思无解时，她都会让自己静下心，从全局审视问题，找到新的思路和方法。在 5 年的攻关中，容易带领团队开展了基于构型的差异化运载能力设计余量精细化研究，开展了总体弹道、动力、载荷和结构等多专业联合优化设计，开展了智慧火箭的技术探索，采用任务目标分级的模式，通过故障诊断、控制重构、弹道重规划等技术手段，从设计源头提高了重型运载火箭的任务适应性，形成了重型运载火箭的总体方案和系列化型谱，取得了以 10 米箭体结构设计制造等为代表的一系列重大进展，拓宽了重型运载火箭发展通路。

通过系统完备的锤炼，练就了过硬技术本领，容易从一名航天的学习生，发展为航天的实践者，成长为航天的探索人。

（资料来源：中工网）

第三节　职场社交与团队合作

职业是人类社会发展到一定阶段，出现了社会分工后的产物，人们通过参与社会分工，利用专门的知识和技能为社会创造财富和价值，同时获取报酬以满足个体的物质需求与精神需求。职场则是指一切开展职业活动的场所，广义上还包括与工作相关的环境、场所、人和事，以及与工作、职业相关的社会生活活动、人际关系等。

一、职场社交

"社交"是社会交往的简称，是人与人之间相互结识、互动过程中的相互理解、相互影响。它是人的思想、观念、兴趣、情感和态度的相互交流过程，其目的在于沟通、协调和建立良好的人际关系。社交的基本原则包括互酬原则、自我坦露原则、真诚评价原则、互利原则。

职场社交是一种与客户、同事交流的方式。职场社交涉及的内容有很多，职场环境、社交的方式和职场人脉等都是职场社交的必要内容。人们对职场社交的一般认识是从目的角度考虑的。进行职场社交的本质目的是为获取职场上的发展，让自己的职业道路与职场规划变得顺利一些。

职场社交是自我营销的一种方式。不同职业人的社交方式不同，合适的职场社交能让你轻松融入全新的工作环境中，自己的职场发展也会变得轻松一些。职场社交不是简单的能言善辩，而是要具有科学的视角与观点，还要懂得如何尊重其他的职场人士。要取得职场社交的成功，就要具备必要的知识、人际关系和职业素养储备。

提升职场社交素质的方法：

1. 牢记职场社交定律

职场中的社交能够在无形中影响我们未来的职业发展，良好的社交素质能够给我们带来很多发展机会，所以正确处理职场中的人际关系是职场人在工作之余的主要任务。在不断总结自己的工作经验和在职场中的人际交往的经验之后，一些人提出了以下 4 个职场社交的定律。

（1）沉默定律。遇到自己不想参与的事情或者是不应该去争取的事务的时候，我们最好是保持沉默，只有这样才能避免自己的职场人际关系出现危机。

（2）失忆定律。在面对很多尴尬问题或者是回答后会给对方带来危害的问题时，我们应该选择性地遗忘，在特殊情况下我们甚至应该把自己的感受也选择性地忘记，只有这样我们才能在职场中生存下来。

（3）微笑定律。在职场的社交活动中应该时刻保持着微笑。无论是与他人谈话还是谈判，微笑都是最好的武器，它能在无形中增加自己的能量。在处理尴尬的事务时，微笑能将问题的解决变得更加简单，让我们轻松地回避一些难以回答的问题。

（4）关怀定律。在身边的人需要帮助和关怀的时候，你应该在他的身旁关怀他，并且送出自己的安慰和鼓励，让对方感觉到温暖。

2. 掌握职场社交技巧

（1）记住别人的姓或名，主动与人打招呼，称呼要得当，让别人觉得自己被以礼相待、备受重视，给人以平易近人的印象。

（2）举止大方、坦然自若，使别人感到轻松自在，激发交往动机。

（3）培养开朗活泼的个性，让对方觉得和你在一起是愉快的。

（4）培养幽默风趣的言行，幽默而不失分寸，风趣而不显轻浮，给人以美的享受。

（5）与人交往要谦虚，待人要和气，尊重他人。

（6）做到心平气和、不乱发牢骚，这样不仅自己快乐，别人也会心情愉悦。

（7）要注意语言的魅力，用语言安慰受创伤的人、鼓励失败的人、称赞取得成就的人、帮助有困难的人。

（8）处事果断、富有主见、精神饱满、充满自信的人容易激发别人的交往动机，赢得别人的信任，产生使人乐意交往的魅力。

3. 努力提高社交能力

要有效地提高人际交往能力，可从两个方面入手：一是对社会环境的辨析能力；二是对他人心理状态的洞察力。

（1）对社会环境的辨析能力。要有效地达到社交目标，便要因应情势而做出相应的行为。社会环境瞬息万变，交往的对象亦有不同的特质，要适应不同社会环境、人物，就要有精锐的观察和认知能力。对社会环境的辨析能力是社交能力的一个重要部分。一个人如果能够对环境中的细微不同之处加以区分，往往更能掌握社会环境的变化而做出适宜的行为，以适应不同性质、千变万化的环境。

（2）对他人心理状态的洞察力。洞察他人的心理状态也是社交能力重要的一环。要增进个人的社交能力，就要提高对自己及别人的需要、思想、感受的洞察力，细心观察他人心理状态变化所呈现出来的细节，以加强对千变万化的社会环境的掌握。

4. 注重社交礼仪

在人际交往中，我们常常会遇到这样的情况：对一些人印象深刻，而对另一些人转身就忘。之所以产生这种区别，主要在于交往对象在交往中的人际吸引力不同。而这种人际吸引力，除了具备高超的社交能力外，还与高雅的社交礼仪有关。

社交礼仪是一个人社交形象的名片。在人际交往中，礼仪是衡量一个人文明程度的准则，它有助于促进人们的社会交往，增进彼此之间的理解与信任。有礼仪才会赢得别人的尊重，才会沟通相互间的感情，才会达成交际的愿望。因此，学习社交礼仪是提升社交能力的重要途径，它包括方方面面，从社交主体的个人形象到各种场合的社交礼节，面对不同交往对象有不同的社交礼仪。通过对社交礼仪的学习，高职学生应在交往过程中做到从容大方、彬彬有礼、不卑不亢，表现出良好的素质，给人留下良好的第一印象，从而受到各方面的欢迎和欣赏，自如应对社会的各种挑战。

二、职场沟通

沟通是指为达到一定目的，将事实、思想、观念、感情、价值、态度传给另一个人或团体，并期望得到对方做出相应反应的过程。沟通的目的是相互间的理解和认同，以使个人或群体间的认识和行为相互适应。人类社会的一切活动，都是信息制造、传递、搜集的过程，因而沟通是无时无刻不在进行的事情。

沟通的方式多种多样，按照不同的标准可将沟通分为口头沟通和书面沟通、正式沟通和非正式沟通、上下行沟通和平行沟通、单向沟通和双向沟通。

有效沟通的技巧包括以下几个方面：

1. 同理心

沟通的首要技巧在于是否拥有同理心，即学会从对方的角度考虑问题，这不仅包括理解对方的处境、思维水平、知识素养，同时包括维护对方的自尊，加强对方的自信，请对方说出自己的真实感受。很多时候都要站在对方的角度来考虑问题，而不仅仅是从自己的角度出发。因为沟通是双方的事情，这就要求你要照顾到对方的情况。同样，在布置任务、汇报工作时更应该考虑接受对方的情况，多站在对方的角度考虑问题。

有一位中学老师接管了一个差班班主任工作，正好赶上学校安排各班级学生参加平整操场的劳动。这个班的学生躲在阴凉处谁也不肯干活，老师怎么说都不起作用。后来这个老师想到一个以退为进的办法，他问学生们："我知道你们并不是怕干活，而是都很怕热吧？"学生们谁也不愿说自己懒惰，便七嘴八舌说，确实是因为天气太热了。老师说："既然是这样，我们就等太阳下山再干活，现在我们可以痛痛快快地玩一玩。"学生一听就高兴了。老师为了使气氛更热烈一些，还买了几十个雪糕让大家解暑。在说说笑笑的玩乐中，学生接受了老师的说服，不等太阳落山就开始愉快地劳动了。

2. 善于倾听

沟通是为了传递信息，为了让别人能更好地接受自己所传递的内容，帮助对方了解想听的内容，讲之前更要学会听，还要听对方的信息反馈，从中看出对方对自己传递的信息是否已经正确理解或接受。有效倾听可以增强沟通效果，满足倾诉者自尊心，真实了解他人。同时有效倾听还能增强解决问题的能力，有助于个人发展。

真正的沟通高手首先是一个善于倾听的人。善于倾听才是成熟的人最基本的素质。如果你在听别人说话时，可以听懂对方话里的意思并且能够心领神会，同时可以感受到对方的心思而予以回应，表示你掌握了倾听的要领。善于倾听，要做到以下几点：

（1）与说话者保持目光接触。

（2）不可凭自己的喜好有选择地收听，必须接收全部信息。

（3）提醒自己不可分心，必须专心致志。

（4）时不时地点头、微笑，保持身体前倾，记笔记。

（5）回答或开口说话时，先停顿一下。

（6）以谦虚、宽容、好奇的心态来听。

（7）在心里描绘出对方正在说的内容。

（8）多问问题，以澄清疑问。

（9）理解对方对主要观点进行的论证。

（10）等你完全了解对方的重点后，再进行反驳。

（11）把对方的意思归纳总结出来，让对方确认正确与否。

（12）要注意时机、场所、气氛是否合适，要注意在不同的环境中产生的倾听障碍。

3. 控制情绪

情绪对沟通的影响至关重要，沟通中的情绪管理可以分成两个方面：一方面是如何处理别人对自己的情绪；另一方面是如何管理自己的情绪，应该怎样和自己相处。管理情绪就是要学会辨别自己和他人的各种情绪。如果你无法认识或体会到某些情绪，就无法获得有关导致这些情绪的特定事件、情形或人的重要信息，你还会不认同或刻意回避那些会引起你内心不适的他人的情绪。

超市里，监控发现一个女顾客将衣服塞进自己包里，怎么处理？——女顾客付款之后，请她到监控室，打开监控给她看，顾客说："你们是不是要把我送到警察局呢？"可以说："您是我们的上帝，刚才是您的疏忽，请您补一下款。"这样就可以轻松化解问题并使顾客受到教育。

4. 肯定和赞美

人性的弱点是喜欢批评人，却不喜欢被批评；喜欢被人赞美，却不喜欢赞美人。这就会拉远人与人之间的距离。赞美使人愿意沟通。沟通是双方的互动，如果一方不愿意沟通，那么沟通必然失败。例如在工作中，当你肯定同事的优点时，同事会很愿意帮你，会把他的经验告诉你，这就是赞美的作用，它让对方愿意与你沟通。

赞美需要技巧，需要真情投入。适当的赞美是建立在细致的观察与鉴赏之上的。

5. 使用肢体语言

人们在沟通时通常会借助一些肢体语言来辅助沟通。在肢体语言运用过程中，要注意与人接触的距离，要注意眼睛的视线，要善于使用微笑和手势。

手势在沟通交流中是很容易被人忽视的，不同的手势有特定的含义。

（1）掌心向上，表示顺从或请求。

（2）掌心向下，表示权威或优势。

（3）手掌收缩伸出食指，表示威吓。

（4）举手用力向下，带有攻击、恐吓的意味。

（5）高举单手或竖起手指，示意你想说话或在会上发表见解。

（6）用食指按着嘴巴，示意"肃静，不要吵"。

（7）手指着手表或壁钟，示意停止工作或时间到了。

（8）把手放在耳后，手掌微向前，示意"请大声一点，我听不清楚"。

第二次世界大战期间，一些美国科学家试图说服罗斯福总统重视原子弹的研制，以遏制法西斯德国的全球扩张战略。他们委托总统的私人顾问、经济学家萨克斯出面说服总统。但是，不论是科学家爱因斯坦的长信，还是萨克斯的陈述，总统一概不感兴趣。为了表示歉意，总统邀请萨克斯次日共进早餐。第二天早上，一见面，罗斯福就以攻为守地说："今天不许再谈爱因斯坦的信，一句也不谈，明白吗？"萨克斯说："英法战争期间，在欧洲大陆上不可一世的拿破仑在海上屡战屡败。这时，一位年轻的美国发明家富尔顿来到了这位法国皇帝面前，建议把法国战船的桅杆砍掉，撤去风帆，装上蒸汽机，把木板换成钢板。拿破仑却想：船没有帆就不能行走，木板换成钢板就会沉没。于是，他二话没说，就把富尔顿轰了出去。历史学家们在评论这段历史时认为，如果拿破仑采纳了富尔顿的建议，19 世纪的欧洲史就得重写。"萨克斯说完，目光深沉地望着总统。罗斯福总统默默沉思了几分钟，然后取出一瓶拿破仑时代的法国白兰地，斟满了一杯，递给萨克斯，轻缓地说："你胜利了。"萨克斯顿时热泪盈眶，他终于成功地运用实例说服总统做出了美国历史上最重要的决策。

三、团队合作

（一）团队发展阶段

团队是一种为了实现某一目标而由相互协作的个体组成的正式群体。团队是管理学界近些年来较为流行的一个词，现代组织管理越来越重视团队建设。一般来讲，现代组织管理中的团队存在着由若干个成员组成的小组，小组成员具备相辅相成的技术或技能，有共同的目标，有共同的评估和做事的方法，他们共同承担最终的结果和责任。首先，团队必须是正式群体，不是搭帮结伙，是群体的凝聚和合作。其次，团队成员必须拥有共同的目标，通过沟通与交流保持目标、方法、手段的高度一致，不断通力协作，最终通过个体利益和整体利益的完美整合，达到 $1+1>2$ 的效果。因此，团队是由员工和管理层组成的有机共同体，它合理利用每一个成员的知识和技能，制定方案，协同工作，解决问题，达到共同的目标。

1. 形成阶段

这时大家都很客气，在工作中会逐步建立彼此间的信任和依赖关系，取得一致的目标，各自对照典型特征确定角色。在通常情况下，团队中的角色有以下几种：

（1）实干者：具有效率高、责任感强、守纪律、做事比较保守的典型特征。由于其可靠、高效及处理具体工作的能力强，因此在团队中作用很大。实干者不会根据个人兴趣来完成工作。

（2）协调者：具有冷静、自信、有控制力的典型特征。擅长领导一个具有各种技能和个性特征的群体，善于协调各种错综复杂的关系，喜欢平心静气地解决问题。

（3）推进者：喜欢挑战、好交际、富有激情是其典型特征，是行动的发起者，敢于面对困难，并义无反顾地加速前进；敢于独自做决定而不介意别人反对。推进者是确保团队快速行动的最有力的成员。

（4）创新者：创造力强，具有个人主义者的典型特征，善于提出新想法和开阔新思路，通常在项目刚刚启动或陷入困境时，创新者显得非常重要。

（5）信息者：具有外向、热情、好奇、善于交际的典型特征，有与人交往和发现新事物的能力，善于迎接挑战。

（6）监督者：具有冷静、不易激动、谨慎、精确判断的典型特征。监督者善于分析和评价，善于权衡利弊来选择方案。

（7）凝聚者：具有合作性强、性情温和的典型特征。凝聚者善于调和各种人际关系，在冲突环境中其社交和理解能力会成为资本。凝聚者信奉"和为贵"，有他们在场，团队成员能协作得更好，团队士气更高。

2. 磨合阶段

在团队磨合阶段，团队成员的意见时有不同，互不服气、不服从领导、不愿受团队纪律约束的现象时有发生。有人的地方就会有冲突，在团队成员之间出现冲突是不可避免的，当冲突出现的时候如何面对和化解，是每一个团队成员都应掌握的基本技能。

（1）要识别建设性冲突和破坏性冲突。

建设性冲突：支持团队目标并增进团队绩效，能激发团队成员的才干与能力，带动创新和改变。团队成员可在建设性冲突中学习有效解决和避免冲突的办法。对建设性冲突的合理处理，将带来团队的整合。

破坏性冲突：这会妨害团队绩效，在团队中制造相互之间的对立态度，导致信息的失真，并扭曲事实真相，损害团队成员的身心健康，消耗团队的时间与能量，可能使个体和团队都为此付出极大的情绪上和经济上的代价。

（2）要掌握化解冲突的技巧。

竞争：当团队发生突发性事件时，团队领导在平衡各种方法的可行性基础上，必须快速反应，这时就有必要采取竞争策略。竞争策略是牺牲一部分成员的利益，换取团队整体的利益。

迁就：当团队遇到严重困难和挑战的时候，和谐比分裂更重要，应采用迁就的策略。迁就策略是抚慰冲突的一方，愿意把对方的利益放在自己的利益之上，做出自我牺牲，遵从对方的观点，从而维持相互友好的关系。

回避：当对方过于冲动，或解决问题所需的条件暂不具备时，不妨暂时回避，让其冷静下来以创造解决冲突的条件。回避策略是冲突一方意识到冲突的存在，但持有忽视和放弃的态度，不采取任何措施，以维护自身利益。

合作：当双方的利益都很重要，而且不能够折中，需要力求一致的解决方案时，双方应相互支持并高度尊重。合作策略是主动跟对方坦诚地讨论问题，寻找互惠互利的解决方案，尽可能使双方的利益都达到最大化，而不需要任何人做出让步的解决方式。

妥协：妥协是当双方势均力敌，难以找到互惠互利的解决方案时，所做出的可以快速达成满足双方最基本目标的行为。妥协的双方没有明显的输家和赢家。妥协策略是冲突双方都愿意放弃部分观点和利益，并且分享解决冲突带来的收益或成果的解决方式。

3. 正常运行阶段

在团队正常运行阶段，大家对自己在团队中担任的角色和共同解决问题的方法已达成共识，整个团队达到自然平衡、差异缩小、成员互相体谅的状态。

（1）认同团队目标。每个团队都有一个既定的目标，为团队成员起导航作用，个人的目标要与团队的目标相一致。每个团队成员都必须认同团队目标并通力合作，为实现共同目标而努力。

（2）认同团队规则。每个团队都有自己的运行规则，包括工作纪律、团队合作、激励措施等，要求每个成员必须认同并遵守，确保团队的和谐与凝聚力。

（二）团队工作的常用方法

1. 尝试赏识别人

团队的效率在于成员默契配合，而这种默契来自团队成员之间的互相欣赏和熟悉。每个人都希望获得别人的赏识。肯定他人，不仅不会贬低自己，相反可以使他人认识到你所具备的优良素质，从而更易获得他人的称赞。有哲人曾说："人类本质中最殷切的要求是渴望被肯定。"同样，心理学家马斯洛的需求层次论也提到人类的一种高级需求是被人肯定，赏识

正是肯定一个人的具体表现。

（1）赏识是一种心态。很多时候，同处于一个团队中的成员常常会设"假想敌"，尤其是因某事分出了你高我低时，落后的人心里不是滋味，有时还会变得嫉妒、狭隘。这时，落后的人需先摆正心态，用客观的目光去看自己的"假想敌"到底有没有长处，哪怕是一点点比自己好的地方都是值得学习的。

（2）赏识是一种关爱。赏识团队中的每一个成员，就是在为团队增加助力。要想成功地融入团队之中，就要善于发现每一个成员的优点，让团队成员从你的赏识中感受到真切的关怀和爱护。

（3）赏识是一种激励。对他人的赏识，会令他们有被尊重、被认可的感觉，会增强他们的自信心，从而增加他对工作的满足感、成就感；会增加他们对成功、荣誉的渴求；会增加他们发展自我、挑战自我的勇气和决心，令他们充满激情地全身心投入工作。

2. 进行良好的沟通

一个人身处团队之中，良好的沟通能力是一种必备的能力。作为团队，成员间的沟通能力是保持团队有效沟通和旺盛生命力的必要条件；作为成员，要想在团队中获得成功，沟通是最基本的要求。团队成员要勤于沟通、善于沟通，让所有人都了解自己、欣赏自己、喜欢自己。

3. 站在团队目标上定位自身发展

"皮之不存，毛将焉附。"团队合作不反对张扬个性，但个性必须与团队目标一致，成员要有整体意识、全局观念，要考虑团队整体需要，个人要不遗余力地为团队的共同目标努力。

（1）自觉忠诚于团队。忠实于团队的目标和使命，信守团队的承诺，恪尽职守地为团队做贡献。

（2）对团队有深厚的感情。以团队的成功为己任，从心智上、思维上、情感上全身心地投入团队，把为团队做贡献当成一件无上光荣的事。将个人的成功与团队的成功紧密相连，视团队的成功为自己最大的荣耀。

（3）将团队的利益摆在首位。不做有损团队荣誉、形象和利益的事。当个人利益与团队利益发生冲突时，甘愿牺牲个人利益以维护团队利益。只有每个团队成员都认真履行自己的职责，自觉遵守和服从团队的行动法则，同心协力，步调一致，才能使团队高效运转。

4. 建立愉快和谐的工作氛围

成功的团队提供给成员积极合作的机会，而对团队成员来说，在工作中享受合作的乐趣才是加入该团队的真正重要的目的。有关调查结果表明，企业内部生产效率最高的群体，其员工并不是薪金最高的员工，而是那些工作心情最舒畅的员工。愉快的工作环境、和谐的团队氛围，会使人称心如意，因而使员工工作得更加积极。

（1）拥有强烈的归属感。团队成员只有对团队拥有强烈的归属感，强烈地感觉到自己是团队的一员，把工作当成一种乐趣、一种享受，才会真正快乐地投身于工作之中。

（2）建立良好的人际关系。创造良好的人际关系，造就愉快的工作环境，可以使员工忘记工作的单调和疲倦，也会使工作变成很快乐的事情。员工只有超越自我，享受工作的快乐，才会充满激情地对待眼前的工作，才会拥有最佳的工作状态，也会进入良性循环，从而获得更广阔的发展空间。

5. 友好合作，互惠互利

团队合作能力的核心是团队合作精神。团队合作精神简单来说就是大局意识、互惠互利和服务精神的集中体现。内心拒绝与他人合作的成员，虽然表面上加入了团队，但本质上却独立于团队以外，这样很难与团队成员互惠合作。实践证明，几乎没有团队能在其成员缺乏团队合作精神的情况下顺利运转，也几乎没有一个人能在其缺乏团队合作精神的情况下获得成功。篮球运动员迈克尔·乔丹曾说："一名伟大的球星最突出的能力就是让周围的队友变得更好。"正是这种团队合作精神把迈克尔·乔丹送到了事业之巅。21世纪是全球共融的时代，互惠互利、高效创新的团队合作精神将在这一时代得到倡导和彰显。

6. 勇敢地面对团队责任

负责，不仅意味着对错误负责、对自己负责，更意味着对团队负责，对团队其他成员负责，并将这种负责精神落实到工作的每一个细节之中。勇敢地说"是我的错"，不仅表现出一个人敢于负责的勇气，也反映了一个人诚信的品质。勇于负责是一种积极进取的精神，是团队成员应具备的基本素质。如果一个人不敢或不愿担负责任，那就不可能被认可，也就不可能成为一名优秀的团队成员。

在一个团队中，要赢得团队中其他成员的尊重，就要努力培养自己勇于负责的精神，成为一个敢于承担责任的成员。如果所有成员都能对自己负责，并能够彼此负责，就一定能创造出具有竞争力的团队。麦肯锡公司曾对一个成功的人应具备什么样的素质做过一个调查，结果有近90%的人选择了要敢于承担责任。敢于承担责任，既是一名优秀团队成员应具备的基本素质，也是一种人生态度。

7. 用热忱的态度对待工作

热忱是这个世界上最有价值的也是最具感染力的一种情感，它发自内心，是一种职场团队需要的情感体验。在团队中，你的热忱会鼓舞他人，使团队焕发活力，朝着美好的理想迈进。

热忱就是保持对一件事物、一份事业充足的兴趣、持续的毅力、积极的行动；热忱就是拥有了远大目标之后的不懈努力。热忱工作的人会保持高度的自觉，激发自身的动力，完成心中渴望的事情。这是一种强劲的情绪，一种对人、对事物、对信仰的强烈的情感。在团队工作中需要注入巨大的热忱，只有热忱才能取得工作的最大价值和最大成功。

8. 善于学习，不断学习

21世纪是竞争的时代，更是学习的时代。善于学习和不断学习，是我们在社会中生存的重要保障。在工作中是否具有学习的意识和能力，是能否立足于职场的重要参考标准。如果一个人的学习意识和学习能力强，那么，他在团队中就会不断进步，逐步成为团队中的优秀人才。

《西游记》中的师徒历尽千难万险求取真经的故事，能说明一个团队协作的过程。首先，团队目标非常明确，即前去西天求取真经。除了唐僧之外，其他三人虽然在最初都是带有一定的功利色彩才加入这个团队的，但在经过初期的磨合后，四人对取经的信念都变得非常坚定，这也是这项事业能成功的最重要保证。其次，团队具有互补性。个人虽然重要，但毕竟有很多的局限性，团队成员之间形成互补，才能获得成功。

完美型的唐僧。他目光远大，目标明确，有组织设计能力，注重行为规范和工作的高标准，担任团队的主管。如果一个团队中没有"唐僧"，就是一群乌合之众，不会有什么远大的前程。

力量型的孙悟空。他干劲十足，崇尚行动，注重工作的结果，能够迅速理解和完成当前团队的任务，是团队的业务骨干。如果一个团队中没有"孙悟空"，我们很难想象这个团队是如何进步的；如果一个团队中没有"孙悟空"，"唐僧"的远大抱负将很可能化为泡影。

活泼型的猪八戒。他热情奔放、感情外露，善于活跃工作气氛，承担团队的公共关系工作。他帮助每一位同事，并使工作变得有趣。如果一个团队中没有"猪八戒"，这个团队将变得枯燥乏味和令人厌倦。

平和型的沙和尚。他平和、冷静、有耐心，承担团队的事务性工作并且持之以恒，能够在压力下保持冷静。别看他平时默默无闻，可每次到了最后关头都是他稳定局面。

一个团队中的成员如果全部由同一种性格类型的人组成，那么这个团队肯定不会是一个理想的团队。正是领袖、精英、润滑剂和老实人这种互补而有机结合的团队，才使取经这件看起来极其困难的事最终获得成功。我们在做事业、选择团队的时候，也要考虑这些，不能仅选择骨干精英，最重要的是组成一个合理的团队，只有团队成员互补，团队组成合理，团队才能走得长久，才能获得成功。

第四节　劳动习惯与融入企业

一、劳动习惯

劳动习惯是指人们在长期的劳动过程中自然培养的一种带有所从事工作鲜明特点的言行举止。良好的劳动习惯体现了较好的劳动素养，彰显了个人魅力。养成良好的劳动习惯是一个人拥有美好的职业前景所必不可少的条件。

（一）积极主动地工作

在实际劳动过程中，难免会存在一些"苦差事"，也会存在一些"分外事"。对待这两者的态度，直接影响你是否能够顺利融入企业及领导对你的态度。

1. 做别人不愿意做的"苦差事"

对于一些因难度大或者比较烦琐而大家都不想做的任务，即所谓的"苦差事"，有些人选择将其留给队友，也有些人不计较、不抱怨，主动接受"苦差事"并克服困难、高质量地完成了任务。换个角度，"苦差事"也是考验和锻炼自己的机会，我们应该主动去做一些"苦差事"，提高自己处理复杂事务的能力。

2. 主动承担分外的劳动任务

什么是分外的劳动任务？顾名思义，就是不属于自己任务范围的劳动任务，其中包括一些职责归属不是很明确的劳动任务。在学校和班级安排的劳动任务中，常有这种职责归属不明确的任务。有人认为，分外的劳动任务，不做没有错，但是做得不好却有可能给自己造成不良影响，是"费力不讨好"的任务，"多一事不如少一事"。但真的能这样吗？答案无疑是否定的。

我们应该正确理解"分外"二字。在一个集体中，所有的任务都是有关联的，虽然有职责分工，但最终落脚点还是在集体任务是否按计划完成上。如果其他人的劳动任务没有完成，集体任务也不可能完成，同样也会影响到自己的劳动。因此我们应该培养整体思维和大局意识，在完成分内任务的基础上，只要有助于整个劳动任务的顺利完成，就应积极去做，并且尽全力做好，不要计较任务是"分内"还是"分外"的。

3. 主动帮助别人完成劳动任务

在日常劳动过程中，你肯定遇到过这种情况：自己手头的活儿已经做完了，可以停下来休息一会了，但是队友的劳动任务还没有完成。这个时候，你会选择休息还是主动帮助队友一起干活？

换位思考一下，我们在劳动过程中也同样会遇到各种困难，也会希望得到别人的帮助。因此，在队友非常忙碌、疲于应付劳动任务的情况下，我们应该主动伸出援助之手。首先要主动和队友沟通，确认任务目标、任务实施进度、后续分工，确保尽快完成劳动任务，避免"好心却帮了倒忙"。确认自己要做的任务之后，再有针对性地着手去做。

要特别提出的是，在帮助他人劳动的过程中，要做到真诚地为他人提供帮助，即真正做到帮助别人既不为突显自己，也不求回报。送人玫瑰，手有余香。长此以往，你会发现，当你需要帮忙时，也会很快得到他人的真心帮助。

4. 发现和设计潜在的劳动任务

积极主动地劳动，除了积极对待他人安排的劳动任务之外，还有一个很重要的层面，就是积极主动地发现和设计劳动任务。如何才能精准发现、合理设计劳动任务呢？

（1）努力做到"眼里有活"。"眼里有活"，是一种眼力，一种积极向上的能动性，就是我们常说的"有眼色"，知道自己要做什么，而不是像陀螺一样，"抽一下动一下"，等着别人来安排任务。"眼里有活"源于积极主动的态度。在劳动过程中，有的人会觉得自己"闲来无事"。其实，并不是真的像他们所说的"已经把活儿干完了，没活可干"，而是他们不想了解，也不去了解还有哪些活可干。而"眼里有活"的人，"脑中想事"，愿意花心思思考，善于发现自己周围的任务，并能够主动发现自己身上可以改进的地方。因此，同样的一个劳动任务，不同的人去做往往有不同的结果，"眼里有活"的人能够更出色地完成劳动任务。"眼里有活"，本质就是在没有人要求和督促的情况下，依然能够自觉发现并完成任务。要做到"眼里有活"，最关键的是完成"要我做"到"我要做"的转变，在劳动过程中真正做到主动思考任务、主动发现任务、主动关注过程和主动改进方法。

（2）主动设计潜在的劳动任务。当发现身边潜在的可以开展的劳动任务时，接下来要做的就是把潜在的任务变成行动。此时，就需要设计一个明确、合理的劳动任务方案。设计劳动任务和接受他人安排的劳动任务，所需要的意识和能力是不同的，设计劳动任务的要求更高。设计劳动任务方案，首先要做好和劳动服务对象或相关工作人员的对接和沟通，明确他们的实际需求，如要组织开展社区劳动服务，就先要和社区工作人员沟通确认。此外，在劳动任务方案中，要说明劳动目标、地点、对象、形式、实施过程、任务清单、人员分工等，确保方案清楚明了、具有可行性。

当我们踏上工作岗位，在未来的事业发展过程中，如果只会承担别人安排的任务的话，是很难真正有所成就的。追求事业的过程也是坚持劳动的过程。如果能够基于自己的事业发展目标，善于发现、主动规划、合理设计和全力实施工作任务，就一定能在自己的工作领域不断取得突破和发展。

（二）提高执行力

执行力是每个企业都很看重的个人核心竞争力。对个人而言，执行力就是保质保量完成工作任务的能力。对组织而言，执行力就是贯彻发展战略、将目标完成的能力。

提高执行力要求每个人设立合适的目标、达到的效果，做出合理的规划，采取行动认真落实。工作中，还要学会分清事情的轻重缓急，拥有正确的做事方法，能随机应变，用最简单、最迅速的方法完成工作。养成不拖延的习惯，当天的事情当天做。明确自己的短板，有意识地进行学习和改进，让自己在实践中快速成长。

（三）养成良好的日常工作习惯

（1）每天用钥匙打开办公室的门。就是说工作要主动、要勤奋，最好做到第一个到。勤奋是最好的美德，早出晚归把事情做好，你才能与其他人有区别。

（2）尽量用书面形式提供建议。这表示你认真思考过，把企业的事看在眼里、放在心上。如果只是口头说说，就算你反复思考过，是很好的建议，可能上司当时忙碌没放在心上，很快就会忘记。

（3）报告至少看三遍后再提交。职场不像校园，允许你有机会改正错误。走入社会，犯一次错误，就必须付出代价。家庭给人以教诲，学校给人以教育，而社会总给人以教训。我们每个人都应该把"认真做好每件小事"当成人生的座右铭。

（4）注重生活中的细节。成功的人和不成功的人最大的区别就是有没有养成良好的习惯。习惯体现在日常工作生活中，如离开位置把椅子推进桌子，不随地吐痰，与人交流时姿势端正，随手轻轻关门，常常面带微笑等，早上向同事说声"早上好"、下班说声"再见"。

（5）善于报告工作进展情况。不要让上司担心，不要让你的工作团队成员蒙在鼓里，以免最终影响工作进程。

（6）穿工作服上班。作为企业的一员，不要做标新立异的"艺术家"，而应该做一个好的团队合作者。

（7）用一分钟做计划，把今天要做的事按重要性和紧急程度分类，先做最重要和最紧急的事情。这样工作就会井井有条而有效率。

（8）充分表达自己的想法。在开会前好好思考，然后在开会讨论时尽量把自己的意见表达清楚，不要保留自己的想法。开会时候保持沉默，而在私下里却夸夸其谈，这绝对不是一个负责任的员工该做的事。

（9）除非讨论工作，在办公室里最好少高谈阔论。要将生活与工作场合分清楚，不要把生活中的琐事带到职场中来。

（10）换位思考。把自己当成客户，你就会知道客户想要的是什么；把自己当成企业老板，你就会知道老板希望下属做什么。

二、做一名合格的职业人

（一）做一名具有高度责任感的好员工

1. 把职业当作事业

如果你把职业当职业，职业对你而言也就仅仅是一种谋生的手段，用来挣钱养家。当你遇到工作压力过大、待遇不公、升迁受阻时，会产生许多不良的情绪甚至怨恨。如果你把这些不良情绪都带到工作中，即使从事的是你最喜欢的工作，你仍然无法持久地保持工作的激情，此时的你注定一事无成。敬业的最高境界是什么？就是把职业当成自己的事业来做。世界上没有一个老板会不喜欢敬业的员工，因为敬业是一种责任，而对待工作的态度就决定了你的成绩。

2. 灵活运用职场礼仪

随着现代社会的不断发展，职场礼仪已越来越受重视，它不仅是企业文化和企业精神的重要组成部分，也是企业形象的重要体现。而一个人的举止、表情、谈吐、待人接物等方方面面，都能展示其素质修养，也能展示一个企业的整体形象。因此，在平时的工作与生活中，应注重四个方面的提高：一是强化自律意识，提高自身服务能力；二是端正思想态度，提高自身道德修养；三是讲究学习方法，提高自身礼仪水平；四是注重学以致用，提高工作效率。

3. 脚踏实地，认真工作

职场新人要想适应当今的职场环境，就必须具备明确的工作目标和强烈的责任心，带着激情去工作，踏实、高效地完成自己的本职工作。工作态度很大程度上能够决定一个人的工作成果，有良好的态度才有可能塑造一个值得信赖的形象，获得同事、上司和客户的信任。

（二）做一名受人欢迎的好同事

1. 注意自己的说话方式

好好说话是一门技能，在职场中要掌握与人沟通的技巧，说话应注意方式方法，多倾听。学会控制自己的情绪，注意场合，为他人留自尊，为自己留空间。

2. 保持乐观和适度的幽默

无论我们从事什么样的工作，都应该拥有一颗积极乐观的心，让自己变得幽默起来，使自己成为一个充满正能量的人，这样才会为自己赢来好人缘。

3. 尊重工作前辈，保持谦逊

企业中的前辈在工作中必然会积累很多经验，有机会时不妨聆听他们的见解，从他们的成败得失中寻找可以借鉴的地方，这样不仅可以帮助自己少走弯路，更会让他们感到我们对他们的尊重。

4. 学会适当"吃亏"

职场中要学会适当"吃亏"，将眼光放长远些，不要过于计较眼前的利益，总想着"捞好处"。要相信"日久见人心"，用现在的一些利益换来他人的尊重，才会更快地建立良好的人际关系。

（三）做一名踏实谦逊的好下属

1. 尊重领导，不妄议

领导是单位凝聚力、效率的保证。与领导相处，重要的不是智商，而是情商，情商就是自我情绪的控制力、人际关系的协调力；重要的不是自我表现，而是尊重领导，站在领导的立场上思考问题。职场中最忌"说是非"，不要在背后妄议领导。

2. 将服从进行到底

一切行动听指挥，领导安排的事要尽力做好，领导禁止的事坚决不做。做事要谨守红

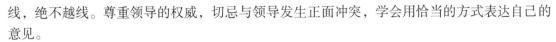

线，绝不越线。尊重领导的权威，切忌与领导发生正面冲突，学会用恰当的方式表达自己的意见。

3. 具有较强的执行力

就是按质、按量、按时完成自己工作的能力。在工作中应充分发挥个人的主观能动性与责任心，在接受工作之后应想尽一切办法把工作做好，不推诿、不拖拉。

 **实践活动**

调研本专业领域、行业企业对劳动者素养的要求，分析这些劳动素养对职业发展的意义，对照自己的优势、劣势，制定学习和发展规划，扬长补短，全面提升自己的职业素养。

职业调研报告

调研职业、岗位名称、企业名称、所属行业
行业企业对相关岗位、职业的劳动素养要求或招聘条件
自我优、劣势分析

续表

我的职业劳动素养提升计划（措施）

第六章
大学生日常生活劳动

全社会都要贯彻尊重劳动、尊重知识、尊重人才、尊重创造的重大方针，维护和发展劳动者的利益，保障劳动者的权利。要坚持社会公平正义，排除阻碍劳动者参与发展、分享发展成果的障碍，努力让劳动者实现体面劳动、全面发展。全社会都要热爱劳动，以辛勤劳动为荣，以好逸恶劳为耻。

——2013 年 4 月 28 日，习近平在同全国劳动模范代表座谈时的讲话

学习目标

知识目标：通过学习，能够了解大学生日常生活劳动的概念；掌握大学生日常生活劳动的内容；理解日常劳动工具的使用规律，日常劳动的知识和技能；理解日常生活劳动的实践意义。

能力目标：能够独立开展日常生活劳动，通过日常生活劳动的锻炼，出力流汗，提高动手实践能力；能够通过日常生活劳动提高自我管理生活的能力。

素质目标：通过日常生活劳动，提高大学生自立自强的意识；持续开展日常生活劳动，培养学生正确的劳动价值观和良好的劳动品质。

课程导入

一屋不扫，何以扫天下

"一屋不扫，何以扫天下"这个故事出自《后汉书》。讲的是东汉时期有一个人叫陈蕃，他学识渊博，胸怀大志，少年时代发奋读书，以天下为己任。一天，他父亲的一位老朋友薛勤来看他，见他独居的院内杂草丛生、秽物满地，就对他说："你怎么不打扫一下屋子，以招待宾客呢？"陈蕃回答："大丈夫处世，当扫天下，安事一屋乎！"薛勤当即反问道："一屋不扫，何以扫天下？"陈蕃听了觉得很有道理。

通过这个故事，告诉我们一个道理：做事不仅要学会立大志，还要注重抓"小事"。切莫眼高手低，所谓的"小事"往往可能造成预想不到的后果。陈蕃有大志、有知识，以天下为己任，可一屋不扫，不从一点一滴的小事开始积累，何以扫天下？

思考题：你怎么理解这个故事？你做过哪些日常生活的劳动？

知识导图

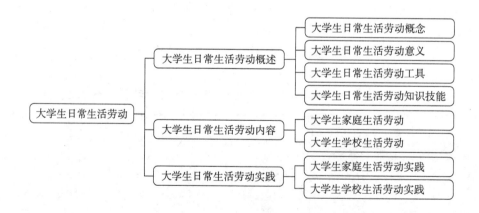

第一节　大学生日常生活劳动概述

日常生活劳动往往是围绕着人类的生存而进行的，绝大部分是关于人类的"衣食住行""社会协作"等一系列活动。应该说，人类时时刻刻都在进行着日常生活劳动。作为大学生，日常生活劳动作为步入职场前的"小事"，在家庭与学校生活中实施，并通过不间断的劳动，去改变、创造新的生活。

一、大学生日常生活劳动概念

日常生活劳动的内涵非常丰富，它包括单一的生活劳动和综合的生活劳动，包括体力劳动和脑力劳动，也包括重复性生活劳动和创造性生活劳动。人从出生起，时时刻刻都在日常生活劳动之中。从日常生活劳动开始，才能真正做到爱劳动、会劳动、尊重劳动，通过劳动实现、改变、创造美好生活。

劳动最原始的素材来源于日常生活，例如收拾餐桌、打扫房间、整理衣柜、烹饪维修等都是劳动的内容。大学生作为独立个体，有一定的劳动技能基础，但又不仅仅如此，大学生日常生活劳动还应该包括个人生活事务，大学生学校、家庭生活良好的生活习惯、卫生习惯，以及日常生活管理，自立自强的意识等方面。例如，个人仪容仪表的规范、宿舍内务的整理、卫生习惯的养成、校园保洁与美化、工具的维修等。

二、大学生日常生活劳动意义

大学生的日常生活劳动是劳动中最基本的部分，大学生置身日常生活中，自觉自愿地参与劳动，才能学会劳动，才能更好、更幸福、更美好地生活。大学生注重生活劳动，从日常做起，从身边的小事开始，持之以恒，不断认识自我、发展自我、完善自我，对促进良好劳动习惯的形成、良好品德修养的养成，以及劳动意识、劳动能力的培养等有着一定的积极意义。

在大学生中加强日常生活劳动教育，让大学生走出生活本身，投身劳动实践之中，在生活劳动中体会劳动的价值、美好生活的意义，逐渐形成良好的劳动习惯，并学会对劳动的感同身受，尊重劳动、热爱劳动，养成良好的劳动品德。

大学生除了在课堂上参与学习劳动，还要深入具体生活劳动场景，从身边的点滴做起，在日常生活中掌握劳动技能，使用劳动工具，从而渗透良好的品行。

三、大学生日常生活劳动工具

日常生活劳动工具是劳动者从事劳动过程中用来对劳动对象进行加工的物件。劳动工具被置于劳动者和劳动对象之间，起着把劳动者的劳动传导到劳动对象上去的作用。

在人类不间断的日常生活中，劳动工具发生着不断的变化。例如缝纫技术，据考古发现，18 000 年前的旧石器时代，山顶洞人就已经使用骨针缝缀兽皮，用原始的素材制造工具，到后来制作出多种材质的针，例如木针、竹针、金属针等，直至现代手动工具，发展至半自动、自动化的设备，例如手摇式缝纫机、脚踏式缝纫机、电脑缝纫机等。劳动工具不但影响劳动者的工作效率，也是劳动者的智慧结晶。

大学生日常生活劳动常用的劳动工具有抹布、扫帚、拖把、螺丝刀、钳子等，也包括洗衣机、吸尘器、微波炉等，日常生活中大学生除了认识劳动工具外，还需要能够熟练使用劳动工具，看懂劳动设备使用说明，对劳动工具进行发展、创新改革，以便为日常生活带来更大的便利和更高的效率。

知识拓展

"工欲善其事，必先利其器"

语出《论语·卫灵公》：子贡问为仁。子曰："工欲善其事，必先利其器。居是邦也，事其大夫之贤者，友其士之仁者。""工欲善其事，必先利其器"，是说工匠想要做好他的工作，一定要先让工具锋利。比喻要做好一件事，准备工具非常重要。

（资料来源：《论语·卫灵公》）

四、大学生日常生活劳动知识技能

日常生活劳动知识技能是劳动者从事日常生活劳动所必须具备的知识、技术技能及解决日常生活问题的能力。从大学生日常生活劳动角度看，通过卫生保洁、整理收纳、洗衣做饭、形象塑造等基本的生活劳动，提高大学生劳动实践的能力、劳动技能的养成，从而掌握一定的基本劳动知识和劳动技能，并能够创新日常生活劳动的工具、方法等。

大学生日常生活劳动知识和技能，一方面来源于家庭的实践经验，另一方面来源于学校的学习积累。无论是个人仪容仪表的规范、宿舍内务的整理、工具的维修等任何一个方面，都需要大学生在日常生活中，长期不间断地通过劳动形式实践、学习、思考、改进，以达到提高劳动知识与技能的目的。

讨论：你做过哪些日常生活劳动？

第二节　大学生日常生活劳动内容

大学生的日常生活劳动，主要是在家庭和学校两个重要场景完成的。打扫卫生、整理收纳以及烹饪维修都是家庭场景的主要劳动内容。个人生活管理、宿舍劳动以及校园区域的劳动都是学校劳动中的主要内容。

一、大学生家庭生活劳动

家庭生活劳动是围绕家庭生活进行的一种无报酬的日常家务劳动。家庭是实施劳动教育的重要场所，应加强家庭劳动教育，倡导崇尚劳动的优良家风，让孩子从小养成热爱劳动、珍惜劳动成果的良好习惯。

家庭生活劳动涉及范围较广，家庭生活劳动很少受分工、协作或专业化制约。要让大学生认识到家庭生活劳动在个人发展中具有重要作用，一是要培养参与家务劳动的意识，学习掌握家务劳动的基础知识，掌握基本的家务劳动技能；二是要切身体验家务劳动，养成劳动习惯，并能承担家庭中一定的劳动责任。三是在家庭劳动过程中获得成就感，并尊重劳动、热爱劳动、崇尚劳动。大学生可以参与的家庭生活劳动主要包括洗衣、烹饪、打扫卫生、整理收纳、照顾家人和工具维修等。

（一）清洁卫生

家庭中常见的日常生活劳动就是清洁类劳动，主要的对象是灰尘等污垢，例如擦桌子、擦玻璃、扫地、擦地、洗衣服、洗碗等。清洁类生活劳动的基本原则包括：第一，及时清理。保持清洁最主要的要顺手完成。在用过之后马上解决，吃过饭的碗、沾了油渍的桌子等要马上清洁，清洁类的家务日复一日地存在，及时清理不但节省时间，也节省力气。第二，分散完成。很多人喜欢在周末或者年底进行"大扫除"，其实这样清洁就是一件繁重的工作了。如果充分利用碎片时间，每次做一部分，可以降低家务的繁重程度。第三，少量多次。对于顽固的污垢，一次性完成劳动强度比较大，也容易造成对劳动本身的反感，可以少量多次进行，这样也容易获得劳动成就感。

1. 清扫地面

清扫地面是家庭中最基本的生活劳动之一，也是家庭中常见的清扫劳动。劳动者要充分掌握清扫技巧，认识清扫工具。扫地看似简单，或许是大部分人从小就掌握的一项劳动技能，但现阶段人们对家庭居住环境更加重视。大学生面对这项劳动，应该要做到掌握清洁地面的劳动步骤，以及现代化的清洁工具，以达到更省时、省力、高效的目的。

清洁地面总共分为三个步骤。首先要进行第一遍清扫，将地面的大颗粒污秽清除，劳动工具可以选择扫帚或者吸尘器等。然后要进行湿度清洁，主要是用潮湿的工具去除地面上顽固的污渍，劳动工具可以使用潮湿的墩布或者喷雾式洗地机等。最后一步要进行微细尘清扫，主要是将地面上不易清扫干净的毛絮、微尘等进行吸附式清扫，劳动工具可以使用静电拖把等。

一次完整的地面清洁，可以做到深度的保洁，减少平时扫地的频率。使用合理的劳动工具，可以大大减轻日常劳动的强度，节约劳动时间。

2. 洗衣

洗衣是家庭日常劳动中一项主要内容。劳动者要将衣物洗干净，也要掌握必要的洗衣技巧，使用洗衣的劳动工具。

洗衣之前，一定要检查衣服上的标签，上面会标示衣物不能洗或要用特定方式洗涤的标准。然后，将待洗的衣服根据洗涤标准进行分类。例如根据衣物的颜色，应将白衣服、浅色衣服和深色衣服分开洗；或者根据衣物的材质，将羊毛羊绒、真丝等贵重材质衣物单独洗；根据衣物的特性，毛巾类容易掉毛絮的物品也要单独洗，避免沾在其他衣物上，影响美观。

洗衣可以用手洗，也可以用洗衣机。如用手洗，需注意洗衣的水温、洗涤剂的选择等。如用洗衣机洗，则要注意洗衣机洗衣的流程：首先要进行预洗，对于衣物上的顽渍，例如咖啡渍、茶渍、油渍等顽固污渍，要在衣服干燥的情况下，先用去渍剂进行预处理，放置一分钟。然后，再将衣物放入洗衣机内，加入洗涤剂，根据衣物数量调节洗衣机模式就可以开始洗涤了，也要避免洗衣机内一次洗涤衣物过多。最后，一般洗衣机洗净后，都会进行甩干，甩干的衣物尽早拿出来晾晒，避免衣物起皱。

劳动视野

"巨婴"的悲剧

河南省有这样一个令人震惊的悲剧故事。杨某出生在农村，其父母二人老来得子，从小对他照顾得无微不至，从来不让他干一点农活，家务活也不让他做，以致杨某长大后不能独自照顾自己，不能适应学校生活，最终只能退学养在家中。杨某十几岁时，父母相继生病去世。没了父母的杨某因为什么都不会，成了"巨婴"，于是，寄希望于亲戚一家人能伺候他，仍不工作不劳动。亲戚实在没办法，只能任其自生自灭。后来，杨某没有饭吃，就开始在村里乞讨。但对于乞讨来的食物，不是刚做出来的熟食不吃。冬天取暖，就直接把家里能烧的用来取暖。

直至 2009 年冬天，杨某被人发现因为寒冷和饥饿，已经在家中去世了。这个事件震惊了社会各界，也引起了大家广泛的讨论。

思考与讨论：劳动在这样一个悲剧当中，起着什么样的作用？

（二）整理收纳

整理收纳不同于清洁类的生活劳动，它不需要日常多次、重复的劳动来保持，只需要掌握一定的劳动技能就可以做到一次整理，不再复乱。这类劳动主要根据环境、收纳物品的不同分为：衣物整理、厨房收纳、书柜收纳、文件整理等。

对于不同区域的整理、不同物品的收纳需要不同的劳动技能，但无论任何区域的收纳，都可以分以下三步来进行：第一步，根据物品特征进行分类。将不同的物品，按照其功能、尺寸、材质等进行分类；可以按照使用频率、使用顺序进行分类；也可以按照家庭中的使用者进行分类。第二步，归纳。将分类好的物品，按照家庭中的收纳空间进行放置。如衣物可以按照季节进行收纳，也可以按照衣物使用者进行收纳。归纳的基本原则就是收纳空间大小、使用者的频率、顺手就近等。第三步，进行整理，将归类的物品，依序放入合适的收纳空间中。对于整理收纳并不是一次性完成的劳动，可以经过一段时间的使用，再进行优化调整。

1. 厨房整理

厨房作为家庭中重要的组成部分，是家庭整理的核心区域。厨房物品较多，锅碗瓢盆、勺铲刀叉、油盐酱醋、清洁剂等种类纷杂，因此，厨房整理是家庭日常劳动中比较困难的一项。

对于物品相对杂乱的厨房，可以按照物品的特性进行分类整理。第一类是锅碗瓢盆、勺铲刀叉类物品，这类物品因为数量比较多，可以适当堆叠存放。但堆叠的数量不宜过多，因为大量堆叠看似整齐，其实因为拿取不方便，很容易造成整理后复乱。第二类是调味料、干货类物品，这类物品种类较多，可以根据使用频率整理。使用频率较高的放在台面或顺手的位置，使用频率较低的放在抽屉、挂篮等空间内。第三类是清洁类物品，该类物品在厨房中必不可少，一般要根据存储说明进行整理，不宜与食物混合存放。

2. 衣柜收纳

衣柜是家庭中必不可少的家具之一，它的功能主要是存放衣服、被褥等物品。衣柜的收纳首先是将家庭成员的衣物按照长短进行分类，然后将一类的衣物按照季节、穿着的频率、长短多少进行归类。最后在衣柜中选择合适的区域进行收纳整理。

衣柜通用的收纳方法：首先，能挂的衣服以挂为主，不能挂的衣服，选择书架式折叠，方便拿取。其次，分季节存放很重要，不需要的另季衣物最好放在另一个柜子里，如果没有，也可以选择百纳箱进行换季存放。衣柜必要的时候使用分隔板，帽子、箱包等物品放在分隔板上，避免挤压变形。最后，需要根据衣服布料材质选择放置方法，真丝衣物、衬衣、西装等以悬挂为优。

劳动视野

<h1 style="text-align:center">何为"断舍离"?</h1>

"断舍离"是由日本杂物管理咨询师山下英子提出的人生整理观念。所谓"断舍离"，就是通过整理物品了解自己，整理心中的混沌，让人生舒适的行动技术。换句话说，就是利用收拾家里的杂物来整理内心的废物，让人生转而开心的方法。其中，断＝断绝不需要的东西，舍＝舍弃多余的废物，离＝脱离对物品的执着。在这一过程中，从加法生活转向减法生活，不是心灵改变了行动，而是行动带来了心灵的变化。

"断舍离"需要以自己而不是物品为主角，去思考什么东西最适合现在的自己。只要是不符合这两个标准的东西，就立即淘汰或是送人。通过学习和实践"断舍离"，人们将重新审视自己与物品的关系，从关注物品转换为关注自我——我需不需要，一旦开始思考，并致力于将身边所有"不需要、不适合、不舒服"的东西替换为"需要、适合、舒服"的东西，就能让环境变得清爽，也会由此改善心灵环境，从外在到内在，彻底焕然一新。这是一种家居整理、收纳术，也是一种心灵的新陈代谢的过程。

（资料来源：《断舍离》）

思考与讨论：请结合实际，谈一谈你是否愿意将"断舍离"的理念运用到你的家务整理中？你是愿意留着以备旧物利用，还是更愿意一扔了之？

（三）烹饪维修

可以通过烹饪维修等方面的日常生活劳动，体验劳动创造美好生活的真谛。

1. 烹饪

人们在日常生活劳动中，绕不开的就是"吃饭"，常常说的"民以食为天"就是来形容吃饭对于人的重要程度。一道菜，看似只是一个生菜做熟的过程，但它其实包含着买菜、洗菜、切菜、做菜的整个流程，也包含着菜与菜、菜与火候、菜与配料、菜与烹饪方法之间的学问。

随着人们日常生活水平的提高，大家对于吃饭已不仅仅局限在"吃饱"这个层面。现在人们更注重菜品的色、香、味，使烹饪成为艺术，另一方面也更关注营养搭配，吃得健康，要做到营养素均衡，还要控制热量摄取。

知识拓展

<h1 style="text-align:center">中国著名的"八大菜系"</h1>

中国著名的"八大菜系"

2. 电器维修

电器的概念是比较广泛的，家用电器也包含非常多的种类，包括电视机、洗衣机、冰箱和电脑等。家电出现的问题，例如电视机一般常见的故障就是没有图像、没有声音以及无法接收到电视信号。如果没有图像，就要检查电视机的视频输入端是否接触不良。如果没有声音，要检查电视机是不是设置静音了，或者是不是喇叭坏了。如果没有电视信号，就要检查电视机接收信号指示是否正常，电源重启后是否有所好转。家用电器在购买后，要始终保留售后维修电话，如遇较大的故障，及时联系专业人员。

二、大学生学校生活劳动

大学生在校生活，包括在教室、宿舍、食堂、校园等场所的个人生活、卫生清洁、绿化美化等与日常生活有关的劳动。

校园生活劳动有利于培养大学生的个人劳动习惯、集体劳动意识、吃苦耐劳精神和常见生活劳动工具的使用。持续开展日常生活劳动，对于大学生提高自我管理能力、独立劳动技能技巧、承接劳动工作的意识和态度有明显好处。学生生活劳动主要分为以下三个方面：

（一）个人生活劳动

个人生活劳动是指在学校环境中，大学生围绕自身健康、快乐、幸福而进行的独立处理个人卫生、培养基本生活技能等方面的劳动。主要包括个人卫生习惯养成、宿舍内务整理、仪容仪表规范等方面。

1. 仪容仪表规范

生活中人们的仪容仪表非常重要，它反映出一个人的精神状态和礼仪素养。仪表和仪容是实施个人礼仪的第一步。仪表，是指人的外表，它包括容貌、姿态、风度以及个人卫生等方面。仪容在某种程度上也是仪表所包括的内容，泛指人的外观、外貌。由于仪表与仪容在日常生活中最直观地呈现在对方面前，可以直接反映出个体的状况。因此，仪表与仪容是可以影响到对方的评价的。它也从一个侧面反映出人的思想修养、精神气质，甚至反映社会文明发展的水平。

大学生日常生活中个人仪容仪表的规范，不但体现着日常生活中的状态，也会延续到其他场合，影响合作对象、客户等的评价和认可。例如服务行业中对于服务从业者的站姿、坐姿、穿戴、语言都需要严格规范。服务从业者个人也要从日常生活中做起，严格规范个人清洁卫生、仪容仪表、语言举止等行为。

劳动视野

北京冬残奥会的礼仪

2022 年北京冬奥会和冬残奥会赛场上，冰雪健儿们奋勇拼搏、飒爽英姿。赛场外，中国邮政 12 处服务网点为残疾人运动员、观众提供"一对一、心贴心"的温馨服务。国家体育馆临时邮局工作人员表示："残疾人运动员在冬残奥会赛场上展现的勇气和智慧、力量与美，让人肃然起敬。我们就是要尊重、关心、帮助、服务好残疾人，以热情优质的服务让他们感受到邮政的温暖。"

当一位残疾人用户来到柜台前时，临时邮局工作人员主动上前询问："您好，请问您办理什么业务?"这位残疾人用户说:"我想购买一些冬奥会纪念邮品,您能帮我推荐一下吗?"工作人员详细介绍了邮品,并帮助他选购邮品,加盖纪念戳。这位残疾人用户对工作人员热情周到的服务赞不绝口,还勾起了他对 2008 年北京夏季奥运会的回忆:"2008 年,我收藏了一些奥运会的纪念邮品,通过你们的讲解和今天比赛的场景,让我对冬奥会邮品有了新的认识,我会好好珍藏这些有重大纪念意义的邮品。你们为我们提供的服务很周到、很贴心!"

冬奥会邮政网点服务礼仪

思考讨论: 在冬奥会营业网点服务期间,您看到了哪些服务仪容仪表规范?

(二)宿舍清洁整理

宿舍作为大学生生活、学习的重要场所,也是学生日常使用最频繁的场所,是培养学生良好的生活习惯、道德情操的重要阵地,它为促进学生德智体美劳全面发展提供必要的生活环境。

大学宿舍是学生日常生活和居住的地方,整洁的宿舍可以让大学生日常生活、学习保持身心愉快、健康,所以宿舍的整洁对大学生日常生活尤为重要。

大学宿舍一般有衣柜、书桌、床铺等收纳空间,大学生首先将自己的物品进行分类,分别将衣物、书籍、日常用品、床品等整理好放入个人合适的区域。如果物品较多也可以购买置物架等,也可以放入个人行李箱中。

学生要保持宿舍卫生,起床后叠被子、整理床铺、擦拭桌面、清扫地面、倾倒垃圾等。也要定期清洗衣物、床单等,天气好的时候可以将床品进行晾晒。大学宿舍卫生也要定期深度打扫,清理不需要的物品、过期的食物等,防止传染性疾病。

(三)校园区域劳动

校园为学生生活、学习、交友、体育锻炼提供了必要的环境,是师生共同的家。校园区域的劳动包括校园环境美化、校园室外保洁、校园室内清洁、安全卫生的维护等方面。

学校作为教书育人的地方,校园环境是校园文化最直接的体现,校园中的每一座建筑、每一处景点,都是一种思想的传递、一种文化的表达,优美的校园环境能起到"无声胜有声"的育人效果。校园的绿化美化等都影响学习的文化氛围。同样,维护校园环境,也需要全校师生共同努力。

校园文化风景角

知识拓展

《时代周刊》影响世界的 100 人——近藤麻理惠

近藤麻理惠是《怦然心动的人生整理魔法》一书的作者，该书告诉读者，通过对日常生活物品的有序整理，使空间和生活状态得到实质的改变，改善对生活的不良态度，进而促进身心健康和幸福度的提升。

其重要的观念是：整理时选择的并非要丢掉的东西，而是要留下的东西，选完后其余全部舍弃，让空间清爽起来。人之所以难以丢掉东西，是因为总觉得"还能用""还有用""还有感觉"。如果在整理时不知道往后还会不会用到，可以依据种类设定期限，超过期限就可以丢弃。

（资料来源：《怦然心动的人生整理魔法》）

第三节　大学生日常生活劳动实践

日常生活劳动场景丰富、内容多样、形式有趣。大学生应该积极行动起来，参与劳动实践，提高劳动技能，增强劳动意识，感受劳动创造美好生活的成就感，形成良好的劳动习惯。

一、大学生家庭生活劳动实践

家庭是大学生劳动实践的"主战场"，在家庭生活中，大学生要主动承担日常家务劳动，从力所能及的事做起，例如扫地、整理房间、做饭、养花等。本节以"家庭烹饪大赛"为例，以比赛的形式，呈现一次家庭劳动活动。

实践案例

家庭烹饪大赛

1. 活动目标

（1）通过比赛展示家庭成员烹饪水平。

（2）展现烹调艺术、食品营养搭配等内容。

（3）通过比赛的愉悦感、趣味性，感受劳动乐趣、从而更加热爱劳动。

（4）感悟劳动的意义，体验对家庭的责任。

2. 活动过程

（1）制定"家庭烹饪大赛"的基本要求。

（2）提供烹饪食材、烹饪工具等比赛的必要劳动材料。

（3）完成擅长的菜品，并进行摆盘。

（4）家庭成员进行菜品品尝并对色、香、味等方面进行评比，选出"最受欢迎菜品""最上镜菜品"等趣味奖项。

家庭烹饪大赛作品

3. 劳动感悟

（1）通过该项活动，展现了大学生使用劳动工具，进行生活劳动的相关知识和技能。

（2）通过该项活动，培养了学生良好的劳动习惯，体会到劳动的趣味。

（3）通过家庭烹饪大赛，学会从家庭日常生活做起，关心身边家庭成员，参与家庭日常劳动，增强家庭责任感。

二、大学生学校生活劳动实践

学校要有目的、有计划地组织学生参加校园日常生活劳动。例如宿舍的整理、校园和教室的清扫等。本节就以"实训室清洁整理"为例，通过学生在使用实训室期间，对实训室环境、设备进行的维护整理和清洁，培养学生集体荣誉感，感受学院的文化理念，促进培养学生观察思考的习惯，感受劳动的艰辛和收获的快乐。

实践案例

实训室清洁整理

1. 活动目标

（1）营造整洁、清新、明快、舒适的学习环境。

（2）体验劳动的成就感，培养互助友爱、团结协作的优良品质。

（3）掌握劳动技巧，感悟劳动意义。

2. 活动过程

（1）检查实训仪器设备、教学电脑、投影仪是否运行正常。

（2）下课后将电脑上学生打开的页面关闭，统一关机。

（3）将桌上的键盘鼠标摆放整齐，若有损坏及时和工作人员沟通修复或更换。

（4）将板凳摆放整齐放回原位，将地面及桌面的垃圾清扫干净。

（5）清洁完毕后，做到桌面无灰尘，地面无积水、无纸屑垃圾，墙面、门窗及管道、线路、开关板上无积灰与蛛网等。

（6）离开时关闭空调、门窗及电源。

清洁后的实训室环境

3. 劳动感悟

（1）通过实训室环境清扫，学会了从身边小事做起，培养了良好的劳动习惯，体会到劳动的责任与意义。

（2）通过此项劳动，增强责任心、集体荣誉感、吃苦耐劳的精神，感受劳动最光荣。

（3）通过此项劳动，感受学院的文化理念，为全校师生创造一个温馨、整洁、舒适的生活和学习环境。

 **实践活动**

请同学们按照上述两个案例，完成一项日常生活类劳动，并填写劳动实践评分表。

劳动实践评分表

系部： 专业： 姓名：

评分者	评分要素				
	主题内容	专业特色	展示效果	劳动意义	可推广性
教师评价 （1~10分）					
专家评价 （1~10分）					
学生互评 （1~10分）					
家长评价 （1~10分）					

日常生活类劳动

专业：　　　　　　　　　　　　　姓名：

项目内容	时间：
	地点：
1. 项目目标	
2. 劳动工具（材料、设备等）	
3. 劳动过程	
4. 劳动成果	
5. 劳动感悟	

第七章
大学生生产劳动

素质是立身之基，技能是立业之本。广大劳动群众要勤于学习，学文化、学科学、学技能、学各方面知识，不断提高综合素质，练就过硬本领。要立足岗位学，向师傅学，向同事学，向书本学，向实践学。三百六十行，行行出状元。任何一名劳动者，无论从事的劳动技术含量如何，只要勤于学习、善于实践，在工作上兢兢业业、精益求精，就一定能够造就闪光的人生。

——2016年4月26日，习近平在知识分子、劳动模范、青年代表座谈会上的讲话

学习目标

知识目标：通过学习，能够了解大学生产劳动的概念；掌握大学生生产劳动的保障内容；掌握大学生生产劳动的内容；正确使用劳动工具，掌握劳动知识和技能；理解生产劳动与专业结合的实践意义。

能力目标：大学生能够依托实习实训，参与真实的生产劳动；大学生通过生产劳动，以动手实践的方式，增强体力、智力和创造力，具备完成一定劳动任务所需要的设计、操作能力及团队合作能力。

素质目标：通过生产劳动，大学生树立科学就业观、职业观；体验劳动，形成良好的劳动习惯，增强职业认同感和劳动自豪感；提升创意能力，培育不断探索、精益求精，弘扬开拓创新、砥砺奋进的精神。

课程导入

新时代、新技能、新梦想

全国邮政行业职业技能竞赛，是全行业规格最高、水平最高、参与范围最广的技能比赛。比赛要求选手立足本职、刻苦磨炼，发扬工匠精神，不断提高技能水平。浙江省代表队的中国邮政绍兴市分公司的阮海良本次比赛获得一等奖。他只用了 7 分 12 秒，就完成了 19 个快递投递，将 2 个快递揽收的路线安排妥当。阮海良这位"90 后""快递小哥"，2021 年评为"绍兴工匠"，成为获此殊荣的首位绍兴快递小哥。2022 年全国五一劳动奖章拟表彰人选公示，阮海良榜上有名。

阮海良说，刚开始的时候，觉得这一行是体力活，其实时间越长越觉得，要干好还要多动脑筋。纸质传统手写面单改为电子面单，阮海良马上自学了云打印，并在经营部和客户之间进行推广，提升了工作效率。要想有效提高揽投效率，规划路线很关键，比如有生鲜件时，遇快递柜投放时，阮海良也有自己的诀窍，他说怎么抢都要盘算。

阮海良用自己的职业态度，影响身边的同事不断学习新知识、提升新技能，带动快递从业人员坚定职业发展信心，立足岗位成长成才，走技能成才、技能报国之路。

思考题：你怎么看待大学生参与生产劳动？

知识导图

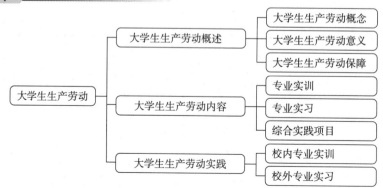

第一节　大学生生产劳动概述

生产劳动这一概念，来源于马克思主义劳动价值观，它将劳动分为两种类型，一是生产劳动，二是非生产劳动。生产劳动的核心内容是要让劳动者在充分体验感受工农业生产创造物质财富的过程中，逐渐了解劳动活动，体悟到在朴实无华的劳动中由汗水凝结出的智慧。

一、大学生生产劳动概念

生产劳动的意义绝非通过生产劳动创造社会物质财富满足人的日常需要这般简单。生产劳动的发展一方面让人不断提高创造财富的能力，为人类的生存和生活提供保障；另一方面，人在生产劳动中也建立并改进了人与自然、人与人、人与社会的关系，激励人对争取更美好生活、扩大与世界交往的兴趣和想象力。

劳动者在参与实践活动过程中，能切实体会日常必需品的制作和生产、物质财富的创造和积累。通过亲身经历，互相交流来学习如何操作使用生产活动中的工具，明白日常必需品来之不易，懂得劳动创造物质财富、满足人类基本生活需求的伟大，从而更加尊重劳动者、尊重他人劳动成果。

大学生生产劳动，一般与专业教育相结合，以专业劳动为主。参加生产劳动可以加深理解和巩固学过的专业理论知识，将专业知识在实践中应用并发现问题，提高对理论知识、技术技能的掌握，以及运用理论知识和技能分析和解决实际问题的能力，积累生产实践经验，提高实践操作技能和专业综合能力。

二、大学生生产劳动意义

大学生生产劳动的过程，是将专业理论与职业劳动实践相结合的过程。在真实劳动场景中，体验由易到难、由单一到综合、从强技能到塑信念的过程。

大学生在生产劳动过程中，获得专业知识、掌握技术技能、发展职业能力、培养创新精神，从而再次激发学习兴趣，增加自主参与活动的机会，有利于从整体上促进大学生身心素质的全面发展。

大学生在生产劳动过程中，将专业理论知识在实践中应用，发现问题，解决问题，反复实践，不断积累经验，提高解决问题的能力，提高专业的综合能力以及跨学科的创新能力。

励志榜样

邮政"先锋"——柴闪闪

柴闪闪生于 1985 年 1 月。2013 年被评为上海市优秀青年突击队员；2015 年被评为上海市农民工先进个人；2018 年，被评为全国邮政系统先进个人、全国交通运输行业文明职工标兵，获上海市五一劳动奖章；2019 年，获全国五一劳动奖章；2020 年被评为全国劳动模范。获得全国劳模荣誉时任中国邮政集团有限公司上海市分公司邮区中心局邮件接发员。

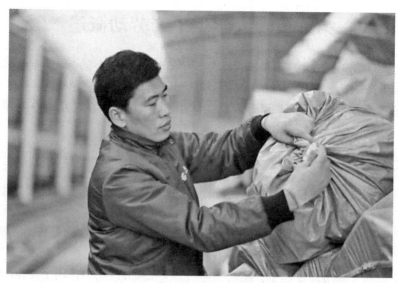

柴闪闪在工作中

柴闪闪是湖北省老河口市孟楼镇柴岗村人，中共党员，邮件转运高级工，现为中国邮政集团有限公司上海市分公司邮区中心局上海站邮件处理分中心职工。柴闪闪进入邮政企业的10多年里，工作中始终秉承"人民邮政为人民"的服务宗旨，吃苦耐劳，刻苦钻研业务知识，恪尽职守。他乐于奉献，团结同志，为上海站邮件处理分中心的邮运通信畅通做出了积极的贡献。

柴闪闪自从加入上海邮政，在工作中常和同事分享好的工作方法。他专门建立了学习交流QQ群、微信群，上传和分享许多平时工作需要的业务资料，以及自己工作的经验心得。

2019年全国人民代表大会期间，他在上海团向境内外媒体开放日的大会中，充分结合十九大提出的绿色发展规划和行业发展现状，以中国邮政在绿色快递推广中做出的成绩和经验为借鉴，做了"关于加快推进快递包装绿色化"的主题发言，倡导人们养成绿色低碳的快递消费习惯，"绿色快递"被写进了2019年政府工作报告中。

（资料来源：中国邮政集团有限公司官网（部分））

三、大学生生产劳动保障

大学生生产劳动涉及劳动的全过程，在真实的场景体验专业劳动，熟悉岗位知识，掌握劳动工具，实践劳动技能，从而提升创造性劳动的能力。这是大学生生产劳动的主要目的和内容。

劳动实践基地是学生实践理论技能的重要平台，便于学生提高综合实践竞争力。校内外实践教学基地能够加强校企双方协同合作育人，对人才培养起到重要作用。同时，为了培养学生的创新创业意识，搭建创客空间，建设大学生创业基地，也可以提升学生的创新思维与实践能力，培养团队合作精神，使学生提前感受真实的工作氛围，提高就业意识。

劳动实践项目是大学生生产劳动的核心内容。学校作为生产劳动的组织者，根据学校特点、专业特色，优化劳动教学体系，设计丰富的实践项目。按照专业教学质量要求和企业用人标准，有目标、有计划地开展实习生产劳动实践。在这一过程中，注重教师的专业指导，明确生产劳动的目标与任务，让学生有目标、有计划地参与劳动实践，树立参与劳动实践的自信。

　　大学生生产劳动离不开劳动实践工具。劳动工具"不仅是人类劳动力发展的测量器，而且是劳动借以进行的社会关系的指示器"。大学生生产劳动工具就是用来把自己的活动传导到劳动对象上去的物或物的综合体。简单地说，就是在生产劳动过程中，使用劳动工具完成专业知识技能的练习。大学生要主动观察劳动工具的使用，反复操作，熟练掌握，并了解其构造及原理，提出改良和创新的方案。以提升劳动效率，提高劳动的参与感及兴致。

知识拓展

校园快递"无人配送车"

大学校园里来了
无人快递车

　　无人快递车长 2.1 米、宽 0.9 米、高 1.2 米，拥有大"肚量"，跟快递柜相比，它的"胃口"更大，一趟可以装载 40～50 件包裹，相比人力配送能装载更大重量的包裹，而且格口是共享的，一个格子里可能会有不同收件人的邮件，车身有"请勿错拿"的提醒。

　　无人快递车遇到障碍物会主动避让或停止，会识别道路自动转弯，碰到石墩能精准穿过，到达楼下会自动停驻，电话通知收件人下楼取件。收件人只要输入取件码，就能开箱拿走快递，整个过程快速便捷。

　　它还可以预约送件时间。在收到快递到达站点的消息后，可以使用手机淘宝预约送件上门的时间。无人快递车出发前会发送含有取件码和预计到达时间的短信给收件人，到达指定位置后，会自动拨打电话通知收件人下楼取件。如果收件人临时有事不能及时取件，无人快递车会再次拨打电话询问是否需要等待，如果需要它就会再等 3 分钟，反之，它就自动回到驿站等待再次投递。

校园无人快递车

第二节　大学生生产劳动内容

　　大学生生产劳动是指依托校内实训基地或校外实习开展的生产劳动，是在提高某一职业群或某一职业岗位所需要的专业知识、技能和职业素养的同时，对学生进行爱岗敬业和精益求精的工匠精神等内容的教育。

通过合理安排实训和实习，让学生在职业岗位上进行工作，在实践中学习、在实践中得到训练，以了解一定岗位的知识和技能，融合企业文化，培养学生"干一行，爱一行"的敬业精神，推动学生在劳动中展示个性、发现个性和发展个性。

学校应寻求与政府、企业或协会合作构建协同育人长效机制，开展"企业导师"教学管理，打通学校与企业之间的壁垒，提升学生的社会服务与实践能力，促进学生树立正确择业观，提高社会服务能力。

现阶段大学生参与生产实践劳动项目的形式多种多样，通过校内外的综合实践项目、创新创业实践项目、"互联网＋"快递大学生创新创业大赛等形式，利用校内外"双创"实训基地等，展现大学生丰富多样的生产劳动。

一、专业实训

专业实训是学生将所学理论与生产实践相结合，根据不同专业对口的岗位标准，并结合不同专业课程理论内容，进行的一种体验式、场景式的生产性劳动，其目的是让学生在课程学习的同时，能够主动做到理论联系实际，反复进行操作训练，并能顺利衔接实习的内容及岗位。

校内实训主要包括课堂实训和仿真实训两种形式。课堂实训就是任课教师讲授专业理论的同时，根据教学进度和教学内容同步组织进行形式多样的课堂训练，比如案例分析、课堂讨论、课堂小测、情景模拟、小组竞赛等。此种方式的特点是现学现练，活学活用，能够及时巩固。

除上述课堂实训外，课内实训还有另外一种大家熟悉的方式就是仿真实训，主要是模拟真实岗位场景及内容，依据企业的岗位技能标准，设置教学目标与内容。这是教学中普遍使用的实训方式，经久不衰，历久弥新。它在校内实训基地真实还原企业岗位内容、设置项目环节。

实训课程采取"教"和"做"同步进行的方式，甚至以"做"为主，解决的就不再是单一的问题，而是一个与实际结合的综合的案例或项目，使学生能够较为完整和系统地掌握该专业内容。

（一）课堂实训

课堂实训旨在让学生能够学习更多的实践知识。而在实训课程的基础上，通过理论课的学习，学生不仅能掌握理论，也能更好地巩固所学习的实训技能，做到理论与实践一一对应，能够拓展学生在特定环境下的实验操作能力、专业协作能力、解决问题的能力等。

例如"网页设计与制作"是计算机信息管理专业中一门综合实训课程。通过实训巩固学生网页设计与制作及网站建设的基本知识，提高实际操作能力，为今后从事网页设计、网站开发、网站维护和管理工作奠定基础，并在课程学习中培养学习和工作的方法和能力，培养团队合作和创新能力，培养自主学习能力、故障分析与排除的能力等。

实训实施过程在校内实训环境中安装相应的网页制作工具。实训内容设计采用项目制教学，综合利用所学"静态网站制作""网页动态技术""Flash 动画技术""多媒体技术与应用"等知识完成某企业网站的开发，促使学生将所学知识灵活运用到实际的网站开发中，重点培养学生的静态网页制作能力，具备网站的建立和维护能力，独立思考、解决问题以及自主创新的能力。

（二）仿真实训

学校作为生产劳动的组织者，为师生在校内专门建立仿真的实训环境，配备专业设备、劳动工具等硬件进行实操实学，也会在设备上安装岗位所需仿真软件进行模拟环境的仿真实训，仿真实训很好地解决了大学生在校内课程实训与企业岗位衔接不畅的问题。

以邮政储汇操作技能为例，学校根据邮政企业职业技能等级大赛的标准及要求，旨在通过该类仿真实训，巩固学生邮政金融等方面的理论知识，为今后对应的岗位的实际操作奠定了基础，切实做到仿真实训与企业岗位的衔接。

实施仿真实训基地，依据企业真实场景，首先还原建设了储汇实践基地，配置了该实训课程的劳动工具，储汇操作设备、工具，学生实践的材料，以及使用了企业真实的仿真系统。

实践仿真实训的内容与标准，根据该职业资格证书的五级考核大纲设计项目内容。其中包括储汇业务处理、其他业务处理及运营管理三部分操作，涉及储蓄业务处理、汇兑业务处理、银行卡业务处理、电子银行业务处理、现金收付、尾箱管理及设备使用的工作内容。

通过该实践仿真实训的实施过程，学生能够熟练掌握办理定期存款、开户、借记卡开户、个人汇款、电子银行、人民币理财等课程生产实践内容。

二、专业实习

实习是教学过程的重要环节，通过实习学生能够在企业工作岗位的真实环境中得到锻炼，将所学专业知识与生产实践相结合，有效促进职业能力和职业素质的提高，使学生毕业后能尽快进入工作角色，缩短岗前培训时间。

企业也应要选派政治素质高、业务能力强的技术骨干对学生实习给予指导，在帮助学生加强企业相关知识学习和岗位技能训练的同时，重视对学生进行职业道德教育和邮政企业文化教育，使其尽快融入岗位。

（一）认识实习

以电子商务专业在邮政企业的认识实习为例，为了让学生尽早接触实际工作岗位，尽快熟悉岗位能力素质要求，要安排好邮政各个岗位的实习内容。通过岗位学习，要求学生从整体上了解邮政企业，了解基层营业网点；熟悉大堂经理岗位的工作内容和工作要求；掌握1～2项邮政基层员工必备岗位技能。在实习结束后，对学生实习表现，教师、企业等多方给出中肯、实际的评价意见，为学生融入真实的工作岗位提供指导性的依据。

（二）顶岗实习

以计算机信息管理学生的毕业顶岗实习为例，学生在毕业之前通过实习，了解企业运作、组织机构、规章制度和企业文化；掌握岗位的典型工作过程、工作内容及核心技能；养成爱岗敬业、精益求精、诚实守信的职业精神，增强就业能力。实习结束前，企业指导教师、学校指导教师对学生实习情况给予评价。

三、综合实践项目

校内外综合实践项目是学生除实训、实习以外，利用课余时间参与的一种生产劳动形式。

以大学生创新创业实践项目为例，主要分为创新研究项目、创业训练项目和创业实践项目。创新研究项目主要是指与课程相结合、与专业相结合、与实际需求相结合、与科技成果转化相结合，项目成果可推广、可实施、可应用的项目。创业训练项目是指具有较高经济价值、较强竞争能力、较大市场空间、一定知识产权、较好的创意和较为成型的产品原型、服务模式，或针对生产加工工艺创新改良的项目。创业实践项目是指学生团队在教师指导下，采用创新训练项目或创业训练项目等成果，提出具有市场前景的创新性产品或服务，以此为基础开展工商登记注册实际创业的项目。

大学生要紧跟时代的发展，参与综合实践项目要充分利用专业知识及技能，围绕"互联网＋"背景下邮政业务、快递业务、金融业务、信息技术、商务及公共服务等领域，与乡村振兴战略、精准扶贫脱贫相结合的项目内容，或者其他与专业结合有实践价值和市场前景的综合实践项目。

第三节　大学生生产劳动实践

大学生生产劳动的核心就是在场景中体验专业知识理论，实践专业技术技能。劳动的过程就是将专业知识与实践融合的过程。其中包括劳动理论的学习、劳动工具的使用、劳动过程的反复实践。这是大学生生产劳动的重要内容和目标。

一、校内专业实训

实训类课程是大学生专业课程的重要组成部分，也是大学生生产劳动的重要途径。专业课实训在进行职业劳动知识技能教学的同时，在课堂上也培养学生"干一行爱一行"的敬业精神，吃苦耐劳、团结合作、严谨细致的工作态度。本节以邮政快递类专业课程实训为例，通过课程任务的布置、实操内容的反复练习等，培养学生动手实践、不断探索、精益求精的劳动态度。

实践案例

邮政快递类专业课程实训

1. 活动目标

（1）通过对营业系统操作学习，掌握包括系统概述、前台受理、邮件查改等模块的操作和使用方法。

（2）根据邮政快递类岗位的需求、对标职业技能鉴定证书的要求，完成邮件揽投、邮件处理、邮件投递等部分业务操作内容。

（3）培养学生热爱邮政事业、达到胜任邮政营业收寄一线岗位能力要求的培养目标。

（4）培养学生团结协作、爱岗敬业、吃苦耐劳、精益求精、勇于创新的工匠精神。

2. 活动步骤

（1）认识实训环境、实训设备、实训工具等，提出实训过程中的基本操作要求、环境维护等。

（2）实施实训内容。了解邮政营业系统，掌握不同业务的操作步骤并练习。

（3）实训考核。学生进入真实的营业收寄流程，并按时准确地完成收寄内容，达到课程考核要求、企业岗位标准。

（4）完成实训报告。根据实训内容，结合专业理论学习，完成实训报告的撰写。

学生实训操作练习

3. 劳动感悟

（1）通过实训对该课程理论内容与实际操作结合有了更切实的了解。

（2）通过动手反复进行收寄练习，加深对邮政快递类岗位标准的了解和工作内容的熟悉。

（3）通过实训动手，对如何提高练习的速度、提高业务办理的质量进行总结和归纳，体验劳动实践的魅力。

（4）通过该项劳动，切实提高学生综合劳动实践能力、服务精神及创新意识。

二、校外专业实习

实习的劳动过程就是一种工作的过程，大学生在今后的工作岗位上，都是以企业目标、岗位需求为标准的。大学生从学校过渡到社会，就必须培养自己艰苦奋斗等劳动品质及解决实际问题的劳动能力。本节以邮政企业实习——大堂经理岗位为例，通过真实的企业岗位、实习的任务等，让学生在企业实习中，将专业学习融合实践劳动，增强其专业应用能力，提升社会责任感、爱岗敬业精神。

实践案例

邮政企业实习——大堂经理岗位为例

1. 活动目标

（1）加深并运用所学专业理论知识，提高分析问题、解决问题的能力。熟悉大堂经理应具有的业务能力，掌握大堂经理岗位的典型工作任务和核心技能。

（2）实现理论与实践的有效融合，把所学专业知识应用到实际工作中，从而获得真实的职业体验，最终实现顺利就业。

（3）养成热爱邮政事业、以客为尊、协同开发客户、高效服务等邮政职业素养。

（4）通过该项劳动，培养吃苦耐劳、防患于未然的工匠精神，达到胜任邮政企业基层一线岗位能力要求。

2. 活动步骤

（1）了解邮政组织管理机构和各部门的职业范围，了解邮政规章制度、技术工作人员的岗位职责等。

（2）在岗前培训的时候认真学习实习岗位的责任、处理业务的步骤、如何维护大堂秩序、如何进行客户服务与客户开发、如何处理投诉等内容。了解本专业知识在实习单位的应用情况和对邮政人才的要求和需求情况。

（3）熟练掌握相应岗位的操作技能，按照企业要求初步形成职业能力和养成职业素养。

（4）在每日工作结束后认真总结一天的收获与不足，为熟练掌握业务积累经验。

大堂经理的实习服务

3. 劳动感悟

（1）通过专业实习，更好地理解本专业的性质、特点，了解大堂经理工作的具体操作程序和方法。

（2）通过该项劳动，增强学生分析问题、解决问题的能力，找出自身状况与实际所需的差距，并在以后的学习中及时补充相关知识，为今后求职做好充分的知识、能力准备。

（3）培养艰苦创业精神和社会责任感，形成热爱专业、热爱劳动的良好品德，培养理论联系实际的应用能力。

（4）实习的过程同时也是接触社会、了解社会的过程，可以积累社会经验，接触实际，增强劳动观点和事业心、责任感。

 **实践活动**

请同学们按照上述两个案例，完成一个生产劳动，并填写劳动实践评分表。

劳动实践评分表

系部：　　　　　　　　　　专业：　　　　　　　　　　姓名：

评分者	评分要素				
	主题内容	专业特色	展示效果	劳动意义	可推广性
教师评价 （1～10分）					
专家评价 （1～10分）					
学生互评 （1～10分）					

生产性劳动

专业：　　　　　　　　　　姓名：

项目内容	时间：
	地点：

1. 项目目标

2. 劳动工具（材料、设备等）

3. 劳动过程

续表

项目内容	时间：
	地点：
4. 劳动成果	
5. 劳动感悟	

第八章
大学生服务性劳动

我们要倡导勤劳俭朴、努力奋进的社会风气,让所有人的劳动成果得到尊重。

——2017 年 1 月 17 日,习近平在世界经济论坛 2017 年年会开幕式上的主旨演讲

学习目标

知识目标：通过学习，能够了解大学生服务性劳动的概念，掌握大学生服务性劳动的内容，掌握大学生服务性劳动的主要形式，理解服务性劳动对于大学生的社会实践意义。

能力目标：能够通过服务性劳动，做好校园环境秩序维护；能够运用专业技能为社会、为他人提供相关公益服务；通过实践，掌握服务性劳动的专业知识和社会服务技能。

素质目标：通过服务性劳动，提高自主服务的意识，使其能够自觉自愿、认真负责、坚持不懈地参与劳动，形成诚实守信、吃苦耐劳的品质，养成崇尚劳动、尊重劳动、服务奉献的劳动价值观。

课 程导入

战"疫"路上的投递员

面对一场突如其来的疫情，总有一些人选择逆行而上，邮政投递员便是其中之一。"人民有呼唤，服务不间断"，只为这一句承诺，邮政投递员挺身而出，成为疫情中勇敢的"逆行者"。

邮政是坚守一线抗疫的绿色"战神"。自抗疫阻击战打响后，邮政员工坚守在岗位一线，几个月无休假是常有的事。邮政也是为人民群众办事的"跑腿人"。特殊时期，邮政特投部等多个部门岗位提供 24 小时服务，只要用户有需要，即使疫情严峻，也决不退缩，担当起"人民邮政为人民"的使命。

大家说："邮政工作的本质是为人民服务。国家遇到困难，我们能做的绝不退缩。"

（资料来源：邮政集团有限公司官网）

战"疫"路上的投递员

思考题：请问你参加过哪些志愿者活动？

知识导图

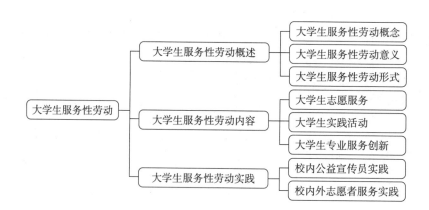

第一节　大学生服务性劳动概述

大学生作为社会服务体系中拥有系统的专业理论知识、掌握熟练的专业技能的青年群体，要以"为人民服务"为出发点，不仅要践行公益劳动、社会服务等，更要培养公共服务意识。

一、大学生服务性劳动概念

服务性劳动是指运用所需的专业知识与技能，为社会或他人提供相关的志愿服务，进而提升社会公德，强化爱国为民的情怀。无论是党的根本宗旨"全心全意为人民服务"，还是以邮政企业的"人民邮政为人民"，都是将服务意识、风险精神、责任担当融入具体的社会实践劳动中，强化服务意识。

服务性劳动强调劳动者在劳动过程中，增强与他人、与社会的联系，更好地为他人和社会服务。服务性劳动的内容包括，关爱照料特殊个人或群体的服务性劳动，维护公共秩序与公共安全的服务性劳动，以宣传宣讲为目的的服务性劳动等。

大学生的服务性劳动是指大学生在校内外参加的有利于他人的社会行为，既包括校园内的教室、食堂、校园的卫生保洁、绿化美化和管理服务等，也包括校园外的勤工助学、志愿服务、创新创业训练等各类社会实践。

大学生要重视服务性劳动中新知识、新技术、新工艺、新方法的运用，提高在生产实践中发现问题和创造性解决问题的能力，在动手实践的过程中创造有价值的物化劳动成果。

大学生服务性劳动具有较强的时代特点。它对培养大学生服务社会、奉献社会的精神具有重要作用。经济快速发展，社会不断进步，现代化建设进程不断加快，时代赋予了服务性劳动新的角色和新的标准。大学生要充分利用所学理论知识、技术技能等，通过公益讲座、技术进社区、志愿者服务、维修家电、健康体检等形式，服务社会社区，服务他人，进而增强社会责任感和职业自豪感。

二、大学生服务性劳动意义

大学生服务性劳动注重将所学的理论知识与劳动技能付诸实践。为他人服务、为社会贡献这是对新时代大学生的要求，大学生在丰富的服务性岗位和任务中，体验服务他人的价值，提高服务意识、服务责任和服务技能，增强社会责任感。

也就是说大学生利用所学专业知识、劳动技能，操作工具、运作设备为他人和社会提供服务，通过服务性劳动增强与社会的沟通，深度参与社会实践，从而提高社会服务的责任感和使命感。

三、大学生服务性劳动形式

大学生服务性劳动可以围绕主题、项目开展丰富多彩的活动，如开展以服务性劳动为主题的社团活动，开展以公益宣讲、服务性劳动知识大赛、"劳模故事"大讲堂等活动，也可以开展社会实践、社会调查等让大学生深入社会的服务性内容。

首先，积极投身于志愿服务。要积极投身社会公益事业，培养社会责任感和社会公德心。例如与当地孤儿院、养老院等建立合作关系，定期去孤儿院、养老院进行帮扶；开展学雷锋做好事等校园内公益活动。

其次，积极参与实践活动。在实践服务的第一线，直接与被服务者相处，进一步感受劳动者的辛苦,增强尊重劳动、珍惜他人劳动成果的意识。例如参与校内外兼职工作、社会实践工作等。

最后,积极参与专业创新劳动。将自己的知识、专业特长、技术技能等运用到真实的服务岗位中,将劳动知识与社会体验有机融合,在充满温度与感染力的服务性劳动中提高社会责任感,提升对专业学习应用的兴趣和价值感。例如助力微小企业线上服务、帮助社区居民维修家电、进行公益活动宣讲等。

大学生校内外服务性劳动内容与形式是多种多样的,鼓励更多创新服务性劳动内容与形式。

劳动视野

劳模事迹报告会

砥砺前行创辉煌
扬帆起航再出发

2021 年,中国邮政集团有限公司党校举行 2021 年邮政企业劳模事迹报告会,劳模班全体学员用别开生面的事迹报告、独具匠心的劳模精神进校园活动生动诠释了新时代劳模精神与"中华民族伟大复兴相托相生、与社会主义核心价值观相融相通、与工匠精神相辅相成的"的崭新意蕴,践行了"平凡中铸就不凡,细微处展现担当"的铮铮誓言。全体学员学思用结合、知信行统一,收获满满、责任满满、信心满满。典礼上,劳模班学员代表还进行了邮政党校庆祝建党百年党史系列微党课和劳模讲故事成果展示,并代表全体学员为奋进新时代、助力中国邮政"二次崛起"提出了倡议。

劳模班学员平均年龄 44 岁,长期从事投递、营业、基层管理等工作,对于大家来说,每一节课、每一本书、每一项作业都是在攻难关、攀高峰。但是,他们不怕难、不服输。图书馆查阅资料、宿舍挑灯夜读、研讨室热烈讨论,因为大家知道,学习永无止境,传承永不止步。唯有学习,才能当好主人翁、建功新时代;唯有学习,才能践行新理念、实现新梦想。

劳模们还兼任学院大学生辅导员,走到学生中间,走上石邮讲坛,谈初心使命,讲先进事迹,展劳模风采,鼓舞石邮学子献身邮政事业,书写无愧于时代的青春篇章。

百年党史学习微课

第二节　大学生服务性劳动内容

大学生服务性劳动，可以参与社会公益志愿活动，也可以利用自身的专业背景和知识，参与社会服务相关的实践活动，还可以依据自身的综合能力，参与创新服务，以提高大学生作为一个社会人、职业人的责任与担当。

一、大学生志愿服务

比较常见的大学生服务性劳动就是志愿服务。志愿服务是指人们在一段时间、固定场景中自愿无偿地为他人或社会服务。志愿服务是基于自愿，不以获得报酬为目的，用自己的时间、技能、爱心为他人和社会提供服务的行为。

志愿服务既是助人，也是自助。学生志愿者是志愿服务活动的主力军，他们让被服务者感受到年轻人的热情和社会的温暖。志愿服务可以提高学生志愿者对生活的认知和思考能力，为以后进入社会发展做准备。

随着志愿服务逐渐项目化，要求青年志愿者有一定的专业度、良好的素质和技能。学生志愿者参与服务性劳动的主阵地是校园，要充分利用在校闲暇时间，参与学校组织的志愿服务活动，例如疫情防控、文化宣传与网络文明宣讲等；也可以利用寒暑假、节假日参与校外志愿服务，例如社区公益服务、为老年人服务等。

（一）校内"防止校园贷"宣讲志愿服务

校内宣讲是志愿服务的主要项目之一，与大学生息息相关的"校园贷"问题，需要公安机关的专业宣讲员，同时也需要与学生熟悉度更高的学生宣讲员。他们作为大学生的一分子，能更好地理解大学生所思所想，用同龄人更易于接受的方式进行宣讲，能更好地达到宣讲的作用。

作为校内"防止校园贷"宣讲员，第一要熟悉宣讲内容，例如校园贷有哪些陷阱、校园贷的案例等，要做到心中有数；第二，要设计宣讲形式，例如发宣传单、开宣传讲座、设计"防止校园贷"知识竞赛等；第三，要落实宣讲活动，通过海报、学校广播、社团主题活动等落实宣讲计划；第四，宣讲后要及时复盘，对宣讲内容、受众的反馈调查、宣讲员自身表现及改进等方面进行总结归纳。

"防止校园贷"宣传海报

（二）校外疫情防控志愿服务

参与校外疫情防控志愿服务活动的流程：首先在社区、居委会等基层组织报名申请，通过审查后才可参与志愿服务活动。其次，要遵守社区组织的安排。例如对辖区入户问候和登记，上门做防护工作等。再次，如服务过程中遇到问题，要注意个人语言、语气，安抚居民，并上报给社区组织者。最后，工作结束后，要做好总结，并向组织汇报。

二、大学生实践活动

大学生实践活动是指学生参与校内外的社会实践活动，具有深化理论学习的功能，可以提升课堂教育的效果。学生参加实践活动有多种形式，例如考察实践、社会调查实践、科技实践、勤工助学实践、学习创新类实践。

实践活动是课堂学习的延续，学生在实践活动的第一线，将实践的体验、经验与学习理论内容融合，感受劳动的价值、劳动者的辛勤，从而更加尊重劳动、崇尚劳动。在这个过程中，大学生的思想政治品德得到了全面健康的发展，逐渐形成正确的价值观、职业观，并践行社会主义核心价值观。

大学生实践活动具有多种形式，如校内勤工助学、社会调查问卷、学习小组等形式，校外兼职，以及科技、文化、卫生"三下乡"等形式。不同类型的实践活动有些是独立进行的，还有许多是相互联系在一起的。它可以培养学生综合解决问题的能力，让学生积累社会经验，激发学生参与实践活动的兴趣。

（一）校内勤工助学实践活动

勤工助学活动是指有需要的学生在学校的组织下，利用课余时间，通过劳动和服务取得合法报酬，用于改善学习和生活条件的社会实践活动，是学校学生工作的重要组成部分。

勤工助学活动必须坚持"立足校园、服务社会"的宗旨，按照学有余力、自愿申请、信息公开、扶困优先、竞争上岗、遵纪守法的原则，由学校在不影响正常教学秩序和学生正常学习的前提下有组织地开展。

首先，学校根据办学条件设立勤工助学基地或开辟多种形式的勤工助学渠道，为学生提供勤工助学岗位，并于每学期面向全校公开发布勤工助学岗位数量、待遇及岗位要求等。例如，教室清扫岗、超市理货岗等。

其次，本校在读学生符合条件者均可报告参与勤工学活动，学生申请勤工助学岗位，由学生所在班级的辅导员、主管学生工作的负责人签署意见，学生资助中心核查并确认录用。

最后，本着"公开、公平、公正"的原则，学生工作部门根据岗位要求进行公开招聘，择优录取。同等条件下家庭经济特别困难的学生优先录用。

（二）校外社会调查实践活动

校外社会调查实践活动是多种多样的，可以通过调查问卷、实地调查、访谈调查等方式进行。学生在参与校外实践活动的时候，应依据对调查群体、调查方式的熟悉程度进行排序，先服务比较熟悉的对象，然后服务相对不太熟悉的群体，先用课堂、学校常见的组织形式，再进行深入的调查研究。

某项目小组准备策划一场二手物品交易活动，命名为"蚂蚁易物"，该活动策划之前，小组成员决定在该区域进行问卷调查分析研究。实施问卷调查实践活动的流程：

首先，项目小组确定本次活动以物品二手交易为主题，根据该主题小组成员讨论调查问卷的设计题目及逻辑关系，例如，调查的目的、调查的对象、调查的时间、调查的内容、调查问题之间的逻辑关系等。

其次，根据讨论结果，选择问卷调查平台，发放问卷并实施，项目小组可以选择问卷星、微信小程序等完成实践操作。根据所选平台的要求选择题目类型、设计题目内容、设置发放时间、限制完成次数等内容。

最后，项目小组依计划回收问卷，统计结果并分析，得出调查结论。

三、大学生专业服务创新

大学生在服务性劳动过程中，要将服务劳动与专业知识、技术技能相结合。服务性劳动过程本身能推动专业学习，激发学生的学习兴趣，提高学生的实践能力与知识运用的综合能力。另外学生专业学习的提升，也能推动提高服务的专业化水平。二者相互作用，实现服务性劳动的创新。

大学生在服务性劳动过程中，根据专业学习，紧跟时代发展和科技变革，了解不同专业最新的知识内容、学习方式、学习途径，掌握不同专业劳动工具的使用、技术技能的操作等，体现了大学生服务社会的时代性。

大学生在服务性劳动过程中，通过专业实践，又将所学的理论内容系统化，可操作性更强，推动学生在专业实践中积极思考、总结、提炼，不断寻找问题的最优解决办法，体现了大学生服务社会的创造性。

将创意劳动或创新产业纳入学生社会服务性劳动的内容，充分利用大学生专业知识储备、年轻一代的创意思维方式，融合服务性劳动的实践着陆点，逐步提高学生专业综合素养。

（一）校内"井盖涂鸦"服务活动

为创建文明校园，激发同学们的想象力和创造力，增强同学们的动手能力和参与能力，以及主人翁意识，项目小组策划组织开展了"井"上添花的井盖涂鸦活动。

经过文化创意专业学生、学校美术特长志愿者等组成的创意设计团队，近两个多星期的创意申请、构图设计、反复修稿，融合学校特色文化，在井盖本身的凹凸效果和纹理上进行创作。

在作画前要先给井盖做清洗，井盖干净晾干后才能创作，然后勾边、上色、晾干、再上色。为了防止画没干被踩踏，需要一直在一旁守候。

文化创意专业的学生和志愿者在这次特别的绘画中展示了专业能力、体验了劳动的成就感，作品引来广大师生驻足欣赏，美化了校园环境，丰富了校园文化。

"井盖涂鸦"作品

（二）校外"进社区"专业创新服务

为充分统筹整合社会各类资源，提升社区为民服务水平，同时强化青年志愿者服务社会、奉献基层的志愿服务意识，引导广大青年志愿者们勇于担当，发挥专业知识技能特长。

利用暑假进行"三下乡"社会实践活动。金融专业的大学生在社区组织下，充分利用自身专业知识与技能，通过设立服务咨询台、悬挂主题海报、主题讲座等形式，向社区居民普及人民币反假、个人金融信息安全等金融知识，引导居民树立科学投资理念，增强金融风险防范意识。

金融专业学生与社区工作者组成"金融知识进社区"项目小组，共同设计知识讲座，向社区居民讲授金融知识、普及金融信息，提高居民风险防范意识。通过设立咨询服务台，向居民特别是老年用户演示手机银行的操作流程、面部解锁的安全防范等注意事项，对居民普及防范金融风险、短信诈骗等内容，进一步拓展金融专业学生实践服务社会的广度和深度。

金融专业学生长期参与社区普及金融知识活动，与当地组织金融机构利用社区分支机构、社区金融服务站、乡村金融服务站等基层网点开展各类宣传活动，服务人数近千人，取得了良好的社会效应，受到当地居民称赞，也提升了学生专业学习的兴趣。

第三节 大学生服务性劳动实践

大学生在服务性劳动中，应积极从教室"走出来"，以服务社会、服务他人为目标，结合自身优势和专业学习，展现与人交往、协同合作、信息处理、解决问题等职业能力，培养服务奉献意识。

一、校内公益宣传员实践

校内公益宣传员的活动是大学生参与实践活动的主要形式。为了让大学生更多地关注社会、担当社会责任，也为了帮助更多有需要的人，让更多的人参与到公益活动中，要组织大学生利用自身优势、专业能力开展形式多样的宣传活动。本节以"校内垃圾分类宣传员"为例，通过学生自主确定主题、策划活动并实施，培养学生的责任感、奉献精神，也让学生在这一过程中实践、传播正能量，提高自身修养。

实践案例

校内垃圾分类宣传员

1. 活动任务

（1）掌握垃圾分类的基本原则和处理方式。

（2）垃圾分类是建设环境友好型、资源节约型社会的大环境需求，通过垃圾分类宣传培养忧患意识和可持续发展观念，树立正确的环境观和发展观，从关心身边的环境入手，积极采取行动，培养良好的文明习惯。

（3）通过认真学习相关的法律法规和政策标准，观看多种媒介有关垃圾分类和处置工作的宣传，重视生活垃圾源头管控，从而形成良好的生活习惯和环保意识。

（4）通过该项目，体验服务性劳动的意义，通过公益宣讲劳动，体现服务奉献精神、责任意识。

2. 活动实施

（1）校园的垃圾桶分为可回收垃圾和不可回收垃圾，在垃圾桶两边贴上日常垃圾的分类标准，哪些属于可回收的，哪些属于不可回收的，引导同学们自觉将垃圾分类，为环保做出自己的微薄贡献。

（2）在宿舍园区宣传垃圾分类知识，让每个宿舍的学生有意识地将垃圾分类放置，可回收的单独放一边等待同学来收，不可回收的及时送垃圾中转站。

（3）利用学校班报、专栏、广播、微信公众号等传播手段来宣传垃圾分类。

（4）组织学生观看有关可回收垃圾、有害垃圾、厨余垃圾、其他垃圾分类及日常生活中垃圾回收误区的视频，观看环卫工人分拣垃圾的方法技巧。

（5）组织学生进行实地演练，进行垃圾分类，掌握垃圾分类的技巧，总结此次活动的收获，同时向亲戚朋友传播垃圾分类的重要性。

垃圾分类的宣传

3. 劳动感悟

（1）通过宣讲辨别可回收垃圾、有害垃圾、厨余垃圾、其他垃圾，同时也了解到日常生活中的垃圾处理的三个阶段：垃圾系统收集阶段、垃圾运输阶段、垃圾末端处理阶段。

（2）通过宣讲，对学生普及了环保与垃圾分类的知识，提升了对环卫行业的认知，增强了对环卫工人的尊重和爱护，养成了良好的垃圾分类习惯。

（3）学生认识到进行垃圾分类收集可以减少垃圾处理量和处理设备，降低处理成本，减少土地资源的消耗，具有社会、经济、生态三方面的效益。

（4）促使广大老师和同学养成良好的习惯，培养公共道德，切实维护大学生的良好形象，共建和谐美好的校园环境。

二、校内外志愿者服务实践

志愿服务是大学生参与服务性劳动最广泛的形式，志愿者进行社会公共利益服务而不获取任何利益，主动承担社会责任，奉献个人时间和助人为乐。根据工作内容分为消防志愿者、抗震救灾志愿者、奥运志愿者、社区志愿者、环保志愿者等。本节以"校内外防疫志愿者活动"为例，通过学生在校内外参与防疫志愿活动，培养学生的社会责任感、志愿精神和自我实现意识。

实践案例

校内外防疫志愿者活动

1. 活动任务

（1）通过志愿者活动，认真履行志愿者的责任，完成活动任务，克服困难，坚守岗位，团结协作，细致地完成工作，激励更多人加入志愿者的行列。

（2）将志愿者乐于助人、甘于奉献的精神展现给社会，将爱心的种子不断地传播下去。

（3）通过志愿者活动为身边的人、社会、国家做出贡献。

（4）通过该项劳动，体验社会志愿者工作的艰辛，完善自我认知，并从中体会劳动价值，学习劳模精神。

2. 活动实施

（1）报名当志愿者，迎接新生，穿上合适的衣服，在校门口等待安排，做好自己的岗位工作。

（2）迎接新生，因为疫情原因家长无法进校，由志愿者帮助新生搬行李，整理东西。

（3）告知需要准备和购买的东西，了解学校的规则和了解学校的环境，为新生解惑，将我们知道的生活常识和学校食堂、澡堂、操场等的位置告诉他们，使新生尽快了解学校。

3. 劳动感悟

（1）增加了责任感，在耐心帮助新生解决问题过程中，有一种服务的责任感。

（2）提供志愿服务、弘扬志愿精神。通过大批优秀大学生不断的努力，实践自我、提高自我、升华自我，大力宣传并发扬新一代大学生志愿者的奉献精神。

（3）通过参与志愿服务工作，有机会为学校、为社会贡献自身的才学、能力，在志愿

志愿者服务活动

服务中发挥自身的作用和优势，从中学会自觉奉献的精神和参与社会活动的责任感，精神境界得到升华。

（4）在参与志愿服务工作过程中，培养自己的组织、协调、交际及领导能力，学习新知识，提高自身素质。

请同学们按照上述两个案例，完成一项服务性劳动，并填写劳动实践评分表。

劳动实践评分表

系部：　　　　　　　　　专业：　　　　　　　　　姓名：

评分者	评分要素				
	主题内容	专业特色	展示效果	劳动意义	可推广性
授课教师 （1～10分）					
专家评价 （1～10分）					
学生打分 （1～10分）					

服务性劳动

专业：　　　　　　　　　姓名：

项目内容	时间：
	地点：
1. 项目目标	

项目内容	时间：
	地点：
2. 劳动工具（材料、设备等）	
3. 劳动过程	
4. 劳动成果	
5. 劳动感悟	

第九章

劳动教育基地与活动组织

人民创造历史，劳动开创未来。劳动是推动人类社会进步的根本力量。幸福不会从天而降，梦想不会自动成真。实现我们的奋斗目标，开创我们的美好未来，必须紧紧依靠人民、始终为了人民，必须依靠辛勤劳动、诚实劳动、创造性劳动。我们说"空谈误国，实干兴邦"，实干首先就要脚踏实地劳动。

——2013 年 4 月 28 日，习近平在同全国劳动模范代表座谈时的讲话

学习目标

知识目标：了解劳动教育基地的类别与作用，了解劳动教育基地建设的原则，了解不同专业劳动教育实践活动的组织形式。

能力目标：学会利用劳动教育基地参与真实的生产性劳动和服务性劳动，学会利用职业劳动理论和技能，依托劳动教育基地开展劳动教育实践。

素质目标：使学生充分认识劳动教育基地实践的重要性和必要性，教会学生正确认识和看待劳动教育实践，提升学生创新地开展生活、生产、服务性劳动实践的意识和积极性。

课 程导入

石家庄邮电职业技术学院兴劳动之"风"——莘莘学子进田园

石家庄邮电职业技术学院与合作方桃园村合作社、藁城区农昌种植合作社、河北农业大学、初喜农业科技公司联合共建"农村电商人才培养实训基地"和"劳动实践教育基地"，在学院电子商务、市场营销、文化创意与策划、速递物流等专业中开展"劳—技—装—售—播—评"全流程、一体化的劳动教育活动，让学生树立劳动观念、提升劳动技能、培养劳动精神，在"工学交替"中实现"学以致用、用以促学、学用相长"的有机统一和良性循环。

"劳"——精耕细作育果园。学生深入田间地头参与挖坑、灌溉、采摘等劳动过程，亲身体验传统劳动，收获劳动成果，体会劳动创造美好生活，弘扬积极向上的劳动精神。

"技"——农技培训涨知识。在劳动前、中、后各阶段，由企业导师穿插进行选种、育苗、灌溉、移栽、套袋、摘袋、运输、储存等农技培训和指导，学生在理论指导下实践，又通过实践来充实理论知识。

"装"——产品打包练技能。打包产品是电商、快递行业和邮政企业的基础技能，学生利用已有的专业知识动手实践，进行计重、包装、封件、贴单等系列操作，实现真正上手操作。

"售"——创意设计促销售。新时代的销售已不是简单的摆摊式营销，而是要通过有创意的营销推广方案设计，拓宽销售渠道，丰富销售方式。学生以小组为单位，通过淘宝、抖音、微信等平台，以及走进校园、办公室、宿舍，红红火火开启"线上＋线下"销售模式，打造石邮院皇冠梨品牌。

"播"——电商直播练能力。直播带货已成为现代人新的销售方式，学生在抖音和淘宝直播平台上分别创建"农邮鲜"账号，进行"电商引流＋用户运营＋活动策划＋内容运营＋品牌塑造"的规划设计，每天晚上定时进行直播，既能提升效益，又能锻炼能力。

"评"——多维评价助显效。学校、学生、教师、合作企业等多个方面，从劳动精神塑造、劳动习惯养成、劳动意识增强、劳动技能提升等多维度，开展学生劳动教育综合评价，激励学生积极参与劳动、认真从事劳动、创新劳动方式、感悟劳动价值。

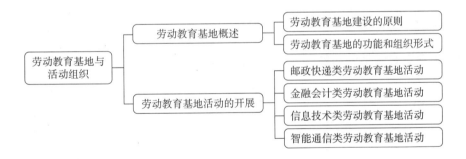

（资料来源：石家庄邮电职业技术学院官微）

思考：利用劳动教育基地开展劳动教育对提升大学生的综合素质有哪些价值和意义？

知识导图

```
                              ┌─ 劳动教育基地概述 ─┬─ 劳动教育基地建设的原则
                              │                  └─ 劳动教育基地的功能和组织形式
劳动教育基地与                 │
活动组织          ─────────────┤                  ┌─ 邮政快递类劳动教育基地活动
                              │                  ├─ 金融会计类劳动教育基地活动
                              └─ 劳动教育基地活动的开展 ─┤
                                                 ├─ 信息技术类劳动教育基地活动
                                                 └─ 智能通信类劳动教育基地活动
```

第一节　劳动教育基地概述

　　劳动教育基地是开展劳动教育实践的重要平台和载体。依托劳动教育基地，亲历完整的劳动过程，既可以将所学专业知识技能应用于生活生产实际，从而淬炼劳动技能；又有助于全流程、全身心投入劳动项目，设计劳动项目、参与劳动过程、团结合作劳动、创新劳动工具，从而实现以劳增智、以劳树德、以劳强体、以劳育美的劳动教育目标。

　　劳动教育基地是面对真实劳动任务情境，亲历实际的劳动过程，通过观察思考和动手实践，运用所学理论知识与技术技能，解决实际问题，开展生活、生产、服务性劳动的实践场所。劳动教育基地的形式主要有校园日常生活劳动教育基地、校企共建校内外生产性劳动教育基地、校地共建服务性劳动教育基地等。劳动教育基地需要学校、企业、社会等诸多方面共同建设，需要场所、经费、师资等多方面协同，需要结合专业特色，一体化设计实践项目，需要学生的积极参与和配合。

一、劳动教育基地建设的原则

（一）目标导向　突出特色

劳动教育基地要以学生为中心，以满足家庭、学校、社会等相关主体的实际需求为出发点，整合当地自然资源、人文资源、企事业单位等社会资源，结合区域产业经济发展和学生专业特点，明确劳动教育基地的功能、建设目标和标准，突出劳动教育基地特色。

（二）统筹开发　共建共享

劳动教育基地与行业企业需要、专业职业技能相结合，与带动周边社会企业发展、服务乡村振兴战略、传承非物质文化遗产相结合，由学校、企业、地方三方统筹规划、共建共享，充分利用各方资源组建梯队型专业化师资队伍，保证劳动教育基地常态化稳定运行。

（三）系统设计　机制保障

学校依托劳动教育基地开展劳动实践项目，一般从政府、企业、基地、学校、社会等多个层面进行顶层设计，系统性、主题性设计劳动教育项目实践体系和课程体系，统筹规划劳动项目运营保障机制和劳动安全保障机制，确保劳动教育实践安全高效开展。

二、劳动教育基地的功能和组织形式

（一）劳动教育基地的功能

教育基地是专门用于教育培养的专业性主题基地，是专门用于学习劳动知识、培养劳动技能、端正劳动态度、树立劳动观念、传承劳动精神的场地。劳动教育有较强的思想性、实践性，依托劳动教育基地开展生活劳动、生产劳动和服务性劳动，是新时代劳动教育的重要途径。

组织学生到企业、工厂、农场参加力所能及的生产劳动，参与新型服务性劳动。支持学生深入城乡社区、企业事业单位等参加志愿服务、公益劳动等多种形式的社会劳动实践。

（二）劳动教育基地的组织形式

劳动教育基地的建设有学校自建、校企共建、校地共建等多种不同的组织形式。

1. 学校日常生活劳动教育基地

学校是学生学习和生活的主要场所，是劳动教育最直接、便捷的基地。学校要充分挖掘、开发和拓展校内资源，开展校内日常生活实践劳动，围绕"生活即劳动"的理念，学习日常生产生活中需要掌握的劳动技能，提升自强自立的意识、艰苦奋斗的品格、劳动实践的能力。学校日常生活劳动主要包括宿舍卫生整理、校园环境保洁、教室设备清洁、图书馆管理服务、劳动工具整理、厕所卫生清理、食堂帮厨、校园绿化美化、教育教学器材收纳、生活创客、班务整理、勤工俭学等多种形式。

通过拓展食堂、宿舍、菜鸟驿站、校园超市、校园公共区域等场所的劳动教育功能，开展劳动教育。依托餐厅和食堂的基础设施，组织开展食堂帮厨、"光盘行动"等劳动活动，既可以培养蔬菜清洗、餐具清洁、厨房卫生、餐厅整理等生活劳动技能，又可以培养热爱劳动、尊重劳动者的态度和观念；依托菜鸟驿站、校园主题邮局，组织开展包裹出库、入库、派送、存放和查询等劳动活动，既可以让我们了解快递的处理流程，又可以体会快递职业的辛苦及专业性和重要性；依托教室、校园等公共区域开展垃圾清理、环境维护等劳动活动，既有助于学会规划劳动任务，合理安排劳动时间，创新改进劳动方式，又有助于树立尊重劳动者、尊重劳动成果的正确价值导向。

劳动视野

石家庄邮电职业技术学院组织开展"劳动最光荣"宿舍活动

2022年上学期因新冠疫情，很多大学校园实行封闭式管理。石家庄邮电职业技术学院速递物流系在网课期间，为提高学生劳动积极性，组织各班开展了"劳动最光荣"宿舍活动。

石家庄邮电职业技术学院速递物流系"劳动最光荣"宿舍活动

劳动创造幸福。宿舍就像我们的第二个家，需要我们共同爱护。当大家都"动"起来的时候，心也近了起来。

劳动带来希望。网课闲暇时间的劳动给同学们带来了一些新的动力，大家看到干净的宿舍，心情变好了，学习积极性也提高了。疫情当下，我们要做到好好上课，不让学校担心。

劳动使人尊敬。疫情当下，速递物流系许多同学为保持宿舍楼卫生、保证自己及他人的安全卫生健康，都报名参加了宿舍楼志愿者活动，大家不怕苦、不怕脏、不怕累，为同学们提供了良好的宿舍环境。

我们今日的劳动虽小，但一切劳动都值得尊重和鼓励！

人世间的美好梦想，只有通过劳动才能实现！

发展中的各种难题，只有通过劳动才能破解！

生命中的一切辉煌，只有通过劳动才能铸就！

让我们行动起来，有一分热，发一分光！

（资料来源：摘自"石邮青年"公众号）

2. 校企共建生产劳动教育基地

校企合作、工学一体是职业院校的特色优势，依托校企合作共建共享劳动教育实践基地，以实习实训课为主要载体开展劳动教育，统筹安排形式多样的实训课程、实习工作，组织各级各类职业技能竞赛和创新创业大赛，在实习实训、竞赛活动过程中加强新知识、新技术、新工艺、新方法的使用，有助于提升解决实际问题的能力，积累和沉淀职业经验，提升职业荣誉感。校企共建劳动教育基地的形式主要包括引企驻校（校中厂）、引校进企（企中校）、校企一体等。

（1）校内劳动教育基地。

校内实训室。实训室是学校开展生产性专业实践教学、学生生产劳动技能训练和科研创新的重要场所，是高职院校最重要的教学设施之一，是学校培养具有创新精神和实践能力的技术技能型人才的基本保障。实训室的主要功能是完成实践教学任务、承担职业技术技能培训和比赛、开展职业技术技能鉴定考核和高新技术应用推广。随着信息技术的高速发展，职业教育虚拟仿真实训基地的建设越来越受到关注。虚拟仿真实训基地是虚拟仿真技术与传统教学相互交融的产物，主要依托虚拟现实、互联网、人机交互、大数据、云计算和网络通信等技术，构建高度仿真的虚拟实验环境和实验对象，实现现实环境中不具备或难以完成的教学功能和条件，让学生在虚拟环境中开展实习、实训、实验，从而达到所要求的认知与实践教学效果。学生不仅可以借助人机交互界面调节虚拟实验中的参数变量，通过观察、总结和归纳计算机仿真模拟结果来获取相应的知识技能，还能够节省大量在现实实习实训或实验过程中需要花费的人力和物力资源成本。

引企驻校，即校中厂。校中厂是把企业的生产场所引入学校，校企合作进行人才培养，这是培养高素质技术技能人才的平台，是重要的校内生产性实习实训基地和劳动教育基地。通过引企驻校创办校中厂，校企合作开展专业（群）建设、课程资源建设，校企专兼职教师共同组织大学生创新创业实践项目和职业技能大赛训练，开展合作科研和科研成果转化，同时还可以为学生提供实习与就业的机会，为学校青年教师提供下企业锻炼的基地，为企业员工提供培训鉴定和学历提升的途径。

（2）校外劳动教育基地。

校外劳动教育基地主要依托学生实习企业，以及与企业共建共享的综合性、专门性、区域性或行业性劳动教育基地。劳动教育基地的建设要结合产业特色、资源优势，进行合理规划布局、系统化设计，包括生产性劳动教育基地、新型服务性劳动教育基地、新兴科技型劳动教育基地等。通过劳动教育基地实践，锻炼岗位劳动技能，实现专业理论知识迁移，培养塑造劳动精神和劳动品质。

知识拓展

教育部高职院校专业教学标准中校内外实习实训基地建设要求

教育部高职院校专业教学
标准中校内外实习实训基地建设要求

3. 校地共建服务性劳动教育基地

办好劳动教育需要家庭、学校、社会的全面参与和共同发力。社区是开展服务性劳动的重要场所，在政府的引导下，结合区域经济发展特色、区域资源优势，深入挖掘社区志愿服务、非遗文化劳动教育资源，社区与学校共建多元化劳动教育基地和平台，共享地方性大中小学劳动教育实践场所，共同引导学生崇尚劳动、尊重劳动、热爱劳动，在服务社会的劳动实践中受教育、长才干、做奉献。

劳动视野

湖南工业美术职业技术学院校地合作共建劳动教育实践基地

2020 年 12 月 22 日，湖南工业美术职业技术学院学生工作部、团委与会龙山街道仙蜂岭村、永乐村、南站社区、会龙山社区就共建大学生劳动教育实践基地举行授牌仪式并签署共建协议。该校地合作模式是将大学生志愿者的人力资源优势引入村、社区等工作单位，共同开展劳动教育实践活动。村、社区则从劳动实践、社会服务、思想引领、文化宣传、环境保护、关爱留守儿童和空巢老人等领域开辟劳动教育实践项目，引导大学生在服务社会的劳动实践中受教育、长才干，为培养德智体美劳全面发展的新时代大学生做出积极贡献。

劳动教育实践基地的建立，架起了校地相互协作、共谋发展的桥梁，实现了优势互补、资源共享，加强了学生志愿服务、劳动教育等方面的项目开展与合作。劳动教育实践基地的建立及后续活动的开展，将为村、社区的各项工作注入新鲜血液、提供智力支持。

（资料来源：http://www.hnmeida.com.cn/tuanwei/info/1055/1703.htm）

第二节　劳动教育基地活动的开展

"工学交替"是高职院校最常采用的劳动教育的方式，通过开展一系列与专业教学内容相互连接、相互融合的劳动实战训练项目，不仅有助于提升劳动兴趣，而且对掌握劳动技术技能、培养劳动精神和正确的劳动观念具有重要意义。

一、邮政快递类劳动教育基地活动

邮政快递类劳动教育基地以综合性劳动教育基地为主要载体，系统设计和开展产业、专业和职业相关的实践项目。

（1）与邮政快递类企业合作共建生产性劳动实践基地，组织开展邮政营业、邮件分拣、邮政投递、邮政市场业务等生产劳动实践。

（2）依托校园邮局、菜鸟驿站等校内劳动教育场所，开展快件收派、快件处理、客户关系管理、市场开发、数据分析、安全检查、设备维护、运营管理等劳动实践。

（3）与物流类企业共建校外生产性劳动实践基地，或建设虚拟仿真实训基地，开展仓储服务、运输配送、物流运营管理等劳动实践。

（4）与淘宝、京东、抖音等平台企业合作，利用学校资源建立劳动教育基地，开展网络营销推广、网站（店）运营管理、美工设计、电商客服等劳动实践。

二、金融会计类劳动教育基地活动

以校企合作的金融企业、财务会计企业、实训室等作为主要载体，开展劳动教育实践。利用点钞券、练功券、ERP 沙盘、金融沙盘、金融类实训操作软件等，开展会计核算、会计监督、金融职业技能相关专业化生产劳动实践，培养学生的劳动技能和劳动态度。

劳动视野

高职院校校园"会计工厂"

为了方便会计类学生进行实战训练，高职院校纷纷打造校园"会计工厂"。学校在校内寻找场地自行投资建设财税实操训练环境（即"会计工厂"），购置相应的电脑、激光打印机、针式打印机、多媒体一体机等办公设备，免费提供给合作企业使用。合作企业提供足量代理记账企业的真实账务资料，并挑选会计人员指导学生实训和实习，学生通过参与企业的主营业务工作，学习账务处理、涉税处理等业务知识和技能。学生上课学习的过程也是在企业工作的过程，企业人员指导学生操作的过程既是上课也是从事自身业务带徒弟的过程，每名主管会计指导若干名学生。

该种模式真正实现了双赢。学校方面，企业搬进校园为学生提供了持续稳定的实战训练平台和资源，提供了学生了解企业、认识职场、接触社会的通道；解决了兼职教师授课问题；学生通过学习和实践，积累了初步职场经验，为就业打下了一定的基础；企业节约了用工成本和场地设备费用，同时在实训过程中遴选优秀毕业生。

三、信息技术类劳动教育基地活动

以校内实训室为主要载体，体力劳动与脑力劳动相结合，开展劳动教育实践。面向互联网和相关服务、软件和信息技术服务业等行业的网络运营管理、网络信息维护、云计算、计算机程序设计、大数据处理、数字媒体产品设计等专业、职业岗位，围绕服务乡村振兴、制造强国等国家战略发展，开展科技性劳动教育实践。

劳动视野

石家庄邮电职业技术学院"云大集"劳动教育基地实践

石家庄邮电职业技术学院计算机系在国家电网辛集市电力分公司潘旭创新工作室校外劳动教育基地基础上，与辛集市旧城云大集农业生态有限公司积极合作设立了校外劳动教育基地。通过农业生产劳动、技术服务、销售创新，劳动方式层层深入，实现全方位育人。

1. 走进田间地头，参加农业生产劳动，体验劳动辛苦

依照农业生产的"春种、夏耘、秋收、冬藏"时令规律，春夏秋冬分时段组织学生到辛集市旧城云大集生态农业有限公司大棚种植基地参加农业生产劳动。春夏，学生在农技师傅带领和指导下，在公司种植基地的大棚学习、参加锄草和播种韭菜的农业劳动。秋冬，学生在公司园区帮助收核桃，在车间帮助打包快递、发货。

石家庄邮电职业技术学院计算机系"云大集"劳动教育基地活动

2. 发挥信息技术特长，在技术服务中实践专业技能，为职业发展和成长成才增强了信心

应用计算机知识，积极和云大集公司技术人员研究、设计、建设了智慧农业温控系统，包括智慧农业的整体规划设计，传感器等设备的选型，传感器等设备的埋设，数据传输网络的技术架构、网络布线、网络建设，数据获取与分析，开发智慧大棚微信小程序实时监控等，将所学知识运用在实际生产中，在劳动中检验了职业技能、巩固了专业知识。

通过智慧农业系统，实现了温室大棚空气、土壤、光照等多个元素信息的实时采集和传递、远程查看植物生长环境，解决了传统人工查看温度费时费力的老大难问题。实现了在线监测土地的氮磷钾含量、pH值、含水量、土壤温度等，并与节水喷淋喷灌相结合，实现了智慧农业、绿色农业、有机农业的有机结合。通过实施智慧农业大棚技术，助力科学绿色种植，极大提升了农产品的质量与效益。

此外，还利用前端开发和美工知识，为公司电商平台的网店进行装饰美化，提高了客户的满意度；利用 Excel 对销售数据和客户进行统计分析，为电商营销客户定位、吸引客源、提升销量提供了技术基础。

3. 在劳动中创新，拓宽销售渠道，为农户增产增收，激发了同学们创新活力和创业信心

为帮助公司拓宽销售渠道，迎合新技术潮流，架起新的电商销售平台，学生们组成开发团队，创新开发了旧城云大集微信小程序，实现了下单销售、蔬菜溯源、数据分析、定制供应的功能。通过微信小程序，帮助旧城镇军齐韭菜、雷河香椿、南张洋白菜、赵李樱桃等"一村一品"农户实现了大幅增产增收，受到云大集公司和农户的高度评价和赞扬。

新冠肺炎疫情的发生使得旧城镇多种农产品出现了滞销，同学们尽管没有经验，还是大胆地走进直播间积极参与直播带货、助力农产品销售，在网上为当地农产品韭菜、香椿、樱桃等宣传代言，大大促进了农产品的销售，缓解了农产品滞销的问题，增加了村民的收入，甚至还吸引了计算机系合作企业石家庄方卫公司到旧城云大集种植基地观光、采摘。

此外，在校园内，学生们组成八个小分队，积极参加河北省"以岭健康杯"首届乡村振兴营销大赛，在淘宝平台上直播带货，帮助农民销售水果、干货等农产品，短短一周，累计营销 6 000 多元。虽然比不上明星大咖带货火爆，但他们作为新手积累了很多经验，也富有成就感，为今后的就业创业打下了坚实的基础。

旧城云大集微信小程序界面

案例点评

计算机系劳动实践硕果累累、育人效果显著

四、智能通信类劳动教育基地活动

以校内实训室和虚拟仿真实训基地为主要载体，采用与职业或工作岗位紧密结合的项目式教学或现场教学的方式，体力劳动与脑力劳动相结合，开展劳动教育实践。面向信息通信网络勘察、基站建设、基站开通与维护、无线网络优化、室分设计与分工、宽带接入、数据网组建、光传输设备配置、光通信网故障排查、宽带城域网组建、线务工程等专业或职业岗位，开展项目式教学和现场教学，培养学生的职业技能和劳动精神。

劳动视野

劳动教育融入"线务工程"

"线务工程实训"课程教学内容划分成 5 个模块，所有内容统一于线务员的职业标准，所有模块将理论知识融入劳动实践中。

1. 爬杆训练模块

（1）模块目标：通过攀爬电杆训练，既培养爬杆技能又培养学生认真负责、胆大心细、吃苦耐劳的职业素养。

（2）模块实施：为更好地进行现场训练，设计了一个完整的"爬杆训练"项目。

具体实施步骤：

第一步：爬杆训练的准备（实境教学方式）——通过实境教学，介绍爬杆的动作要领、需注意的安全事项及评价标准，教师讲授并演示爬杆。

第二步：实际训练（学生实际操作方式）——学生通过反复上下杆练习，进行归纳总结，找到适合自己的动作及技巧，掌握爬杆技能。

通过从准备到上杆，体验完整的爬杆过程，通过爬杆训练，锻炼学生吃苦耐劳的精神，互相帮助的职业素养。通过考核评价，使学生体会职业岗位要求，激发学生求胜的积极心态。

2. 光纤熔接模块

（1）模块目标：通过光纤熔接训练，既掌握相关操作技能又把光纤、光缆的材料、原理、物理和化学特性、结构等知识衔接起来。

（2）模块实施

第一步：教师现场讲解，对其中重点、难点详细讲解、演示。

第二步：学生动手训练，具体方式为以投影播放实际操作录像，学生可以反复观看；部分学生在计算机上以虚拟仿真软件进行练习；部分学生以实际设备进行实际熔接训练。

3. OTDR 测试模块

（1）模块目标：通过 OTDR 的使用，掌握仪表的测试方法，同时掌握光纤、光缆的传输特性，以及其在线路施工中的使用，如配盘。

（2）模块实施

第一步：教师现场讲解，对其中重点难点详细讲解、演示。

第二步：学生动手训练，具体方式为以投影播放实际操作录像，学生可以反复观看；部分学生在计算机上以虚拟仿真软件进行练习；部分学生以实际设备进行 OTDR 测试。

光纤熔接模块和 OTDR 测试模块利用的虚拟仿真实训平台，包含光纤熔接、光时域反射仪测试、通信杆路施工等虚拟仿真实训项目。在该平台上可实现信息发布、数据收集分析、互动交流、成绩评定、成果展示等功能。老师对虚拟实训可进行检查、督促和批改，后台可自动统计生成实训数据，如实训时长、错误分析等，以便教师及时调整教学策略；学生可在线完成实训和实训报告的递交，并查看个人实训成绩和老师的评语，与老师进行网上交流。

平台通过虚拟操作的动画演示和互动操作，把实训中的重点难点标示出来，使学生通过该虚拟实训掌握各项基本操作技能。如在光纤熔接实训中对熔接机设备结构、实操步骤、难度细节进行逼真模拟；模拟各种不同条件下 OTDR 测试波形的实时变化，波形模拟逼真，并能对熔接点和故障点进行模拟，显示光纤损耗、测试故障类型。

4. CAD 制图模块

（1）模块目标：通过 CAD 制图，把线路工程的路由复测、勘察、绘制基础 CAD 图纸、施工图识别等知识串接起来，掌握相关仪器工具的使用。

（2）模块实施：为更好地进行现场训练，模块以项目制形式实施。

具体实施步骤：

第一步：划分项目组（4~5人），任命组长为项目组负责人。

第二步：组长根据任务进行分工。

第三步：勘测，测量距离，记录参照物，绘制手工草图，同时，注意收集资料、调查情况，特别是其他管网位置关系。

第四步：绘制 CAD 图纸，根据草图及测量结果设计基本方案，在方案讨论会上进行组内汇报，完成 CAD 图纸绘制。

第五步：方案验证，组间分析方案存在的问题，进行改进及优化，对图纸进行修改调整。

整个任务实施过程中，教师加强引导，激发学生自主学习积极性。

5. 光缆敷设训练模块

（1）模块目标：通过架空、管道光缆敷设训练，掌握光缆敷设的方法、规范和技能。

（2）模块实施：为更好地进行现场训练，模块以项目制形式实施。

具体实施步骤：

第一步：划分项目组，任命施工队长为项目组负责人。

第二步：施工队长根据敷设任务进行分工，具体任务包括：

路由复测：根据施工图纸，核实路由尺寸，查看人孔位置及三防地段，核实管孔占用情况，判断是否需要对施工图纸提出变更意见，定标、画线。

单盘检验及配盘：对分屯点的光缆进行单盘检验并进行登记，同时对施工合同中的其他器材进行检查，以上工作完成后根据施工图进行配盘，保证配盘结果符合施工要求。

施工准备：将光缆盘运送到施工现场，清洗管道，计算牵引张力，选择牵引方式，制定施工方案。

光缆敷设：根据施工方案，现场制作光缆牵引端头，利用穿管器进行光缆敷设。

光缆接续及测试：光缆及光缆接头在人孔中的安装固定，完成后利用 OTDR 进行测试，判断接头是否合格并保存测试记录。

在整个施工过程中，施工队长负责组织协调，教师进行指导，以学生为主解决施工过程中出现的实际问题，完成后由教师引导进行讨论交流。

劳动视野

河北省石家庄市探索建设校园内外四个阵地，
拓展劳动教育新空间

河北省石家庄市探索建设校园内外
四个阵地，拓展劳动教育新空间

 **实践活动**

请加入劳动教育基地的实践活动，并对你认为最有意义的一项劳动实践活动进行记录和总结反思。

劳动教育基地活动记录表

班级		时间		基地名称	
活动记录	劳动内容：				
总结反思					
备注					

第十章
劳动安全

党和国家要实施积极的就业政策，创造更多就业岗位，改善就业环境，提高就业质量，不断增加劳动者特别是一线劳动者劳动报酬。要建立健全党和政府主导的维护群众权益机制，抓住劳动就业、技能培训、收入分配、社会保障、安全卫生等问题，关注一线职工、农民工、困难职工等群体，完善制度，排除阻碍劳动者参与发展、分享发展成果的障碍，努力让劳动者实现体面劳动、全面发展。要面对面、心贴心、实打实做好群众工作，把人民群众安危冷暖放在心上，雪中送炭，纾难解困，扎扎实实解决好群众最关心最直接最现实的利益问题、最困难最忧虑最急迫的实际问题。

——2015年4月28日，习近平在庆祝"五一"国际劳动节暨表彰全国劳动模范和先进工作者大会上的讲话

学习目标

知识目标：理解劳动安全基本含义和相关要求，认识安全生产标识，掌握劳动安全防护常识。

能力目标：通过学习本章节内容，学会识别劳动安全风险，掌握安全、规范、科学从事劳动的有效举措，保障劳动安全。

素质目标：认识劳动安全的重要意义，提升安全生产意识，增强安全生产的责任感和使命感。

课 程导入

企业对安全的漠视引发"夺命快递"事件

2013年11月29日，家住山东东营广饶县大王镇的居民刘兴亮在收到其妻网购的一双鞋子几小时后出现呕吐、腹痛等症状，因抢救无效死亡。据医院诊断显示，死因为有毒化学液体氟乙酸甲酯中毒。

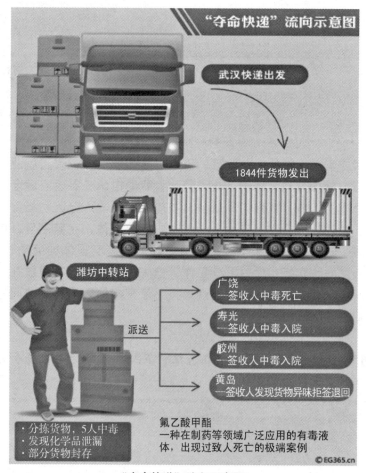

"夺命快递"流向示意图

2013 年 11 月 28 日 23 时 15 分，潍坊某快递有限公司工作人员在卸载由武汉发往潍坊的快件时，发生化学品氟乙酸甲酯泄漏，先后导致 8 人中毒，1 人中毒死亡。湖北省邮政局成立了"11·27"事件处理领导小组，对事发地进行实地调查和处置。据悉，该化学品由湖北某化工厂寄往潍坊市某制药厂，其虽然不属于《危险化学品名录》（2002 版）中的危险化学品，但具有易燃特性，刺激人的眼睛、呼吸系统和皮肤，出现过致人死亡的极端案例。国家邮政局《禁寄物品指导目录及处理办法（试行）》第一条第四项中提到各类易腐蚀性物品（如有机溶剂）不得寄递。该公司一位周姓负责人表示，公司无危险品承运资质。

事件发生后，潍坊某快递有限公司没有按照有关规定和程序向当地邮政管理部门报告，山东省邮政管理部门对其迟报行为做出经济处罚 2.8 万元，并在山东省通报批评，同时责令山东某速递有限公司在全省开展安全整顿。湖北沙洋县熊兴化工精细化工分厂负责人杨某被山东警方刑事拘留，收寄快件的某运通物流公司由于收寄验视不规范被依法吊销快递业务经营许可证。

思考题："安全是 1，其他是 0"，其他工作做得再好，如果发生了安全事故，便会是"$\infty - 1 = 0$"。你认同这种观点吗？

案例分析

夺命快递

知识导图

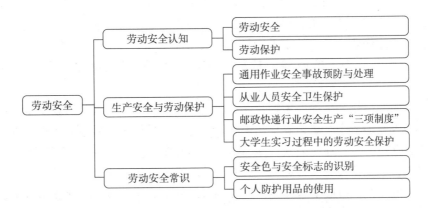

第一节　劳动安全认知

安全是一个永恒的话题，没有安全就没有一切。劳动过程中的安全与健康至关重要，它与我们的生活生产、生命财产息息相关。粗心大意、漠视安全，不仅会给我们自己带来伤害，也可能给他人造成无法弥补的伤害。随着社会发展、科技进步，劳动工具改造升级，劳动方式创新发展，带来了越来越多的劳动安全问题。每一位劳动者都应掌握安全生产知识，提高安全生产技能，增强安全生产意识，防范劳动安全风险，提高安全生产的责任感和遵守纪律的自觉性。

安全是人类生存与发展的基本需求，是生命与健康的基本保障。在马斯洛的需求层次模型中，从低层次到高层次依次包括生理需要、安全需要、社会需要、尊重需要和自我实现需要，其中安全需要指的是人类要求保障自身安全、摆脱事业和丧失财产威胁、避免职业病的侵袭、解除严酷的监督等方面的需要。马斯洛认为，人作为一个有机体是追求安全的整体，人的感受器官、效应器官、智能和其他能量主要是寻求安全的工具，甚至可以把科学和人生观都看成是满足安全需要的一部分。

一、劳动安全

劳动安全是指劳动者在生产劳动过程中的安全和健康没有受到威胁，不存在危险、危害的隐患，是免除了不可接受的损害风险的状态。在生产劳动过程中，要防止中毒、车祸、触电、塌陷、爆炸、火灾、坠落、机械外伤等危及劳动者人身安全的事故发生。劳动过程中存在的不安全的因素，包括可能导致人员伤害、疾病、财产损失或者作业环境破坏的根源或状态的危险源，危险源失控后，就变成了可能导致事故发生的人的不安全行为、物的不安全状态或者环境上的缺陷和管理上的漏洞等的事故隐患。比如，某外卖公司对骑手进行了道路安全、配送安全等方面的教育和培训，为员工配备了安全头盔、购买了人身意外险等，但是骑手不戴头盔、不遵守交通规则，结果在配送途中遇车祸身亡。此案例中，人的不安全行为就是事故隐患。再比如，某快递公司使用新能源快递投运车投放快递，但是快递营业站点乱充电、乱摆放，无序作业，员工随意丢弃烟头引发夺命大火，导致人员伤亡、快件损毁。此案例中的隐患则是管理上的漏洞，人人把好防火关，有备无患保平安，劳动安全意义重大。

劳动安全问题往往是多种因素综合作用的结果，需要综合治理。劳动安全问题产生包括人为因素，即因劳动者个人缺乏安全知识和安全意识，操作失误而造成的安全事故，如违章操作、违反劳动纪律等；环境因素，即因生产环境和安全条件存在安全漏洞而出现的生产事故；综合因素，也就是人为因素和物的因素共同造成的事故。狭义的劳动安全是指在劳动过程中直接发生的安全事故或安全问题，广义的劳动安全包括人身安全和健康两部分内容，即增加了间接产生的健康问题，如工作时间过长、强度过大导致的积劳成疾，或者女性从事有害生理卫生的劳动造成的身体危害等。

二、劳动保护

劳动保护是国家和单位为保护劳动者在劳动生产过程中的安全和健康所采取的立法、组织和技术措施的总称，是要根据国家法律、法规，通过开展科学管理和采用先进的技术措施，消除危及人身安全和健康的不良条件和行为，防止生产安全事故和职业病的发生。保护劳动者在生产劳动中的安全和健康是基本要求。然而，安全是相对的，没有绝对安全。事故的发生总是有原因和预兆的，一次重大事故前必然孕育着许多事故苗子，只有消除"事故苗子"才能避免事故的发生。美国安全工程师 Heinrich 提出了"安全金字塔"理论，即在 1 个死亡或重伤害事故背后，有 29 起轻伤害事故，在 29 起轻伤害事故背后，有 300 起无伤害虚惊事件，以及大量的不安全行为和不安全状态存在。该理论说明了要预防死亡和重伤害事故，就必须事先预防轻伤害事故；要预防轻伤害事故，就必须事先预防无伤害虚惊事故；要预防无伤害虚惊事故，就必须消除日常不安全行为和不安全状态；而能否消除日常不安全行为和不安全状态，则取决于日常管理是否到位，也就是我们常说的细节管理，这是作为预防死亡重伤害事故的最重要的基础工作。现实中我们就是要从细节管理入手，抓好日常安全管理工作，降低"安全金字塔"最底层的不安全行为和不安全状态，预防重大事故的出现，实现全员安全。

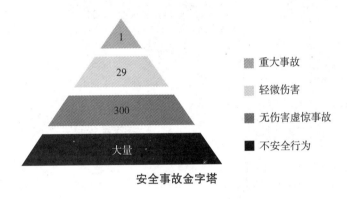

安全事故金字塔

因此，劳动安全防护强调源头管理和过程控制，建立和完善安全体系，全员、全过程、全方位加强劳动安全教育，增强劳动安全意识，补充劳动安全常识，控制危险源，消除安全隐患，强化现安全管理，使劳动者免遭伤亡、职业病、财产损失或者其他危险伤害，最大限度预防和减少安全事故的发生，把安全事故的发生风险降到最低或者可以承受的范围。

第二节　生产安全与劳动保护

安全生产是保护劳动者安全健康、保证国民经济持续发展的基本条件，关系到人民群众的生命安全和切身利益，甚至关系到社会稳定的大局。违章操作，不安全不文明的施工，管理混乱，安全措施落实不到位，都会导致安全生产事故发生。因此，要从点滴做起、从源头做起，杜绝安全事故发生。

一、通用作业安全事故预防与处理

通用作业安全问题通常指生产劳动中直接发生的危害人身安全、损坏设施设备、造成经济损失的意外事件。常见的事故有机械伤害、电气事故、火灾事故、人员中毒和窒息等。应积极参加社会、政府、学校、企业组织的安全事故应急培训和应急演练，熟练掌握火灾、触电、机械伤害等多发、频发事故的应对方法，以在事故发生时正确有效地应对。

（一）机械伤害事故

安全警示

义乌快递分拣员操作不当手被卷入传送带

快递分拣员手被卷入传送带

2021 年 8 月 24 日下午，义乌市一物流园内发生惊险一幕：一名分拣员在传送带运转的情况下，伸手欲摘除黏附在其表面的胶布，结果手被卷入传送带动弹不得。义乌市消防救援支队 119 指挥中心接到报警后立即调派稠江消防救援站、稠江专职消防队前往处置。救援人员陆续赶赴现场，发现一男子右手手腕被反扭卡在传送带卷轴中，其工友用背部当作支柱支撑着他的身体，另几名工友正尝试着切割传送带。因为疼痛难忍，男子不时痛呼出声。救援人员立即展开营救，同时护住男子的手臂，防止二次伤害。在切开部分传送带后，男子被卡部位出现了松动，减轻了其手臂承重，救援人员利用工具对卷轴进行拆卸，男子成功脱困。现场医护人员迅速上前，为其手臂戴上护具，随后紧急送医治疗。在生产过程中，使用机械化设备时要按照规范操作，时刻牢记安全第一，维修及清理时必须切断电源，防止此类事故发生。

1. 机械伤害事故的形式

近年来，我国生产安全事故呈下降趋势，但是劳动生产过程中使用的特种设备，如起重机、升降机等，多次发生机械事故，留下了很多血的教训。一般机械设备的危险包括齿轮、链、带等传动装置，冲床、剪床、弯边机、拉直机、破碎机等压力机械的旋转部分、刀具、飞溅的热液与冷液等。

2. 机械伤害事故的防范

机械伤害事故要从以下几个方面加以预防：

（1）机械设备操作人员必须经培训考核合格，具备必需的安全生产知识，熟悉安全规章制度和操作规程，掌握安全操作技能，了解应急处理措施后方可上岗，必须严格遵守操作规程，做到"定人、定岗、定机台"。

（2）机械设备要做到"有洞必有盖、有台必有栏、有轮必有罩、有轴必有套"，并确保防护装置深度满足规定要求，设备安装牢固可靠。

（3）冲压设备要有双手按钮保护装置、光电式保护装置、紧急停车开关、连锁装置等安全防护装置并灵敏可靠。

（4）作业前应对设备进行安全检查，清理无关物品，保证工作环境的安全。

（5）操作机械设备时，要做好个人防护，按要求佩戴劳动防护用品。在操作旋转机械设备时，要做到"三禁"，即"禁止戴手套、禁止系围巾、禁止敞开衣襟"，做到"三紧"，即"领口紧、袖口紧、下摆紧"，不留长发。

（6）对机械设备检查维修时，要严格落实停机挂牌作业制度，并断开电源。

（二）高处作业事故

安全警示

南充市建筑工地高空坠落事故

某建筑工地高空坠落事故

2011 年 9 月 28 日清晨，四川省南充市某建筑工地发生一起高空坠落事故。四川南充人侯某在工地上工作已经 10 年之久，积累了丰富的工作经验，还当上了小组长。事发当天，他像往常一样在工地上班，可站在脚架上的他突然从距地面 6 米高的架子上摔了下来，刚好落在一片竖着摆放的钢筋上，瞬时就被几根拇指粗的钢筋从不同位置扎穿了。工友们迅速把他送往南充市天府医院进行抢救。经医院检查，侯某的肩部、腹部、臀部分别插了三根直径 2 厘米、长度 1 米多的钢筋，从后背插到其体内，体内很多器官因此受到伤害。经过医护人员 10 小时接力式的抢救，侯某保住了性命。一时的疏忽，瞬间的麻痹大意，因为个人的不安全行为，缺乏安全知识和自我保护意识，导致了此次事故的发生。无数事实告诉我们，无视安全的行为，必将付出沉重的代价。

经调查，导致此次事故发生的主要原因为：①当事人侯某在高空作业过程中，安全意识淡薄，自我保护能力差，违反安全技术交底的要求，高处作业不系安全带，违章踩踏脚架外伸的木枋。②施工现场，没有任何防护设施，侯某所处工作环境靠近脚架临边和洞口，但施工企业没有采取有效的安全防护措施，导致侯某踩断木枋后，摔落在工地上一片竖着摆放的钢筋上。

1. 高处作业安全要求

高处作业是指在坠落高度基准面 2 米以上（含 2 米）有可能坠落的高处进行的作业。为了避免高处坠落事故发生，施工单位和作业人员要严格按照规范要求作业，遵循高处作业"十不准"原则：患有高血压、心脏病、贫血、癫痫、深度近视眼等疾病不准登高；无人监护不准登高；没有戴安全帽、系安全带、不扎紧裤管时不准登高；作业现场有六级以上大风及暴雨、大雪、大雾不准登高；脚手架、跳板不牢不准登高；梯子无防滑措施、未穿防滑鞋不准登高；不准攀爬井架、龙门架、脚手架，不能乘坐非载人的垂直运输设备登高；携带笨重物件不准登高；高压线旁无遮拦不准登高；光线不足不准登高。

2. 如何防范高处坠落事故发生

防范高处作业事故发生要从管理措施、防护措施、技术措施和教育培训措施四个方面进行。一是管理措施，作业人员要明确岗位责任，熟悉作业方法，掌握技术知识，执行操作规程，正确使用防护用具，管理人员要加强日常检查；二是防护措施，除了在危险部位设置防护栏、立网、满铺架板、盖好洞口外，还应在操作人员下方设平网，并检查作业人员是否正确使用防护用具；三是技术措施，用好安全"三宝"——安全帽、安全带、安全网，做好"四口"防护——楼梯口、电梯口、预留洞口和出入口；四是教育培训措施，坚持对从业人员特别是新入场人员、特种作业人员和劳务分包企业人员的三级安全教育，教育培训工作既要有针对性，又能保持经常性，防止走过场，使作业人增强生产安全意识，自觉遵守安全技术操作规程，杜绝违章作业和冒险行为。

（三）火灾事故

安全警示

7·24 长春物流仓库火灾事故

2021 年 7 月 24 日，吉林省长春市净月高新技术产业开发区一物流仓库发生火灾，该建筑为吉林省远程物流有限公司和李氏婚纱梦想城共用。火灾造成 15 人死亡、25 人受伤，过火面积 6 200 平方米，直接经济损失 3 700 余万元。事故原因是李氏婚纱梦想城二层"婚礼现场"摄影棚上部照明线路漏电，击穿其穿线蛇皮金属管，引燃周围可燃仿真植物装饰材料。

1. 火灾的形成

火灾是指在时间或空间上失去控制的燃烧。在各种灾害中，火灾是最经常、最普遍地威胁公众安全和社会发展的主要灾害之一。燃烧的三要素是可燃物、助燃物、着火源。火灾根据可燃物的类型和燃烧特性分为 6 类：一是固体物质火灾，如木材、干草、煤炭、棉、毛、麻、纸张、塑料（燃烧后有灰烬）等火灾；二是液体或可熔化的固体物质火灾，如煤油、柴油、原油、甲醇、乙醇、沥青、石蜡等火灾；三是气体火灾，如煤气、天然气、甲烷、乙烷、丙烷、氢气等火灾；四是金属火灾，如钾、钠、镁、钛、锆、锂、铝镁合金等火灾；五是带电火灾，物体带电燃烧的火灾；六是烹饪器具内的烹饪物（如动植物油脂）火灾。不同火灾要采取不同的灭火方式。

2. 火灾的预防

针对燃烧三要素来预防火灾的方式：一是控制可燃物，尽量减少可燃物的存在，减少可燃物的堆积；二是控制着火源，可燃物有时候很难控制，这样就要注意减少着火源，比如电气设施防火，必须避免电线短路、过负荷、接触电阻过大，不要靠近可燃的物体等；三是加强消防培训宣传，强化防火意识，安装消防器材设施，保证逃生的通道、标识和应急照明设施无遮挡、可疏散。

3. 火灾自救

火灾发生后，火灾现场的温度是十分惊人的，而且烟雾会挡住人的视线，能见度非常低。被困人员应有良好的心理素质，保持镇静，不要惊慌，不盲目地行动，选择正确的逃生方法，遵循"三要、三救、三不"原则。"三要"，即要熟悉环境、要保持冷静、要防止有毒有害烟尘；"三救"，即通道自救、结绳下滑自救、向外求救；"三不"，即不乘电梯、不跳楼、不贪物。

在火灾中，如遇逃生路线被火封锁，应立即退回室内，关闭门窗，将毛毯、棉被浸湿后覆在门上，并不断往上浇水冷却，发出求救信号等待救援。在公共场所应听从指挥，向就近的安全通道分流疏散，千万不能惊慌失措，互相拥挤践踏，造成意外伤亡。

知识拓展

家庭防火控险——家庭防火七大措施（中国消防）

家庭防火控险七大措施（中国消防）

知识拓展

火灾应急预案（上海市消防协会）

火灾应急预案（上海市消防协会）

（四）电气事故

安全警示

电动车充电起火，"90后"快递员不幸身亡！

4月8日凌晨1点05分，徐汇区日晖六村某号三楼一住户家里发生火灾，共10辆消防车、65名指战员赶赴现场处置。消防队员们现场架梯营救出2人，疏散20余人，并迅速扑灭了现场火灾。但是，住在起火房间内的一名"90后"快递员不幸遇难。徐汇消防初步调查发现，系违规充电的电瓶车锂电池故障引发了火灾。而几乎是在同一天的同一时间，普陀区西康路上的澳门大厦3楼一住户家里也发生了一起火灾，一名租住在这里的"70后"外卖员被烧伤。据被烧伤的外卖员口述，当时他正在给电瓶车充电，目睹了电瓶着火。消防部门开展的火灾原因调查也证明了确实如此。

据2018年数据显示，国内电动自行车的保有量已经超过2.5亿辆，电动自行车数量如此庞大，充电就成了大问题。为防止电动自行车火灾，一是使用电动自行车时要勤检查、常维护，经常检查电动自行车的电路插接点，防止接触不牢引起接触点打火、发热，避免线路老化、磨损而造成短路、串电事故；电动自行车在正常使用过程中，经常出现各类故障，在维修过程中，要选择专业的维修机构和人员，不得擅自拆卸电气保护装置，确保电气线路和保护装置完好有效。二是要规范电动自行车停放、充电管理，要在住宅小区、单位设置电动自行车集中停放、充电车棚或车库，安装带有定时断电、过载保护、短路保护、漏电保护等功能的充电装置；加强楼道安全管理，禁止将电动自行车停放在住宅建筑疏散通道、安全出口、楼梯间（门洞口）、楼层楼道和电梯前室内；禁止将电动自行车停放在群租房和人员密集场所内；禁止将电动自行车放在住宅内充电；定时开展检查巡查，及时劝阻、制止居民私接充电线路，以及乱停放等不安全行为，对发现的违规情况要及时清理。三是要避免充电时间过长，电动自行车的电瓶充电时会散发可燃性气体，因此充电一定不要在狭窄、密封的环境中，应尽量在室外进行，或将电池拆下单独充电。要规范布线，限制充电时间。充电线路要尽量选择合适的线径，线路敷设应固定安装，要加装短路和漏电保护装置。应按照说明书规定进行充电，充电时间原则上不超过10个小时。

知识拓展

电动车起火应如何扑救？

电动车起火应如何扑救？

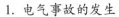

1. 电气事故的发生

电的发明和应用改变了人们的生活方式和生产方式，近年来电气科技不断进步，但在电气设备使用过程中也给人们带来了很大的安全隐患，防范和及时处理电气事故是一项重要的安全工作。

电气事故的危害主要包括对人体的伤害和对物体的损害。对人体的伤害一般是由电极和电弧引起的静电伤害，以及一定量的电流通过人体引起机体损伤、功能障碍，甚至死亡的触电伤害。对物体的损害主要是由电气事故引起的火灾、爆炸，造成设备及财物烧毁。在电力输送和设备中具有大量的易燃、可燃物质和较高的运行温度，电气事故还会伴随火灾和爆炸的危险，不但影响电力系统的安全运行，还会造成重大经济损失、严重的环境污染，并引发二次事故。

按照构成事故的基本要素，电气事故可分为触电事故、静电事故、雷电灾害、射频危害、电路故障五类。触电事故是由电流的能量造成的，是电流对人体的电击和电伤产生的伤害，绝大部分触电伤亡事故都含有电击的成分。静电事故是指生产工艺中和工作人员操作过程中，由于某些材料的相对运动、接触与分离等原因而积累起来的相对静止的正电荷和负电荷，静电电压可能高达数万乃至数十万伏，可能在现场产生静电火花，如粉尘爆炸等。雷电灾害是指大气电，雷电放电具有电流大、电压高等特点，其能量释放出来可能产生极大的破坏力，除毁坏设施和设备外，还可能直接伤及人、畜，引起火灾和爆炸。射频辐射危害即电磁场伤害，人体在高频电磁场作用下吸收辐射能量，使人的中枢神经系统、心血管系统等会受到不同程度的伤害。电路故障是由电能传递、分配、转换失去控制造成的，如断线、短路、接地、漏电、误合闸、误掉闸、电气设备或电气元件损坏等都属电路故障，同时可能会影响人身安全。

2. 电气事故的防范

在日常生产生活中，做到用电安全，应注意：车间内的电气设备不要随便乱动，发生故障不能"带病"运转，应立即请电工检修；经常接触使用的配电箱、闸刀开关、按钮开关、插座以及导线等，必须保持完好；需要移动电气设备时，必须先切断电源，导线不得在地面上拖来拖去，以免磨损，导线被压时不要硬拉，防止拉断；打扫卫生、擦拭电气设备时，严禁用水冲洗或用湿抹布擦拭，以防发生触电事故；停电检修时，应将带电部分遮拦起来，悬挂安全警示标识牌。

为保障电气作业人员的安全，避免事故的发生，要严格遵守电气作业"十不准"原则：非持证电工不准装接电气设备；任何人不准摆弄电气设备和开关；不准使用绝缘损坏的电气设备；不准利用电热设备和灯泡取暖；设备检修切断电源时，任何人不准启动挂有警告牌的电气设备，或合上拔去的熔断器；不准用水冲洗和用湿布擦拭电气设备；保险丝熔断时，不准调换容量不符的熔丝；不办任何手续，不准在埋有电缆的地方进行打桩和动土；发现有人触电，应立即切断电源进行抢救，未脱离电源前不准直接拉扯触电者；雷雨天气，不准接近避雷器和避雷针。

（五）中毒事故

在许多行业中，经常会存在一些易造成人中毒或者死亡的安全隐患，绝大多数事故的发生都与生产经营单位及作业人员在个体劳动防护方面未遵守相关标准有直接关系。必须做好个体防护，杜绝违章作业，防止人身中毒或者伤亡事故发生。预防中毒事故要加强全体人员的安全教育培训，落实安全生产责任制、规章制度和操作规程等，可采取通风换气、动物实验、专人监视、警报装置、防毒面具、照明装置等措施。首先要确保所使用的设备是合格和安全的。其次要在工作时使用安全防护用品，如防化服、防毒面具等，安全防护用品需严格执行国家标准、行业标准，在工作时要严格按照说明书操作，正确穿戴和使用劳动防护用品，未按规定穿戴和使用劳动防护用品的，不得上岗作业。

二、从业人员安全卫生保护

安全生产是企业法定的义务和责任，在生产过程中任何一个环节出了差池，都可能酿成伤亡事故，其后果不仅是受害者家庭遭受巨大打击，而且企业也可能停工停产甚至彻底关停，有关责任人被追究行政和刑事责任，并面临高额的事故赔偿和罚款，还会在社会上造成恶劣影响。企业落实主体责任后，从业人员应做到以下几个方面：

（1）应当依法履行安全生产方面的义务，做到不伤害自己、不伤害他人、不被他人伤害、保护他人不受伤害。

（2）在作业过程中，应当严格遵守本单位的安全生产规章制度、操作规程，遵守安全警示标识，服从管理，正确穿戴和使用劳动防护用品。

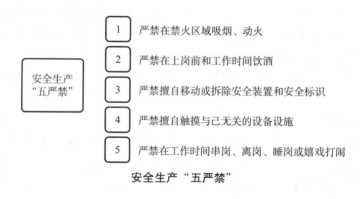

安全生产"五严禁"

（3）应当接受安全生产教育和培训，掌握本职工作所需的安全生产知识，提高安全生产技能，增强事故预防和应急处理能力。

（4）发现事故隐患或者其他不安全因素，应当立即向现场安全生产管理人员或者本单位负责人报告，接到报告的人应当及时予以处理。

三、邮政快递行业安全生产"三项制度"

近年来，邮政业保持高速发展，与人民群众的联系日益紧密，便民利商作用日益显现。但同时，行业安全生产风险因素也日益增多。2019年9月，国家邮政局发布了《邮政企业、快递企业安全生产主体责任落实规范》，从基础安全、设施设备安全和服务安全等层面对安全生产组织机构设置与人员配备、安全生产制度与资金投入、各环节操作规范、风险管控与应急管理等领域的企业主体责任进行详细规范，明确提出了要全面落实、严格执行寄递安全"三项制度"。

国家邮政局关于印发《邮政企业、快递企业安全生产主体责任落实规范》的通知

国家邮政局关于印发《邮政企业、快递企业
安全生产主体责任落实规范》的通知

（一）严格落实收寄验视制度

（1）按照"谁收寄、谁负责"的原则，明确本单位主要负责人、直接责任人的收寄验视岗位责任，制定收寄验视操作规程，配备验视邮件、快件所需的设备和工具，向用户告知禁止寄递、限制寄递物品有关规定。

（2）对用户交寄的信件，必要时可以要求用户开拆，进行验视，但不得检查信件内容；用户拒绝开拆的，不予收寄。对信件以外的邮件、快件，收寄时应当当场验视内件；用户拒绝验视的，不予收寄。

（3）严格落实《禁止寄递物品管理规定》，在营业场所显著位置公示禁止寄递、限制寄递物品有关规定。

（4）当面验视交寄物品，验视用户填写的寄递详情单上的信息是否完整、清楚；检查是否属于国家禁止或者限制寄递的物品，以及物品的名称、类别、数量等是否与寄递详情单所填写的内容一致，并做出验视标识，载明验视人员的姓名或者工号。

（5）发现邮件、快件内夹带禁止寄递或者限制寄递的物品的，应当按照国家有关规定处理。

（6）已经收寄禁止寄递物品的应当立即停止转发和投递；对其中依法需要没收或者销毁的物品，应当立即向有关部门报告，并配合有关部门进行处理。

（7）在收寄过程中若存在经验视仍无法确定寄递物品是否安全的，应要求寄件人出具身份证明及相关部门的物品安全证明，核对无误后，方可收寄。

（8）收寄已出具安全证明的物品时，应当如实记录收寄物品的名称、规格、数量、重量、收寄时间、寄件人和收件人名址等内容，记录保存期限不少于1年。

（9）禁寄物品的处理情况应由邮政企业、快递企业经办人员记录，并交相关负责人签字后存档。

（10）与协议用户签订安全保障协议，并向邮政管理部门备案。

（11）制定收寄物品安全管理制度，并报邮政管理部门备案。

（二）严格落实实名收寄制度

（1）除信件和已签订安全协议用户交寄的邮件、快件外，收寄邮件、快件时，应当核

对寄件人在寄递详情单上填写的个人身份信息与有效身份证件信息。信息核对一致后，记录证件类型与证件号码，但不得擅自记录在寄递详情单上。

（2）拒绝出示有效身份证件，拒绝企业登记身份信息或寄递详情单上填写的寄件人姓名与出示的有效身份证件不一致的不得收寄。

（3）采取与用户签订安全协议方式收寄邮件、快件的，应当一次性查验寄件人的有效身份证件，登记相关身份信息，留存有效身份证件复印件。

（4）寄件人为法人或者其他组织的，应当核对、记录其统一社会信用代码，留存法定代表人或者相关负责人的有效身份证件复印件。

（5）应当将安全协议以及用户身份信息保存至协议终止后不少于 1 年，并将与其签订安全协议的用户名单送邮政管理部门备案。

（6）应当使用符合国家有关要求的实名收寄信息系统，与国家实名收寄信息监管平台联网，及时收集、录入、报送实名收寄信息，并确保有关信息数据的真实、准确、完整。

（三）严格落实过机安检制度

（1）确定专门机构或者人员负责安检设备的配置、使用与管理工作，强化日常应用管理，并建立健全相关责任制度。

（2）在处理场所安排具有专门技术的人员对邮件、快件通过安检设备进行安检，相关安全检查资料应保存 30 天以上。

（3）对寄往重点地区、重点部门的邮件、快件进行集中安全检查，对可疑邮件、快件进行重点查验。

（4）重点地区、重点部位、重大活动所在地的寄达邮件、快件再次过机安检。

（5）应当通过在醒目位置加盖安检戳记等方式，对已过机安检的邮件、快件逐件做出安检标识，载明安检单位和安检省份，确保应检必检。

四、大学生实习过程中的劳动安全保护

职业院校实习生应切实维护自身劳动权益并保障劳动安全。2021 年 12 月，教育部等八部门联合印发《职业学校学生实习管理规定》，要求按照"管行业必须管安全、管业务必须管安全、管生产研究必须管安全"和"谁主管谁负责"的原则，明确了实习管理的底线和红线。明确规定：职业学校、实习单位、学生三方未按照规定签订实习协议的，不得安排学生实习；不得安排、接收一年级在校学生进行岗位实习；不得安排、接收未满 16 周岁的学生进行岗位实习；不得安排未成年学生从事《未成年工特殊保护规定》中禁忌从事的劳动；不得安排实习的女学生从事《女职工劳动保护特别规定》中禁忌从事的劳动；不得安排学生到酒吧、夜总会、歌厅、洗浴中心、电子游戏厅、网吧等营业性娱乐场所实习；不得安排学生从事Ⅲ级强度及以上体力劳动或其他有害身心健康的实习；不得安排学生从事高空、井下、放射性、有毒、易燃易爆，以及其他具有较高安全风险的实习；不得安排学生加班和上夜班；不得安排学生在休息日、法定节假日实习；顶岗实习报酬原则上应不低于本单位相同岗位工资标准的 80% 或最低档工资标准；不得向学生收取实习押金、培训费、实习报酬提成、管理费、实习材料费、就业服务费或者其他形式的实习费用，不得扣押学生的学生

证、居民身份证或其他证件，不得要求学生提供担保或者以其他名义收取学生财物；未经教育培训或未通过考核的学生不得参加实习等，切实保障学生实习期间的人身安全和健康。

此外，实习生在实习期间注意劳动安全，应该做到以下几点：一是严格遵守工作纪律，坚持做到不迟到、不早退、不串岗、不脱岗，顶岗工作期间不办私事，工作之余不私自外出，遇事请假。二是加强安全防范意识，注意交通安全、防触电、防溺水、防中毒、防雷电。三是严格遵守岗位操作规程和安全管理制度，严防机械事故、人身伤亡事故等工作责任事故及人身安全事故的发生。四是在实习过程中，严格检查设备和场地，凡发现不符合安全生产要求，有进入危险厂房、接触危险设备、进入危险场地可能的，学生应及时向实习指导教师反映，有权停止操作，待检查合格后再进行操作。

知识拓展

《职业学校学生实习管理规定》

《职业学校学生实习管理规定》

知识拓展

8S 管理

整理（SEIRI）、整顿（SEITON）、清扫（SEISO）、清洁（SEIKETSU）、素养（SHITSUKE）、安全（SAFETY）、节约（SAVE）、学习（STUDY）8 个项目，简称为 8S。8S 管理法的目的，是使企业在现场管理的基础上，通过创建学习型组织，不断提升企业文化素养，消除安全隐患，节约成本和时间。

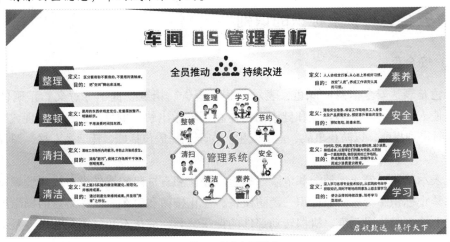

8S 管理（引自网络）

1S——整理：区分要用和不要用的，不要用的清除掉。目的：把"空间"腾出来活用。

2S——整顿：要用的东西依规定定位、定量摆放整齐，明确标示。目的：不用浪费时间找东西。

3S——清扫：清除工作场所内的脏污，并防止污染的发生。目的：保持工作场所干干净净、亮亮堂堂。

4S——清洁：将上面3S实施的做法制度化、规范化，并维持成果。目的：通过制度化来维持成果，并显现"异常"之所在。

5S——素养：人人依规定行事，从心态上养成好习惯。目的：改变"人质"，养成工作认真的习惯。

6S——安全：管理上制定正确作业流程，配置适当的工作人员监督指示；对不合安全规定的因素及时举报消除；加强作业人员安全意识教育；签订安全责任书。目的：预知危险，防患于未然。

7S——节约：减少企业的人力、成本、空间、时间、库存、物料消耗等因素。目的：养成降低成本习惯，加强作业人员减少浪费意识教育。

8S——学习：深入学习各项专业技术知识，从实践和书本中获取知识，同时不断地向同事及上级主管学习，学习他们的长处从而达到完善自我、提升自己综合素质之目的。目的：使企业得到持续改善，培养学习型组织。

【思考】在你所在专业的顶岗实习中，可能会发生哪些劳动安全问题？我们该如何防范？

第三节　劳动安全常识

劳动安全标识、劳动防护用品是对劳动者生产劳动过程的重要保护。大学生要学会识别安全色、安全标识，正确使用个人防护用品，防止中毒、车祸、触电、塌陷、爆炸、火灾、坠落、机械外伤等危及劳动者人身安全的事故发生。近年来，针对大学生实习过程中出现的劳动安全问题，教育部也专门出台相关政策文件、制度举措来保护大学生实习安全。

一、安全色与安全标识的识别

（一）安全色

安全色是表达安全信息的颜色，表示禁止、警告、指令、提示等意义。正确使用安全色，可以使人员能够对威胁安全和健康的物体和环境做出快速的反应，迅速发现或分辨安全标识，及时得到提醒，以防止事故、危害发生。安全色一般包括红、蓝、黄、绿、黑和白。

1. 红色

红色表示禁止、停止、消防和危险。禁止、停止和有危险的器件设备或环境涂以红色的标记，如禁止标识、交通禁令标识、消防设备、停止按钮和停车、刹车装置的操纵把手、仪表刻度盘上的极限位置刻度、机器转动部件的裸露部分、液化石油气槽车的条带及文字、危险信号旗等。

安全色

2. 黄色

黄色表示注意、警告的意思。需警告人们注意的器件、设备或环境涂以黄色标记，如警告标识、交通警告标识、道路交通路面标识、皮带轮及其防护罩的内壁、砂轮机罩的内壁、楼梯的第一级和最后一级的踏步前沿、防护栏杆及警告信号旗等。

3. 蓝色

蓝色表示指令、必须遵守的规定，如指令标识、交通指示标识等。

4. 绿色

绿色表示通行、安全和提供信息，可以通行或安全的情况涂以绿色标记，如表示通行、机器启动按钮、安全信号旗等。

5. 黑色和白色

黑、白两种颜色一般做安全色的对比色，主要用作上述各种安全色的背景色，例如安全标识牌上的底色一般采用白色或黑色。

（二）安全标识

安全标识是用以表达特定安全信息的标识，由图形符号、安全色、几何形状（边框）或文字构成。安全标识能够提醒工作人员预防危险，从而避免事故发生；当危险发生时，能够指示人们尽快逃离，或者指示人们采取正确、有效、得力的措施，对危害加以遏制。安全标识的分类为禁止标识、警告标识、指令标识、提示标识四类，还有补充标识。

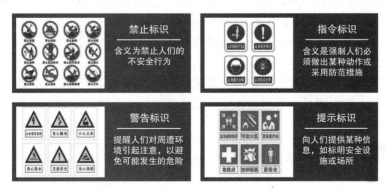

安全标识

1. 禁止标识

禁止标识的含义是不准或制止人们的某些行动。禁止标识的几何图形是带斜杠的圆环，其中圆环与斜杠相连，用红色；图形符号用黑色，背景用白色。我国规定的禁止标识共有40个，如禁放易燃物、禁止吸烟、禁止通行、禁止烟火、禁止用水灭火、禁带火种、禁止启机、修理时禁止转动、运转时禁止加油、禁止跨越、禁止乘车、禁止攀登等。

2. 警告标识

警告标识的含义是警告人们可能发生的危险。警告标识的几何图形是黑色的正三角形、黑色符号和黄色背景。我国规定的警告标识共有39个，如注意安全、当心触电、当心爆炸、当心火灾、当心腐蚀、当心中毒、当心机械伤人、当心伤手、当心吊物、当心扎脚、当心落物、当心坠落、当心车辆、当心弧光、当心冒顶、当心瓦斯、当心塌方、当心坑洞、当心电离辐射、当心裂变物质、当心激光、当心微波、当心滑跌等。

3. 指令标识

指令标识的含义是必须遵守。指令标识的几何图形是圆形，蓝色背景，白色图形符号。指令标识共有16个，如必须戴安全帽、必须穿防护鞋、必须系安全带、必须戴防护眼镜、必须戴防毒面具、必须戴护耳器、必须戴防护手套、必须穿防护服等。

4. 提示标识

提示标识的含义是示意目标的方向。提示标识的几何图形是方形，绿色背景，白色图形符号及文字。提示标识共有8个，如紧急出口、避险处、应急避难场所、可动火区、击碎板面、急救点、应急电话、紧急医疗站。

5. 补充标识

补充标识是对前述四种标识的补充说明，以防误解。补充标识分为横写和竖写两种。横写的为长方形，写在标识的下方，可以和标识连在一起，也可以分开；竖写的在标识杆上部。补充标识的颜色，竖写的，均为白底黑字，横写的，用于禁止标识的用红底白字，用于警告标识的用白底黑字，用于指令标识的用蓝底白字。

二、个人防护用品的使用

个人防护用品对于预防事故伤害、减少职业危害具有重要意义，劳动人员要学会正确使用个人防护用品。

（1）要根据作业场所危害因素及危害程度，正确选用防护用品。

（2）要积极参加教育培训，做到"三会"——会检查安全防护用品的可靠性、会正确使用安全防护用品、会正确维护保养安全防护用品。

（3）严禁故意或无故弃用防护用品，确保个人防护用品状况良好，如有损坏或磨损严重，必须及时更换。

（4）用于急救的呼吸器要定期检查、测试和保养，确保急救时正常工作。

（5）要将个人防护用品妥善存放在可能发生事故的临近处，方便取用。

实践活动

实训室 8S 管理

1. 活动目标

通过本次实践活动，使大家掌握和应用实训室 8S 管理工具，学会制定劳动目标和劳动

计划，积极参与劳动，并高质量完成劳动。

2. 活动设计

（1）以小组为单位，确定要完成的劳动内容，认真学习实训室 8S 管理方法。

（2）学习实训设备安全操作规程，熟记每一项要求。

（3）设备操作不出现错误操作及重复动作，合理合规正确操作。

（4）清扫实训室，达到清扫目标干净。

（5）清洁实训室，门窗玻璃无破损、无灰尘，地面无积水、无垃圾。

（6）填写实训室日志，规范填写，记录详尽。

3. 总结反思

每个小组派代表在全班进行分享，分享过程中其他同学可以补充。

实训室 8S 管理活动

序号	活动目标	活动设计与实施	过程及成果记录（根据发言情况逐一记录）
1	通过本次实践活动，使大家掌握和应用实训室 8S 管理工具，学会制定劳动目标和劳动计划，积极参与劳动，并高质量完成劳动	【集体学习 8S 管理】以小组为单位，确定要完成的劳动内容，认真学习实训室 8S 管理方法，并进行组内分享	
2		【集体学习实训室安全规程】以小组为单位，学习实训设备安全操作规程，熟记每一项要求	
3		【设备操作】小组成员进入实训室实习，要求设备操作不出现错误操作及重复动作，合理合规正确操作	
4		【清扫实训室】小组成员分工合作，达到清扫目标整洁干净	
5		【清洁实训室】小组成员分工合作，门窗玻璃无破损、无灰尘，地面无积水、无垃圾	
6		【填写日志】明确填写实训室日志人员，进行规范填写，要求记录详尽、规范	
7		【总结反思】组长组织全体组员逐一总结反思，并派代表在全班进行分享，分享过程中其他同学可以补充	
小组自评（10 分）		班内互评（10 分）	教师评价（10 分）
总成绩（30 分）			

第十一章
劳动法规与制度

劳动关系是最基本的社会关系之一。要最大限度增加和谐因素、最大限度减少不和谐因素，构建和发展和谐劳动关系，促进社会和谐。要依法保障职工基本权益，健全劳动关系协调机制，及时正确处理劳动关系矛盾纠纷。我国工人阶级和广大劳动群众要发扬识大体、顾大局的光荣传统，正确认识和对待改革发展过程中利益关系和利益格局的调整，正确处理个人利益和集体利益、局部利益和全局利益、眼前利益和长远利益的关系，树立法治观念，增强法律意识，自觉维护社会和谐稳定。

——2015 年 4 月 28 日，习近平在庆祝"五一"国际劳动节暨表彰全国劳动模范和先进工作者大会上的讲话

学习目标

知识目标：了解劳动相关法律法规、行业企业劳动纪律，了解大学生择业、就业中的劳动权益和义务。

能力目标：提高法律素养，学会区分不同的劳动关系，掌握维护劳动权益的途径和方法。

素质目标：通过课堂实践和案例分析，能够运用相关法律法规维护自身合法劳动权益，遵守行业企业的劳动纪律。

课程导入

企业无故解雇员工和实习期满未按规定录用员工

【案例1】企业无故解雇员工

有位40岁的女员工欣怡（化名）在公司里被列入裁员名单，她在公司已经工作了15年，知道这样的结果，她非常痛心。她认为自己在公司里没有犯过什么错误，一直都兢兢业业工作，于是便找老板询问原因。老板直言不讳，他觉得欣怡年龄太大了，40岁以上的员工对公司的创新发展是不利的，现在公司需要融入新鲜血液，所以要大量招聘大学生或者年轻人，而欣怡很难在公司里和这些人竞争。在进入职场工作以后，有很多大学生担心自己工作岗位不稳定，于是便努力工作，听从领导安排，经常加班加点，以此免被扣工资或被裁员。可是有些公司老板却知法犯法，以不正当理由辞退员工。

第一，女员工在怀孕之后便遭到公司劝退。对于女员工来说，怀孕后接到劝退或辞退通知，真的是非常无奈和愤怒，当代社会女员工要面临家庭、职场多方面的压力，却被领导歧视。有些公司招聘年轻的女员工，一旦其结婚或者怀孕，便冷眼相对，甚至降低她们的收入，调离岗位，而这些女员工又难以维权。如何在受到不公平的待遇时申请劳动仲裁，保障自己的权益？

第二，没有违反公司规定便被公司开除。有些员工工作努力、积极上进，为公司获得较好的效益，但是有的公司领导怀有个人偏见，故意不分配给员工任务，或者安排难度过大的任务让员工无法完成，从而大幅减少其工资和奖金，迫使员工辞职，或者直接开除员工。员工如何申请得到相应的赔偿或补偿？

第三，因为年龄过大被公司直接辞退。在一家公司里工作了很长时间，一直任劳任怨，公司却要辞退老员工，招聘新员工。老员工应该学会通过法律程序来维护自身合法权益，《中华人民共和国劳动法》对解除劳动合同的情形有明确的规定，不得单方面解除劳动合同，解除劳动合同的，应按照国家相关规定给予经济补偿。

【案例2】实习期满未按规定录用员工

2021年1月7日上午，上海一应届大学毕业生江某拒绝"996"，被某快递公司辞退一事，引发网友关注。据江某自述，他是2020年应届毕业生，于2020年7月2日入职该快递公司。2020年9月7日，该快递公司副总监找下属谈话，说部门要求9点以后下班。江某表示，以前他们6点钟就可以下班，现在就算是事情做完了，也不许离开。由于拒绝无意义的加班，他于9月9日被告知因试用期不合格被辞退。针对这一事件，该快递公司回应，公司上班时间为早9点晚6点，周末如果临时加班工作日可调休，不存在任何强制加班情况；在正式辞退前，江某主管和HR曾和他一起设定了试用期目标，并给其半个月时间，在发现无改进后，2020年9月28日才解除劳动合同，解除劳动合同的原因是试用期工作态度和工作结果不达标，并非强制"996"。江某向上海市青浦区劳动仲裁委员会提出申请，仲裁委裁定该快递公司构成违法解除劳动合同行为，判决依法支付赔偿金，对此该快递公司提起上诉。

知识导图

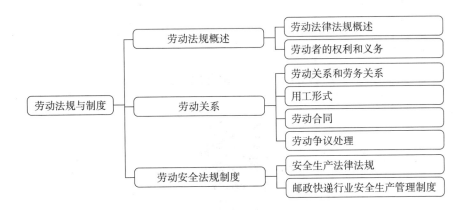

第一节　劳动法规概述

许多劳动者可能在实习、就业、签订劳动合同、履行劳动合同、解除劳动合同等过程中遇到过一些劳动争议，对发生劳动争议后的维权有一定的困惑，法律法规可为劳动者保驾护航。

《中华人民共和国劳动法》（以下简称《劳动法》）是我国第一部全面系统规范劳动关系的基本法律，在劳动法治建设史上具有里程碑意义。《劳动法》是依据宪法制定颁布的劳动基本法，是国家为了保护劳动者的合法权益，调整劳动关系、建立和维护适应社会主义市场经济的劳动制度、维护人权、体现人本关怀的一部基本法律。

一、劳动法规

中共中央确定了建立社会主义市场经济体制的目标和决策，为改变国有企业用工制度，打破制约市场经济体制的瓶颈，使劳动关系市场化，1994年《中华人民共和国劳动法》应运而生。《劳动法》确立的劳动关系基本制度、基本原则需要其他劳动法律法规进行细化和完善，2007年相继出台了《中华人民共和国劳动合同法》和《中华人民共和国劳动争议协调仲裁法》，至此，我国的劳动法律体系逐步健全。我国的劳动法律法规体系主要包括《中华人民共和国劳动法》《中华人民共和国劳动合同法》《中华人民共和国社会保险法》《中华人民共和国就业促进法》《中华人民共和国行政处罚法》《中华人民共和国未成年人保护法》《中华人民共和国工会法》《中华人民共和国妇女权益保障法》《中华人民共和国职业病防治法》《中华人民共和国残疾人保障法》《中华人民共和国女职工劳动保护规定》《中华人民共和国工伤保险条例》等。

2020 年，我国出台的第一部以法典命名的法律《中华人民共和国民法典》，是"社会生活的百科全书"，通篇贯穿以人民为中心的思想，被誉为"新时代人民权利的宣言书"，其中保障了劳动合同的相关权益。《中华人民共和国民法典》第十七条规定，18 周岁以上的自然人为成年人。不满 18 周岁的自然人为未成年人。第十八条规定，成年人为完全民事行为能力人，可以独立实施民事法律行为。16 周岁以上的未成年人，以自己的劳动收入为主要生活来源的，视为完全民事行为能力人。高职院校学生一般为法律意义上的成年人，具有完全民事行为能力，具有签订劳动合同主体资格，是合法劳动者。

知识拓展

《中华人民共和国劳动法》

《中华人民共和国劳动法》

二、劳动者的权利和义务

我国宪法第四十二条规定，中华人民共和国公民有劳动的权利和义务，劳动是一切有劳动能力的公民的光荣职责。《劳动法》第三条规定，劳动者享有平等就业和选择职业的权利、取得劳动报酬的权利、休息休假的权利、获得劳动安全卫生保护的权利、接受职业技能培训的权利、享受社会保险和福利的权利、提请劳动争议处理的权利以及法律规定的其他劳动权利。劳动者应当完成劳动任务，提高职业技能，执行劳动安全卫生规程，遵守劳动纪律和职业道德。

（一）劳动者的权利

1. 劳动者享有平等就业和选择职业的权利

任何公民都平等地享有就业的权利和资格，一是不因民族、种族、性别、宗教信仰、经济实力等方面不同而受限制和歧视；二是任何公民都需平等地参与职位竞争，任何人不得享有特权；三是平等不等同于同等，对于符合岗位职位要求和条件的劳动者，应给予他们平等就业的机会，而不是不分条件地同等对待。

2. 劳动者享有选择职业的权利

在劳动力市场上，劳动者是就业主体，具有支配自身劳动力的权利，可根据自身能力素质、兴趣意愿和市场价格，选择用人单位。劳动者选择职业的权利是劳动权利的体现，是社会进步的体现。

3. 劳动者享有取得劳动报酬的权利

劳动报酬权包括劳动报酬的协商权、请求权和支配权。劳动者有权利通过与用人单位协商确定劳动报酬的形式和标准，履行职业劳动后，有权利请求用人单位按时足额支付劳动报酬，并可以独立支配、处置和管理劳动报酬。

4. 劳动者享有休息休假的权利

我国宪法规定，中华人民共和国劳动者有休息的权利。《劳动法》规定，劳动者每日工作时间不超过 8 小时、平均每周工作时间不超过 44 小时的工时，用人单位应当保证劳动者每周至少休息一日。休息权是劳动者基本权利之一，通过休息保证劳动者的疲劳得以解除，体力和精神得以恢复和发展，保证劳动者有条件进行业余进修学习，提高自己的文化业务水平，有时间照顾家庭。

劳动视野

"996. ICU" 你怎么看？

究竟为何会出现 "996" 工作制

● 从行业角度来看，在互联网领域，几乎全部都存在着普遍加班现象

● 从文化角度来看，在中国及亚洲一些国家，勤劳致富等传统文化圈影响，有些人不觉得加班有多大问题

● 从制度角度来看，经营所得在劳动者和投资人之间进行合理分配的良性机制还没有完全建立

● 从互联网发展形势看，行业竞争压力不断增大，企业通过增加工时不增加人的方式减少用工成本，增加竞争力

"996. ICU"

近两年，一个新词——"996" 工作制引发社会关注，也将一些知名公司推到了舆论的风口浪尖。在某知名代码托管平台上，有人发起了名为 "996. ICU" 的项目，以抵制某些公司实行的 "996" 工作制（主要人群是互联网公司的程序员）。所谓 "996"，是指员工从每天上午 9 点工作到晚上 9 点，每周工作 6 天；"ICU" 则指经受了长时间工作的折磨后，员工可能罹患各种重大疾病，到时候直接送去 ICU 病房。

"996.ICU"的发起人呼吁程序员们进行揭露,将超长工作制度的公司写在"996"公司名单中,在一周之内,华为、阿里巴巴、蚂蚁金服、京东、58同城、苏宁、拼多多、大疆……一个个知名互联网公司先后上榜。这个名单还在不断加长,多益网络、马上金融、游族等中小公司的名字也陆续出现。目前,"996"工作制的名单上已有超过80家公司。事实上,在互联网公司,"996"工作制并不是什么新鲜事,早已成为一些企业逼退员工或是变相增加KPI的手段。由于行业竞争压力大,不少公司尤其是IT行业的公司,正越来越推崇"996"工作制,而员工迫于工作压力,也只能无奈接受。有媒体采访了9位经历过"996"的员工,"进公司的时候太阳还没升起来,走的时候太阳已经落下",是他们生活中的常态。

《劳动法》对工作时间和休息休假有明确的规定,即"劳动者每日工作时间不超过八小时、平均每周工作时间不超过四十四小时""用人单位应当保证劳动者每周至少休息一日"。而按照"996"工作制,每周工作时间高达72小时,远高于《劳动法》的规定。

大佬表态支持

虽然不少年轻人纷纷抵制"996"工作制,但行业大佬却有不同看法。不少大佬认为,互联网行业本身就是一个高度竞争、高淘汰率的行业,如果不给自己施加压力,那么无论企业还是个人,都难免面临被淘汰的可能。

2019年4月11日,阿里巴巴集团创始人马云在内部交流会上同员工分享了对"996"工作制的看法。他表示:"不要说'996',到今天为止,我肯定是12×12以上。我没有后悔12×12,我从没有改变过自己这一点。"马云称,只有付出巨大的代价,有一天才有可能有回报。"这个世界上,我们每一个人都希望成功,都希望美好生活,都希望被尊重,我请问大家,你不付出超越别人的努力和时间,你怎么能够实现你想要的成功?"马云表示,任何公司不应该,也不能强制员工"996";阿里巴巴从来也都提倡认真生活,快乐工作。但是年轻人自己要明白,幸福是奋斗出来的。不为"996"辩护,但向奋斗者致敬!

同日,刘强东也在朋友圈发文表示,京东最近四五年没有实施末位淘汰制了。人员急剧膨胀,发号施令的人越来越多,干活的人越来越少,混日子的人更是快速增多。这样下去,京东注定没有希望,公司只会逐渐被市场无情淘汰。刘强东直接回应了此前有关京东要"强制"员工"996"的新闻,他说:"京东永远不会强制员工'995'或者'996',但是每一个京东人都必须具备拼搏精神。我现在无法再像创业初期那样拼命工作了,但是以我的体质,做到8116+8(周一到周六,早8点工作到晚11点,周日工作8个小时)完全没有问题!"刘强东表示:"混日子的人不是我的兄弟,真正的兄弟一定是一起拼杀于江湖,一起承担责任和压力,一起享受成功的成果的人。"

一边是大佬们对"996"的支持,一边是广大职场年轻人的集体抵制,让"996.ICU"这个话题变得越来越敏感。据统计,2017年,除去工作睡觉中国人平均每天的休闲时间仅为2.27小时,较3年前的2.55小时进一步减少。不过,值得肯定的是,正是在广大劳动者的拼搏之下,我国才得以在短短几十年的时间里走完了发达国家花了几百年时间所走过的路。在科技最前沿的IT等领域,全球各个国家都在发起冲刺,无论在哪个国家,高科技行业的员工工作压力都很大。相信我们今天的拼搏,能换来明天更好的生活!

(资料来源:第一财经公众号 2019-04-13)

【思考】对于"996"工作制,你有什么看法?

劳动者是否可以拒绝加班?

1. 普通情形下的加班

《劳动法》第四十一条规定:用人单位由于生产经营需要,经与工会和劳动者协商后可以延长工作时间,一般每日不得超过 1 小时;因特殊原因需要延长工作时间的,在保障劳动者身体健康的条件下延长工作时间每日不得超过 3 小时,但是每月不得超过 36 小时。

《劳动法》明确规定加班需与工会和劳动者协商。因此,除了法律规定的特殊情况外,用人单位安排劳动者加班的前提是劳动者自愿,且劳动时间不得多于法律限定的延长工作时间。

2. 禁止安排加班的情形

针对特殊"三期"女员工的加班,法律规定了禁止性条款:《女职工劳动保护特别规定》规定,对怀孕 7 个月以上的女职工,用人单位不得延长劳动时间或者安排夜班劳动,并应当在劳动时间内安排一定的休息时间。对哺乳未满 1 周岁婴儿的女职工,用人单位不得延长劳动时间或者安排夜班劳动。

3. 特殊情况下的加班

以下情形用人单位单方安排加班,无须与劳动者协商,劳动者不得拒绝:

(1) 发生自然灾害、事故或者因其他原因,威胁劳动者生命健康和财产安全,需要紧急处理的;

(2) 生产设备、交通运输线路、公共设施发生故障,影响生产和公众利益,必须及时抢修的;

(3) 在法定节日和公休假日内工作不能间断,必须连续生产、运输或者营业的;

(4) 必须利用法定节日或公休假日的停产期间进行设备检修、保养的;

(5) 为完成国防紧急任务的;

(6) 为完成国家下达的其他紧急生产任务的;

(7) 法律、行政法规规定的其他情形。

因上述原因公司安排加班,劳动者是不能拒绝的,如劳动者拒绝,用人单位可以依据合法有效的规章制度进行处理。

5. 劳动者享有获得劳动安全卫生保护的权利

劳动者有权利要求单位提供安全的工作环境以及必要的劳动保护用品以保障自身安全和健康。用人单位要对劳动者进行劳动安全卫生教育,防止劳动过程中的事故,减少职业危害。用人单位管理人员违章指挥、强令冒险作业,劳动者有权拒绝执行;危害生命安全和身体健康的行为,劳动者有权提出批评、检举和控告。

6. 劳动者享有接受职业技能培训的权利

劳动者要获得从事某种职业所必需的专业技术知识、实际操作技能、职业道德和职业纪律的教育和训练,就要接受职业培训。如果没有接受职业技能培训的权利,劳动就业权就是空谈。

7. 劳动者有享受社会保险和福利的权利

劳动者有享受社会保险的权利。社会保险是国家通过立法强制建立社会保险基金,对参加劳动关系的劳动者在丧失劳动能力或失业时给予必要的物质帮助的制度。《社会保险费申报缴纳管理规定》中明确规定："用人单位应当自用工之日起 30 日内为其职工申请办理社会保险等级并申报缴纳社会保险费。"社会保险主要是通常所说的"五险"，即职工基本养老保险、基本医疗保险、工伤保险、失业保险和生育保险。为保证劳动者权利实施，国家对保险的缴纳采取强制措施，企业和职工必须缴纳，企业不缴纳属于违法行为，职工不缴纳视同放弃权利。劳动者享受福利的权利，是企业根据国家规定，承担职工部分生活费用，如用餐补助、取暖补贴，免费发放副食品、清洁用品等。

知识拓展

社会保险

养老保险是劳动者在达到法定退休年龄退休后，从政府和社会得到一定的经济补偿、物质帮助和服务的社会保险制度。基本养老金由基础养老金和个人账户养老金组成。

医疗保险是根据财政、企业和个人的承受能力所建立的保障职工基本医疗需求的社会保险制度。所有用人单位都要参加基本医疗保险，基本医疗保险费由用人单位和职工个人共同缴纳。

工伤保险是劳动者由于工作原因并在工作过程中受意外伤害，或因接触粉尘、放射线、有毒害物质等职业危害因素引起职业病后，由国家和社会给负伤、致残者以及死亡者生前供养亲属提供必要物质帮助的社会保险制度。工伤保险由用人单位缴纳。

失业保险是国家通过立法强制实行的，由社会集中建立基金，对因失业而暂时中断生活来源的劳动者提供物质帮助的社会保险制度。失业保险基金主要是用于保障失业人员的基本生活。

生育保险是针对生育行为的生理特点，根据法律规定，在职女性因生育子女而导致劳动者暂时中断工作、失去正常收入来源时，由国家或社会提供物质帮助的社会保险制度。生育保险由用人单位统一缴纳，职工个人不缴纳生育保险费。

8. 劳动者享有提请劳动争议处理的权利

劳动争议一旦发生，直接关系着劳动者的工作和生活，关系着劳动者的切身利益。因此，法律赋予劳动者提请劳动争议处理的权利，其实质就是劳动者请求保护的权利，它有利于劳动争议的尽快解决，保护劳动者的合法权益，培养和提高劳动者的法律意识。

（二）劳动者的义务

权利和义务是相辅相成的，在任何一种法律关系中，权利都是和义务共存的，没有无义务的权利，也没有无权利的义务，任何权利的实现总是以履行一定的义务为条件。在劳动关系领域，权利与义务同样是共存的。《劳动法》规定了劳动者享有的劳动权利的同时，也规定了劳动者应尽的义务。

1. 完成劳动任务

劳动者在工作过程中必须履行完成劳动任务的义务，如果劳动者在工作岗位不能够完成该完成的劳动任务，即是违规违法。

2. 提高职业技能

劳动者在工作过程中必须履行提高职业技能的义务。我们处于快速发展的时代，劳动者只有不断提高自己的职业技能，才能够适应工作岗位，完成工作任务，因此提高职业技能也是每一个劳动者必须履行的义务。

3. 执行劳动安全卫生规程

劳动者在工作岗位上要履行执行劳动安全卫生规程的义务，只有每位劳动者都自觉遵守劳动安全卫生规程，社会才能够和谐发展。

4. 遵守劳动纪律和职业道德

劳动者在工作过程中必须遵守劳动纪律和恪守职业道德，如果劳动者工作过程中不能遵守劳动纪律或者不遵守职业道德，就会造成违法违规行为，为自己带来严重后果。按《中华人民共和国劳动合同法》第三十九条（二）规定，职工"严重违反用人单位的规章制度的"，用人单位可以解除合同。

知识拓展

劳动纪律

劳动纪律一般由用人单位具体制定，内容大致包括：

（1）严格履行劳动合同及违约应承担的责任（履约纪律）；

（2）按规定的时间、地点到达工作岗位，按要求请休事假、病假、年休假、探亲假等（考勤纪律）；

（3）根据生产、工作岗位职责及规则，按质按量完成工作任务（生产、工作纪律）；

（4）严格遵守技术操作规程和安全卫生规程（安全卫生纪律）；

（5）节约原材料、爱护用人单位的财产和物品（日常工作生活纪律）；

（6）保守用人单位的商业秘密和技术秘密（保密纪律）；

（7）遵纪奖励与违纪惩罚规则（奖惩制度）；

（8）与劳动、工作紧密相关的规章制度及其他规则（其他纪律）。

（资料来源：华律网·法律专题）

第二节　劳动关系

正确辨析劳动关系和劳务关系，认知全日制用工、非全日制用工和劳务派遣等不同的用工形式，掌握劳动合同的关键要项，了解不同劳动争议处理的流程，是劳动者利用劳动法律武器维护自身合法权益的基础。

一、劳动关系和劳务关系

（一）劳动关系

劳动关系是指劳动者与用人单位在劳动过程中基于劳动法律规范而形成的劳动权利和劳动义务关系。劳动过程使劳动者和生产资料相结合，人们利用劳动资料，改造劳动对象，达到预期的结果。劳动关系是人们在劳动过程中结成的一定的社会关系，这种具体的劳动关系是《劳动法》调整的对象。劳动关系的主体是实现社会劳动过程中依照劳动法律规范享有权利并承担义务的当事人，包括劳动者和用人单位。用人单位包括中华人民共和国境内的企业、个体经济组织、民办非企业单位、国家机关、事业组织、社会团体等。其中，国家机关、事业组织、社会团体的非劳动合同关系不由《劳动法》调整，而是由《中华人民共和国公务员法》以及其他相关法律调整。劳动者是指达到法定年龄，具有劳动能力，以从事某种社会劳动获得收入为主要生活来源，依据法律或合同的规定，在用人单位的管理下从事劳动并获取劳动报酬的自然人。主要包括与中国境内的企业、个体经济组织、民办非企业单位形成劳动关系的劳动者，国家机关、事业组织、社会团体内实行劳动合同制度的以及按规定实行劳动合同制度的工勤人员，其他通过劳动合同与国家机关、事业组织、社会团体建立劳动关系的劳动者，实行企业化管理的事业组织的人员。

（二）劳务关系

劳务关系是指提供劳务的一方为需要的一方以劳动形式提供劳动活动，而需要方支付约定的报酬的社会关系。劳务关系由《中华人民共和国民法典》进行规范和调整。劳务关系中双方当事人的地位平等，人身不具有隶属关系。用工方不具备《劳动法》中用人单位的主体资格，或者具备主体资格但工作内容具有临时性，由用工方提供工作环境和工作条件，根据用工方的指示从事生产经营活动，工作风险一般由提供劳务者自行承担，提供劳务一方因劳务自己受到伤害的，根据双方各自的过错承担相应责任。

（三）劳务关系和劳动关系辨析

1. 法律调整依据方面的区别

劳动关系由《中华人民共和国劳动合同法》进行规范和调整，建立劳动关系必须签订书面劳动合同。劳务关系由《中华人民共和国民法典》进行规范和调整。

2. 调整主体的区别

劳动关系中的一方应是符合法定条件的用人单位，另一方只能是自然人，而且必须是符合劳动年龄条件，且具有与履行劳动合同义务相适应的能力的自然人；劳务关系的主体类型较多，如可以是两个用人单位，也可以是两个自然人。

3. 当事人隶属关系方面的区别

处于劳动关系中的用人单位与当事人之间存在着隶属关系是劳动关系的主要特征。隶属关系的含义是指劳动者成为用人单位中的一员，即当事人成为该用人单位的职工或员工。劳务关系中，不存在一方当事人是另一方当事人的职工这种隶属关系。如某一居民使用一名按小时计酬的家政服务员，家政服务员不可能是该户居民家的职工，与该居民也不可能存在劳动关系。

4. 当事人在承担义务方面的区别

劳动关系中的用人单位必须按照法律法规和地方规章等为职工承担社会保险义务，且用人单位承担其职工的社会保险义务是法律的确定性规范；而劳务关系中的一方当事人不存在必须承担另一方当事人社会保险的义务。如居民不必为其雇用的家政服务员承担缴纳社会保险的义务。

5. 用人单位对当事人在管理方面的区别

用人单位具有对劳动者违章违纪进行处理的管理权。如对职工严重违反用人单位劳动纪律和规章制度、严重失职、营私舞弊等行为进行处理，有权依据其依法制定的规章制度解除当事人的劳动合同，或者对当事人给予警告、记过、记过失单、降职等处分；劳务关系中的一方对另一方的处理虽然也有"不再使用"的权利，或者要求当事人承担一定的经济责任，但不含当事人一方取消当事人另一方本单位职工"身份"这一形式，即不包括对其解除劳动合同或给予其他纪律处分的形式。

6. 在支付报酬方面的区别

劳动关系中的用人单位对劳动者具有行使工资、奖金等方面的分配权利。分配关系通常包括表现为劳动报酬范畴的工资和奖金，以及由此派生的社会保险关系等。用人单位向劳动者支付的工资应遵循按劳分配、同工同酬的原则，必须遵守当地有关最低工资标准的规定；而在劳务关系中的一方当事人向另一方支付的报酬完全由双方协商确定，当事人得到的是根据权利义务平等、公平等原则事先约定的报酬。

二、用工形式

（一）用工形式类别

用人单位自用工之日起即与劳动者建立劳动关系。现阶段，我国存在三种合法的用工形式：全日制用工、非全日制用工和劳务派遣用工。

1. 全日制用工

全日制用工，是指规定劳动时间（每天工作时间）、劳动期限（劳动合同期限）的用工方式，具有稳定性和持久性。这种用工方式对企业长远发展、培养人才、调动员工积极性、形成企业凝聚力有利，同时，对劳动者来说更具保障性、稳定性，是最有益的用工方式。

2. 非全日制用工

非全日制用工，是指以小时计酬为主，劳动者在同一用人单位一般平均每日工作时间不超过 4 小时，每周工作时间累计不超过 24 小时的用工形式。从事非全日制用工的劳动者可以与一个或者一个以上用人单位订立劳动合同；但是，后订立的劳动合同不得影响先订立的劳动合同的履行。

3. 劳务派遣

劳务派遣用工，是指根据用工单位的需要，由劳务派遣单位（即《劳动法》中所指用人单位）根据企事业单位岗位需求派遣符合条件的员工到用工单位工作的全新的用工方式。劳务派遣单位与劳动者签订劳动合同，建立双方劳动关系；用工单位与派遣单位签订"劳务合作协议书"，与劳动者没有"劳动关系"；劳务派遣是将劳动者的服务单位和管理单位相分离，是一种"用人不管人、管人不用人"的新型用工机制。

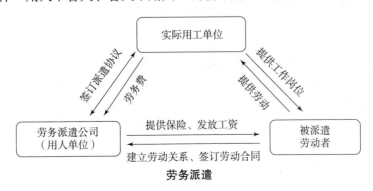

劳务派遣

（二）不同用工形式之间的关系

1. 全日制用工与非全日制用工

一是工作时间不同。标准的全日制用工实行劳动者每日工作时间不超过 8 小时、平均每周工作时间不超过 44 小时的工时制度。非全日制用工的工作时间一般为在同一用人单位一般平均每日工作时间不超过 4 小时，每周工作时间累计不超过 24 小时的用工形式，可以每天工作 8 小时，每周工作 3 天，也可以每天工作 4 小时，每周工作 6 天等，对于超过工时限制的，视为全日制用工，体现了其灵活就业的特点。例如，《北京市劳动和社会保障局关于北京市非全日制就业管理若干问题的通知》规定，劳动者在同一用人单位每日工作时间超过 4 小时的视为全日制从业人员。

二是劳动合同的签署要求不同。按照《中华人民共和国劳动合同法》的规定，全日制用工的用人单位与劳动者应当订立书面劳动合同，非全日制用工的用人单位与劳动者可不以书面形式订立劳动合同，职工的劳动权利以及用人单位对职工的要求，可以口头约定。

三是劳动关系终止处理方式不同。按照《中华人民共和国劳动合同法》的规定，全日制用工，劳动合同终止或解除的，除一些特别情况外，用人单位须向劳动者支付经济补偿金，而非全日制用工劳动关系可以随时终止且无须支付经济补偿金。

四是保险缴纳要求不同。全日制用工的用人单位必须缴纳各种社会保险，非全日制用工的用人单位必须为其缴纳工伤保险，其他保险用人单位则不是必须为劳动者缴纳的。

五是支付工资方式不同。全日制用工应当按月以货币形式定时向劳动者支付工资。非全日制用工小时计酬标准不得低于用人单位所在地人民政府规定的最低小时工资标准，结算支付周期最长不超过 15 日。

2. 非全日制用工与兼职

兼职是在已经存在的一种劳动关系之外进行有偿劳动，通常是根据劳动成果来结算薪酬，也有按小时结算的，兼职人员和兼职单位之间不是劳动关系，不属于现行劳动法律法规的调整范围，工作时间不固定，劳动者有可能兼职 3 小时，有可能兼职 5 小时，法律法规对兼职没有下定义和相关规定。非全日制用工劳动者和用人单位之间存在劳动关系，是受到《中华人民共和国劳动合同法》约束的。

法规案例

见招拆招，避开劳动关系中的这些"坑"

劳动者与用人单位是否存在劳动关系，直接关系到其能否向用人单位主张工伤待遇，是否可以索要违法解除劳动关系赔偿等合法权益。但用人单位常试图用各种"招数"来规避形成劳动关系，逃避相应责任，损害了劳动者的合法权益。

招数一：掩人耳目　假借劳务派遣来否认劳动关系

原告贾某自 2011 年通过面试被开化某通信公司招录为安保人员，后在贾某不知情的情况下，该通信公司先后与三家劳务派遣公司签订劳务派遣协议，将贾某视为劳务派遣人员，由劳务派遣公司代付工资。2016 年，该通信公司以劳务派遣协议到期为由将贾某退回。

贾某因此提起劳动仲裁，要求支付经济补偿金。开化县劳动人事仲裁委支持了贾某的仲裁请求，该通信公司不服仲裁裁决，向法院提起诉讼。法院审理认为贾某经过面试被该通信公司招录为保安，接受公司管理与支配，双方构成事实上的劳动关系，驳回了该通信公司的诉讼请求。

【法官提醒】

常常有用人单位在已与劳动者建立事实劳动关系后，强迫劳动者（或在劳动者不知情的情况下）与劳务派遣公司签订合同，借此来"切断"劳动者与用人单位的劳动关系。这样一来，用人单位不必承担劳动者工作满 10 年要签订无固定期限劳动合同的责任，还可以随时退回被派遣劳动者。而劳动者由于不知情、不懂法或者不想得罪单位等原因，最终导致自身权利受到损害。劳动者对这种情况要提高警惕，敢于用法律武器维护自身权益。

招数二：恶意混淆 混淆劳务、劳动关系，规避劳动关系

秦某从 2015 年 3 月起在开化县某企业担任门卫，双方先后签订多份劳务合同。合同约定：该企业根据自身需要委托秦某承担企业员工进出秩序维持工作，双方之间是劳务关系，企业有权随时解除双方劳务合同并无须承担任何补偿。

秦某工作期间工资标准为每日 30 元，2018 年 5 月，秦某从该企业离职。随后，秦某在申请劳动仲裁后起诉至法院要求企业支付其最低工资差额。

法院审理认为，秦某和该企业均符合建立劳动关系的主体资格，秦某在企业的门卫岗提供劳动，接受企业的管理和支配，且企业按月向秦某发放劳动报酬，虽双方在签订的协议上标注为劳务合同，但并不影响双方实际建立的劳动关系的属性，双方已建立事实劳动关系。法院最终判决支持了秦某关于支付最低工资差额的诉讼请求。

【法官提醒】

实践中对员工与单位是否存在劳动关系，并不主要依据双方签署的书面合同，更多则是根据企业的实际用工形式进行判断。

对劳动关系认定主要看三个要素：一是用人单位和劳动者符合法律法规规定的主体资格；二是用人单位依法制定的各项劳动规章制度适用于劳动者，劳动者受用人单位的劳动管理，从事用人单位安排的有报酬的劳动；三是劳动者提供的劳动是用人单位业务的组成部分。

招数三：暗度陈仓 表面签订承包合同，实际为了规避劳动关系

张姐于 2018 年 9 月 1 日到开化县某医院工作，医院药剂科与她签订《中药煎药承包用工协议书》，表面上为承包合同，但实际张姐一直从事医院安排的煎药、制作腰枕、药袋、香囊等工作，工作中受医院的规章制度约束，工资由医院发放，医院未与她签订书面劳动合同，也未为其缴纳社会保险。

2021 年 7 月 1 日，张姐迫于医院的压力离职，并于 2021 年 7 月 7 日向开化县劳动人事争议仲裁委员会提起仲裁，仲裁裁定认定张姐与医院为劳动关系，但以已过仲裁时效为由驳回了张姐两倍工资的仲裁请求。张姐不服仲裁裁决，向法院提起诉讼，在承办法官耐心调解下，双方达成调解协议，医院一方同意支付张姐经济补偿等费用共计 27 900 元。

【法官提醒】

本案中，用人单位和劳动者签订了个人承包协议，表面上看是个人承包，但实际上劳动者接受用人单位的管理和支配，存在事实的劳动关系，用人单位"早有预谋"地签订个人承包协议，是为了规避劳动关系的发生。当用人单位无故辞退劳动者时，劳动者可视情况主张两倍工资或者经济补偿金。

招数四：互相推诿 建筑商和包工头互相推诿，民工权利向谁主张

2017 年 12 月，徐某承包了某建筑公司开化分公司在开化某建设工程的木工工程，徐某

招用原告王某从事木工工作。2018 年 1 月，王某在作业时不慎受伤，造成左桡骨骨折。治疗后王某寻找徐某主张权利，徐某却不见踪影，某建筑公司亦称工程款已拨付给徐某，和自己没关系。王某无奈只好将某建筑公司诉至法院，要求赔偿医药费、停工留薪工资、护理费等费用。

法院审理认为，王某虽是徐某招用，但某建筑公司在明知徐某不具备相关资质的情况下将木工工程分包给徐某，应当对王某的合理损失承担连带清偿责任，法院判决支持了王某的诉讼请求。

【法官提醒】

根据相关法律规定，没有建筑工程资质的"包工头"不能承包工程，但现实中，违法承包工程的现象普遍存在，也常出现拖欠民工工资、民工工伤难以获得赔偿的现象，根据法律法规及相关规范性文件的规定，这种情况下，民工还可以同时向发包方即建筑公司主张权利。

（资料来源：衢州中院官微"以案释法"栏目）

近年来，随着新产业新业态新模式蓬勃兴起，企业组织形式和劳动者就业方式发生深刻变化，依托互联网平台就业的货车司机、网约车司机、快递员、外卖配送员等新就业形态劳动者大幅增加，劳动者的权益保护问题愈发突出，而劳动关系认定成为最核心的问题。所以，劳动者应树立合同意识、法治意识，切实维护好自身权益。订立书面劳动合同，确认劳动关系，是对劳动者的最好保护，也是最基本的保护。

三、劳动合同

《中华人民共和国劳动合同法》规定，建立劳动关系，应当订立书面劳动合同。已建立劳动关系，未同时订立书面劳动合同的，应当自用工之日起 1 个月内订立书面劳动合同。用人单位与劳动者在用工前订立劳动合同的，劳动关系自用工之日起建立。

知识拓展

《中华人民共和国劳动合同法》

《中华人民共和国劳动合同法》

（一）劳动合同的形式

劳动合同分为固定期限劳动合同、无固定期限劳动合同和以完成一定工作任务为期限的劳动合同。

1. 固定期限劳动合同

固定期限劳动合同，是指用人单位与劳动者约定合同终止时间的劳动合同。

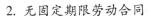

2. 无固定期限劳动合同

无固定期限劳动合同，是指用人单位与劳动者约定无确定终止时间的劳动合同，用人单位与劳动者协商一致，可以订立无固定期限劳动合同。有下列情形之一，劳动者提出或者同意续订、订立劳动合同的，除劳动者提出订立固定期限劳动合同外，应当订立无固定期限劳动合同：

（1）劳动者在该用人单位连续工作满 10 年的。

（2）用人单位初次实行劳动合同制度或者国有企业改制重新订立劳动合同时，劳动者在该用人单位连续工作满 10 年且距法定退休年龄不足 10 年的。

（3）连续订立二次固定期限劳动合同，且劳动者没有劳动合同法规定的相关情形，续订劳动合同的。

用人单位自用工之日起满 1 年不与劳动者订立书面劳动合同的，视为用人单位与劳动者已订立无固定期限劳动合同。

3. 以完成一定工作任务为期限的劳动合同

以完成一定工作任务为期限的劳动合同，是指用人单位与劳动者约定以某项工作的完成为合同期限的劳动合同。

用人单位自用工之日起超过 1 个月不满 1 年未与劳动者订立书面劳动合同的，应当向劳动者每月支付 2 倍的工资。用人单位违反本法规定不与劳动者订立无固定期限劳动合同的，自应当订立无固定期限劳动合同之日起向劳动者每月支付 2 倍的工资。

（二）试用期

《中华人民共和国劳动合同法》明确规定，劳动合同期限 3 个月以上不满 1 年的，试用期不得超过 1 个月；劳动合同期限 1 年以上不满 3 年的，试用期不得超过 2 个月；3 年以上固定期限和无固定期限的劳动合同，试用期不得超过 6 个月。同一用人单位与同一劳动者只能约定一次试用期。以完成一定工作任务为期限的劳动合同或者劳动合同期限不满 3 个月的，不得约定试用期。劳动者在试用期的工资不得低于本单位相同岗位最低档工资或者劳动合同约定工资的百分之八十，并不得低于用人单位所在地的最低工资标准。

（三）劳动合同的解除和终止

用人单位与劳动者协商一致，可以解除劳动合同。劳动者提前 30 日以书面形式通知用人单位，可以解除劳动合同。劳动者在试用期内提前 3 日通知用人单位，可以解除劳动合同。

四、劳动争议处理

用人单位与劳动者发生劳动争议，当事人可以依法申请调解、仲裁、提起诉讼，也可以协商解决。劳动争议发生后，当事人可以向本单位劳动争议调解委员会申请调解；调解不成，当事人一方要求仲裁的，可以向劳动争议仲裁委员会申请仲裁。当事人一方也可以直接向劳动争议仲裁委员会申请仲裁。对仲裁裁决不服的，可以向人民法院提起诉讼。提出仲裁要求的一方应当自劳动争议发生之日起 60 日内向劳动争议仲裁委员会提出书面申请。劳动争议当事人对仲裁裁决不服的，可以自收到仲裁裁决书之日起 15 日内向人民法院提起诉讼。一方当事人在法定期限内不起诉又不履行仲裁裁决的，另一方当事人可以申请人民法院强制执行。

第三节　劳动安全法规与制度

劳动风险无处不在，安全生产需要全员参与。《劳动法》规定，劳动者在劳动过程中必须严格遵守安全操作规程。劳动者对用人单位管理人员违章指挥、强令冒险作业，有权拒绝执行；对危害生命安全和身体健康的行为，有权提出批评、检举和控告。劳动者要严格遵守劳动规则、规定和规范，不折不扣地履行个人或岗位职责，合理合法地劳动。

一、安全生产法律法规

《中华人民共和国劳动法》《中华人民共和国安全生产法》《中华人民共和国民法通则》《中华人民共和国行政处罚法》《中华人民共和国刑法》等对安全生产均有明确的法律责任条款。安全生产工作应当以人为本，坚持"安全第一、预防为主、综合治理"的方针。

《中华人民共和国安全生产法》明确提出安全生产工作要以人为本、生命至上，管行业必须管安全、管业务必须管安全、管生产经营必须管安全。《中华人民共和国安全生产法》规定，生产经营单位应当对从业人员进行安全生产教育和培训，保证从业人员具备必要的安全生产知识，熟悉有关的安全生产规章制度和安全操作规程，掌握本岗位的安全操作技能，了解事故应急处理措施，知悉自身在安全生产方面的权利和义务。未经安全生产教育和培训合格的从业人员，不得上岗作业。劳务派遣单位应当对被派遣劳动者进行必要的安全生产教育和培训，学校应当协助生产经营单位对实习学生进行安全生产教育和培训。生产、经营、储存、使用危险物品的车间、商店、仓库不得与员工宿舍在同一座建筑物内，并应当与员工宿舍保持安全距离。生产经营单位应当关注从业人员的身体、心理状况和行为习惯，加强对从业人员的心理疏导、精神慰藉，严格落实岗位安全生产责任，防范从业人员行为异常导致事故发生。

知识拓展

《中华人民共和国安全生产法》

《中华人民共和国安全生产法》

二、邮政快递行业劳动安全生产管理制度

（一）邮政快递企业安全生产管理制度

近年来，邮政业保持高速发展，寄递过程中人、车、物、资金、信息等多流合一、全程

全网的运作模式为人们生活带来便利的同时，也伴随着行业安全生产风险因素的日益增多。《中华人民共和国邮政法》《邮政企业、快递企业安全生产主体责任落实规范》《邮政业寄递安全监督管理办法》细化完善了邮政企业、快递行业安全生产制度要求，为相关行业企业劳动者依法维护自身合法权益提供了法律依据。

《中华人民共和国邮政法》明确了邮政快递企业严格落实"三项制度"，一是严格落实收寄验视制度，对收寄原则、验视要求、禁寄物品处理流程与要求等现场生产作业管理进行明确规定；二是严格落实实名收寄制度，对收寄信息核对流程、不得收寄的情况、信息留存要求等进行明确规定；三是严格落实过机安检制度，明确了过机安检资料保存、安检标识、重点安检、再次过机安检的情形，确保应检尽检。同时，还要针对各级各类劳动者进行教育培训，专门强调保护从业人员劳动安全。

邮政企业建立的安全生产规章制度，包括安全生产责任制及考核办法，安全生产信息报告制度，安全生产操作规程，安全生产教育和培训制度，设备设施安全管理制度，作业现场安全管理制度，收寄验视、实名收寄、过机安检与安全检查等安全管理基本制度，网络和信息安全管理制度，生产安全检查与事故隐患排查治理制度，生产安全事故应急救援预案，生产安全事故报告及处置管理等保障安全生产的制度、操作规程。

我国邮政管理部门包括国务院邮政管理部门和省、自治区、直辖市邮政管理机构，以及按照国务院规定设立的省级以下邮政管理机构，负责邮政业寄递安全监督管理工作，针对经营邮政业务、快递业务，接受邮政服务、快递服务以及对邮政业寄递安全实施监督管理。2020 年 2 月出台的《邮政业寄递安全监督管理办法》要求，邮政企业、快递企业在收寄过程中发现禁止寄递物品的，应当拒绝收寄；发现已经收寄的邮件、快件中有疑似禁止寄递物品的，应当立即停止分拣、运输、投递。对邮件、快件中依法应当没收、销毁或者可能涉及违法犯罪的物品，应当立即向有关部门报告，并配合调查处理；对其他禁止寄递物品、限制寄递物品或者一同查处的禁止寄递物品之外的物品，邮政企业、快递企业应当通知寄件人或者收件人，并依法妥善处理。

（二）快递信息安全管理规定

一张快递单背后其实可以延伸出很多个人信息，一个人的姓名、电话号码，而通过电话号码还可以找到微信、支付宝等账号，另外还有家庭或工作地址、消费习惯、经济能力等信息。国家邮政局印发了《寄递服务用户个人信息安全管理规定》和《邮政行业安全信息报告和处理规定》，旨在加强邮政行业寄递服务用户个人信息安全管理，维护邮政通信与信息安全。邮政管理部门、邮政企业、快递企业应当加强安全信息报告和处理的宣传培训，增强有关人员的责任意识，提高安全信息报告和处理能力。

《寄递服务用户个人信息安全管理规定》中明确，寄递服务用户个人信息是指用户在使用寄递服务过程中的个人信息，包括寄（收）件人的姓名、地址、电话号码、单位名称等用户基本信息，以及寄递单号、时间、物品明细等用户使用寄递服务衍生的信息。寄递企业及其从业人员因泄露寄递用户信息对用户造成损失的，应当依法予以赔偿；构成犯罪的，移送司法机关追究刑事责任。邮政企业、快递企业及其从业人员因泄露寄递用户信息对用户造成损失的，应当依法予以赔偿。邮政企业、快递企业及其从业人员违法提供寄递用户信息，尚未构成犯罪的，依照《中华人民共和国邮政法》第七十六条的规定予以处罚。构成犯罪的，移送司法机关追究刑事责任。《中华人民共和国刑法》第二百五十三条之一规定，违反国家有关规定，向他人出售或者提供公民个人信息，情节严重的，处 3 年以下有期徒刑或者拘役，并处或者单处罚金；情节特别严重的，处 3 年以上 7 年以下有期徒刑，并处罚金。违反国家有关规定，将在履行职责或者提供服务过程中获得的公民个人信息，出售或者提供给他人的，依照前款的规定从重处罚。

《邮政行业安全信息报告和处理规定》指出，应当报告和处理的安全信息是指邮政行业突发事件信息和邮政企业、快递企业日常生产经营中与安全有关的运营信息。这些信息主要包括：第一，寄递过程中发现枪支弹药、毒品、非法出版物等禁寄物品；第二，用户使用寄递服务的信息遭非法泄露；第三，邮件、快件被盗窃、非法扣留、冒领、私自开拆、隐匿、毁弃，或者运送邮件、快件的车辆被非法拦截、强登、扒乘；第四，邮政企业、快递企业负责人或者安全管理人员变更；第五，邮政企业、快递企业主要负责人因违法行为被有关部门立案调查；第六，邮政企业、快递企业因违反安全监管规定或者因其他违法行为被有关部门查处；第七，邮政企业、快递企业因安全管理工作成效突出受到有关部门表彰；第八，邮政企业、快递企业发现重大安全隐患自身难以排除；第九，其他日常生产经营中与安全有关的重要运营信息。安全信息的报告应当及时、准确和完整，任何单位和个人不得迟报、漏报、谎报或者瞒报；信息的处理应当遵循快速高效、协同配合、分级负责的原则。

知识拓展

金融安全法律法规

金融安全法律法规

实践活动

大学生模拟劳动仲裁法庭

（1）活动目标：通过模拟劳动仲裁法庭教学实践，深入了解劳动中碰到的法律风险，掌握案情与法律之间的关系，了解劳动仲裁的程序，培养学生的法律意识、表达能力、协作能力。

（2）活动设计：

①劳动纠纷案例陈述。

②分配演员角色：仲裁员 3 名，其中首席仲裁员 1 名；书记员 1 名；申诉人 1 名、被诉人 1 名。

③庭前准备：熟悉案情和庭审流程，查阅相应法律条款。

④模拟法庭：书记员宣布仲裁庭纪律；书记员报告仲裁庭的准备工作就绪；宣布开庭；

宣布仲裁庭组成人员；核对当事人身份；宣布当事人在仲裁活动中的权利、义务；仲裁庭调查（申诉书、答辩书）；当事人举证、质证；仲裁庭辩论；仲裁庭调解；休庭评议，继续开庭；宣布仲裁庭决定；宣布闭庭。

（资料来源：https://zhuanlan.zhihu.com/p/140552071）

⑤总结与反思：每个小组派代表在全班进行分享，分享过程中其他同学可以补充。

大学生模拟劳动仲裁法庭活动

序号	活动目标	活动设计与实施	过程及成果记录 （根据发言情况逐一记录）
1	通过模拟劳动仲裁法庭教学实践，深入了解劳动中碰到的法律风险，掌握案情与法律之间的关系，了解劳动仲裁的程序，培养学生的法律意识、表达能力、协作能力	【设计劳动纠纷案例】 以小组为单位，组长带领大家一起探讨确定某一具体劳动纠纷案例。其间，组长可以先让组员自由讨论，分享自己能想到的劳动纠纷事件，然后梳理和总结组员发言，最终举手表决确定具体实施案例，并针对案例进一步设计	
2		【分配演员角色】 仲裁员3名，其中首席仲裁员1名，书记员1名，申诉人1名、被诉人1名	
3		【庭前准备】 熟悉案情和庭审流程，查阅相应法律条款	
4		【模拟法庭】 1. 书记员宣布仲裁庭纪律； 2. 书记员报告仲裁庭的准备工作就绪； 3. 宣布开庭； 4. 宣布仲裁庭组成人员； 5. 核对当事人身份； 6. 宣布当事人在仲裁活动中的权利、义务；仲裁庭调查（申诉书、答辩书）； 7. 当事人举证、质证； 8. 仲裁庭辩论； 9. 仲裁庭调解； 10. 休庭评议，继续开庭； 11. 宣布仲裁庭决定； 12. 宣布闭庭	
5		【总结与反思】 每个小组派代表在全班进行分享，分享过程中其他同学可以补充	
小组自评（10分）		班内互评（10分）		教师评价（10分）	
总成绩（共30分）			

参 考 文 献

[1]《马克思主义基本原理概论》编写组. 马克思主义基本原理概论（修订版）[M]. 北京：高等教育出版社，2013.

[2] 丁堡骏. 马克思劳动价值理论与当代现实 [M]. 北京：经济科学出版社，2005.

[3] 王君毅. 争做最美劳动者——新时代劳动教育理论与实践 [M]. 北京：中共中央党校出版社，2022.

[4]《新时代大学生劳动教育教程》编写组. 新时代大学生劳动教育教程（高职版）[M]. 广州：华南理工大学出版社，2020.

[5] 王官成，徐飙. 劳动教育和职业素养训练 [M]. 北京：中国人民大学出版社，2020.

[6] 朱忠义. 劳动教育与实践 [M]. 北京：北京理工大学出版社，2020.

[7] 乔东，李海燕. 劳模精神劳动精神工匠精神学习读本 [M]. 北京：中国工人出版社，2021.

[8] 夏一璞. 劳模精神 [M]. 北京：人民日报出版社，2021.

[9] 张雪. 工匠精神理论与实践教材 [M]. 北京：经济日报出版社，2022.

[10] 何光明，张华敏. 高职学生劳动教育教材 [M]. 北京：高等教育出版社.2020.

[11] 徐国庆. 劳动教育 [M]. 北京：高等教育出版社，2020.

[12] 郭明义. 劳动教育箴言 [M]. 北京：中国工人出版社，2020.

[13] 柳友荣. 新时代大学生劳动教育 [M]. 北京：高等教育出版社，2021.

[14] 教育部职教所. 劳动教育读本（高职版）[M]. 北京：高等教育出版社，2021.

[15] 于丽焦. 新时代大学生劳动教育研究 [M]. 长沙：湖南师范大学出版社，2021.

[16] 刘向兵. 劳动通论 [M].2 版. 北京：高等教育出版社，2021.

[17] 潘维琴. 劳动教育与实践 [M]. 北京：机械工业出版社，2021.